圖解

五南圖書出版公司 印行

變態心理學

閱讀文字

理解內容

觀看圖表

圖解讓

變態心理學

更簡單

前 言

　　變態心理學是整個人類心理探討中最為神祕、引人興趣的領域之一。每個社會對於何謂個體「正常」的存在狀態，都抱持相應的一些概念，諸如什麼是適當的行為方式，什麼是合理的想法及情緒。任何時代，總是有些人被認定是瘋狂的，但隨著不同的時空背景，不僅心理病態的診斷標準不同，如何處理這些邊緣人群的程序方案也不同，這表示變態心理學處於不斷演進中。

　　當前，精神病理的醫學模式，正從生物醫學模式朝著生物—心理—社會的醫學模式轉變。生物—心理—社會醫學模式指出，健康概念應該包括以下內容：生物有機體是完整的，心理是健全的，與社會是協調的。這表示變態心理的形成與生物、心理及社會三者均有關係，它們是互相依存、互有影響及互相制約的。

　　本書中，精神疾病的認定是依據DSM-5（2013）的診斷準則。DSM-5是在美國及世界其他地區盛行的一本《精神疾病診斷準則手冊》，每隔幾年，根據最新演進的精神病理觀念，它會推出新的版本，以供精神科醫師和臨床心理師從事實際的診斷。因為版權問題，本書無法一一加以援引，建議讀者不妨在閱讀本書之際，也在案頭放一本DSM-5（「台灣精神醫學會」已發行中文版）作為參考。

第4章　臨床衡鑑與診斷

第5章　壓力與身心健康

第6章　焦慮症與強迫症

第7章　身體症狀障礙症與解離症

第12章　性偏差、性虐待與性功能障礙

第13章　思覺失調症及其他精神病症

第14章　神經認知障礙症

第15章 兒童期和青少年期的障礙症

第16章 精神疾病的治療

第17章 精神疾病的預防與法律議題

第一章
變態心理學的基本概念

1-1　什麼是變態行為？

　　變態心理學（abnormal psychology）屬心理學領域的一門分支學科，它試圖探討人格的不良適應、變態行為的成因、症狀的特性和分類，以及變態行為的診斷、預防及治療等題材。至今，關於什麼是變態（abnormality），專家們尚未達成普遍一致的見解，任何定義都被認為是有疑慮的。然而，變態存在一些清楚的要素或指標，任一指標本身都不足以界定變態。但是，一個人具備愈多這些指標的話，他就愈可能擁有一些型式的精神疾病。

一、苦惱（distress）

　　當事人的心理痛苦被視為變態的徵候之一。憂鬱症或焦慮症的人們顯然如此，但是學生為明天的考試感到憂慮不安，卻不至於被認為是變態。

二、不良適應（maladaptiveness）

　　當事人的行為妨礙對生活目標的追求，不能促進個人福祉。厭食症的人們變得極度消瘦，甚至被強迫住院；憂鬱症的人們顯現社交退縮，且可能無法穩定維持工作——這些都是不良適應的實例。

三、統計上稀少（statistical rarity）

　　當事人的行為模式在統計上相當稀少，而且不符合社會期望。變態也稱為「異常」，即「偏離常規或常態」的意思。但這顯然涉及價值判斷，例如，天才（genius）是統計上稀少，卻不至於被視為變態；智能不足（intellectual disability）也是統計上稀少，卻被認為異常。因此，社會期望顯然扮演了一定角色。

四、違反社會規範（violation of the standards of society）

　　當事人違反社會規範和道德準則中關於個人適當舉動的期待。當然，這大致上取決於違反的幅度及頻率。例如，偶爾隨地小便不會被視為變態，但是連續殺人犯幾乎立即被認定為變態。

五、觀察者的不舒適（observer discomfort）

　　當事人的行為方式使得他人產生不適感或威脅感。例如，當事人衣衫不整的走在紅磚道正中央，揮舞手臂而不停辱罵，引起路人的惶恐而紛紛走避。

六、無理性和不可預測性（irrationality and unpredictability）

　　當事人的言談舉止顯得失去理性，不易為他人所理解，也不能加以預測。例如，當事人認為自己聽見不實際存在的聲音，且據以採取行動；小朋友在教室中恣意跑動，像是處於失控狀態。

七、危險性（dangerousness）

　　當事人的行為對自己或他人造成危害。例如，當事人多次企圖自殺或明確威脅要殺害另一個人；當事人屢次酒醉駕車，危及自己和他人的性命。

　　最後，我們應該指出，沒有任一指標是所有變態個案都應具有的必要（necessary）條件，也沒有任一指標是辨別變態與正常的充分（sufficient）條件。心理變態與心理正常是分布在一個連續頻譜上（也就是程度的問題），它們之間的劃分是相對的，而不是絕對的。

一、隨著社會價值觀和期待發生變動，許多行為已不再被視為變態。

刺青（其他如在海灘上全裸、同性朋友公開的親暱行為，或在鼻子、嘴唇及肚臍上穿洞掛環）曾被視為是極度偏差的行為，但它現今是相當平凡的事情，不僅不會引人側目，還被許多人視為一種時尚。

二、界定變態行為的七個標準

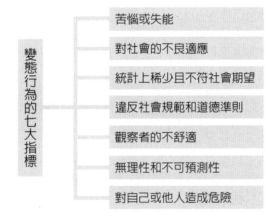

變態行為的七大指標
- 苦惱或失能
- 對社會的不良適應
- 統計上稀少且不符社會期望
- 違反社會規範和道德準則
- 觀察者的不舒適
- 無理性和不可預測性
- 對自己或他人造成危險

＋知識補充站

變態行為vs.精神疾病

我們已提及鑑定變態行為的許多指標，但我們有必要提醒的是，「變態行為不必然就表示精神疾病」。精神疾病（mental illness）是指稱某一大類經常觀察到的症候群（syndromes），症候群則是由併發的一些變態行為或特徵所組成。這些變態行為／特徵傾向於共變（covary）或一起發生，它們經常在同一個體身上呈現。例如，憂鬱症是被廣泛認定的精神疾病，它的一些特徵（如低落心境、睡眠失常、食慾不振及自殺意念）傾向於在同一個體身上共同發生。個人在這些特徵上只表明一項或二項時，將不會被診斷為憂鬱症，也不被視為有精神疾病。因此，個人可能展現多種變態行為，但仍然沒被診斷為精神疾病。

最後，因為「變態」這個詞彙的歧義，再加上它的負面意涵所帶來的汙名化，許多專家表示，我們應該從心理學詞彙中剔除這個術語。他們建議以另一些術語作為替代，諸如偏常心理學、精神病理學以及適應不良行為研究等。

1-2　精神疾病的分類

在界定各種精神疾病上，最廣爲人們接受的標準，即是美國精神醫學會所發表的《精神疾病診斷準則手冊》（Diagnostic and Statistical Manual of Mental Disorders, DSM）。這本手冊最先在1952年發表，經過幾次修訂和更新，最新版本是在2013年公布，稱爲DSM-5。

一、DSM-5對精神疾病的定義

在DSM-5中，精神疾病被界定爲：發生在個體身上的某一症候群，它涉及個體在行爲、情緒調節或認知運作上呈現臨床上顯著的障礙。這些障礙被認爲反映了個體在生理、心理或發展歷程方面的功能不良。精神疾病經常牽涉個體在一些重要生活領域上的顯著苦惱或失能，諸如社交、職業或另一些活動。但是，對於常見壓力或失落事件（如親人過世）的可預期反應或文化上認可反應，則須被排除在外。最後，這種功能不良的行爲模式不是起源於社會脫序行爲（social deviance），也不是起源於個人與社會間的衝突。

二、為什麼需要分類？

1. 大部分科學是建立在分類上（classification），諸如化學的週期表和生物學的分類體系。分類（或診斷）系統促使精神病理領域的臨床人員和研究人員能夠迅速、清楚而有效地傳達相關資訊。這擔保他們採用一套共通的術語，而每個術語具有共同認定的意義。這也表示每個診斷分類（如「自閉症」）描述了廣泛而複雜的一組資訊，像是該疾病特有的症狀和典型的進程。
2. 當在某一分類系統內組織資訊時，這容許我們探討所歸類的不同疾病，因此獲得更多知識——不僅關於疾病的起因，也關於如何最妥當加以治療。
3. 分類系統的最後一個效應，涉及社會和政治層面。簡言之，你首先要界定「怎樣的領域被認爲是病態」，你才能建立心理健康專業的勢力範圍。如此，在實務層面上，你才能確認哪種心理疾患應該獲得保險理賠，以及理賠的額度。

三、分類有什麼不利之處？

1. 分類以速記（shorthand）的型式提供資訊，但任何型式的速記都不可避免的會導致資訊流失。例如，如果你閱讀當事人的個案史（case history），你所獲得的資訊絕對遠多於你僅被告知當事人的診斷是「強迫症」。
2. 精神疾病診斷經常會帶來烙印（stigma）作用，也就是引致當事人的恥辱和不名譽。許多人寧願承認自己有身體疾病（如糖尿病），也不願招認自己有心理問題，他們擔憂這將會招致社交或職業上的不利後果。當發生心理疾患時，中國人尤其諱疾忌醫。
3. 隨著烙印而來的是刻板觀念（stereotype）。它是指對人或事所持一套反射性的信念，但不是以親身經驗或事實資料爲基礎，而是單憑一些人云亦云的傳聞。例如，你從報紙或電視上獲知精神病患的若干行爲，便將其套用在你所遇到任何也有該精神診斷的人們身上。
4. 最後，烙印可能隨著標籤效應（labeling effect）而留存下來。當事人被貼上診斷標籤，他可能接受這個被重新認定的身分，然後實際演出標籤角色所被期待的行爲——很難加以擺脫，即使當事人後來已完全康復。

一、精神病症的DSM-5定義

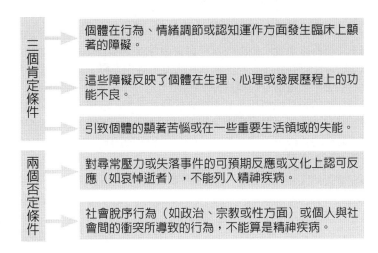

三個肯定條件

個體在行為、情緒調節或認知運作方面發生臨床上顯著的障礙。

這些障礙反映了個體在生理、心理或發展歷程上的功能不良。

引致個體的顯著苦惱或在一些重要生活領域的失能。

兩個否定條件

對尋常壓力或失落事件的可預期反應或文化上認可反應（如哀悼逝者），不能列入精神疾病。

社會脫序行為（如政治、宗教或性方面）或個人與社會間的衝突所導致的行為，不能算是精神疾病。

二、對精神疾病進行分類的效益

1. 共通的速記語言。
2. 探討疾病起因和治療方案。
3. 建立心理健康專業的版圖和另一些實務層面。

三、精神疾病分類的缺點

1. 資訊流失：經由分類來簡化情況，難免會損失一些個人詳情。
2. 烙印作用：導致當事人被汙名化。
3. 刻板印象：我們傾向於視罹患精神疾病的人們較不勝任、較不負責、較為危險及較不可預測。
4. 標籤效應：個人行為之所以變得不正常，主要是因為別人說他不正常所致。

✚ 知識補充站

「mental disorder」和「psychological disorder」的中文譯名

因為許多學術領域都會用到這樣的詞彙，像是精神醫學、流行病學、公共衛生、健康心理學、變態心理學及臨床心理學等，隨著它們側重方向的不同，各種譯名被派上用場。在本書中，「精神疾病」、「精神障礙症」及「心理疾患」這些措辭，原則上可被交換使用。

1-3　精神疾病的普及率

　　今日有多少人被診斷罹患精神疾病呢？又是什麼階層的人呢？首先，這樣資訊對於建立心理衛生業務相當重要。例如，當社會資源有限時，如果社區診療中心有較多臨床人員是專長於處理厭食症（少見的臨床疾患），較少是專長於診療焦慮症或憂鬱症（遠爲盛行的疾患），這便是明顯的分配不均。

　　其次，隨著你知道精神疾病在不同團體中的發生頻率，這種估計值可提供關於疾病起因的有價值線索。例如，女性罹患憂鬱症的人數遠多於男性，其比值約爲2：1。這表示當探討憂鬱症的起因時，性別應爲考慮的一個重要因素。

一、流行率和發生率

　　除了根據症狀對病人施以治療外，流行病學（epidemiology）更進一步探討疾病流行率與社經地位、居住地區及生活環境等因素之關係。心理衛生流行病學就是在研究精神疾患的分布情形。

1. 流行率（pervalence，或稱盛行率）是指在任何指定期間，實際病例在某一人口中所占的數量。流行率的數值一般是以百分比作爲表示，也就是有多少百分比的人口發生該疾病。

　　研究學者通常會在「流行率」之前加上一個指定期間，例如，「點流行率」（point prevalence）是指在特定時間點中（如2014年7月1日），某一疾病之實際、現行病例在指定人口中所占比例的估計值。「一年流行率」（1-year）是指在一整年的任何時間點發生過某一疾患的病例（包括已復原的病例）。因爲囊括的時間較爲長久，一年流行率數值一定高於點流行率。

　　最後，臨床專家最感興趣的是「一生流行率」（lifetime），也就是在一生的任何時間，人們發生某一疾患的估計值（即使他們現在已康復）。因爲延伸整個生涯，而且包含當前罹病和曾經罹病的案例，一生流行率的估計值，通常高於其他性質的流行率。

2. 發生率（incidence）是指在指定期間中（通常是一年），新病例發生的數量。因爲排除了先存的病例（即使他們仍在罹病），發生率數值通常低於流行率。換句話說，發生率是選定一個起跑點，然後計算一年之內的「新」病例。

二、精神疾病的流行率估計值

　　根據在美國執行的一些大型流行病學研究（ECA, NCS及NCS-R），個人罹患任何DSM-IV疾病的一生流行率是46.4%。這表示幾近半數美國人在他們生活的若干時刻，曾經受到精神疾病的侵擾。最爲盛行的心理疾患類別是焦慮性疾患（anxiety disorders），它包括廣泛性焦慮症、特定場所畏懼症、社交畏懼症、恐慌症、強迫症及創傷後壓力症等。至於最常見的一些個別疾患是憂鬱症、酒精濫用及特定畏懼症（諸如害怕小型動物、昆蟲、飛行、高度）。社交畏懼症也相當普遍。

　　雖然心理疾患的一生流行率似乎頗高，但在某些案例上，發病時間可能相當短暫——像是情侶分手後，持續幾個星期的憂鬱狀態。再者，許多人符合某一疾患的診斷標準，但並未受到嚴重影響。例如，特定畏懼症（specific phobia）的患者中，幾近半數的病情被評定爲輕度（mild），而只有22%的畏懼症被認定爲重度（severe）。因此，符合診斷標準是一回事，受到嚴重損害則是另一回事。

一、美國成年人在DSM-IV疾患上的流行率

	一年（%）	一生（%）
任何焦慮性疾患	18.1	28.8
任何情感性疾患	9.5	20.8
任何物價濫用疾患	3.8	14.6
任何疾患	26.2	46.4

二、美國最常發生的一些個別心理疾患

疾患	一年（%）	一生（%）
憂鬱症	6.7	16.6
酒精濫用	3.1	13.2
特定畏懼症	8.7	12.5
社交畏懼症	6.8	12.1
行為規範障礙症	1.0	9.5

+ 知識補充站

標籤效應的實驗

羅森漢（David Rosenhan, 1973, 1975）執行一項實驗，他和另7個神智健全的成年人假裝自己顯現單一症狀：幻覺（hallucination）。結果他們8個人都被送進精神病院，診斷書上不是寫上「妄想型精神分裂症」，就是「雙極性疾患」。

一旦住院後，這8個偽裝的病人在各方面隨即恢復正常行為方式。但羅森漢發現，當身處「瘋狂的地方」時，一個神智健全的人很可能被判定為精神失常，他的任何行為將被重新解讀以符合該背景。因此，當偽裝的病人以理性方式跟醫生討論自己的處境時，他們被登載為正使用「理智化」（intellectualization）防衛機制。當他們記錄下自己的觀察時，卻被視為「寫字行為」的證據。

最後，這些偽裝病人平均下來在精神病院住了幾近三個星期，沒有任何人被醫生或職員認出是神智健全。在他們的配偶或同事再三擔保下，他們才終於獲得釋放，出院診斷書仍是寫著「精神分裂症」，但處於「緩解期」，也就是症狀目前不活躍。

這項實驗說明，一旦個人被貼上標籤，我們將傾向於接受標籤就是對其完整描述，然後就終止更進一步的探討，且據以解讀其後續舉動，因而更確認了原先的診斷。顯然，診斷標籤引起的先入為主想法，很容易阻礙對當事人行為的客觀檢視，甚至還可能影響臨床上重要的互動和治療抉擇。

1-4　變態心理學的研究方法（一）

　　為了了解疾患的特徵或性質，我們需要執行研究。透過研究，我們能夠獲知疾患有些什麼症狀、它的盛行率，以及它傾向於是急性（acute）或慢性（chronic）等資料。此外，研究也使我們能夠進一步理解疾患的病原（etiology）。

　　研究方法論（methodology）是指我們用來執行研究的一套科學準則和程序，它是不斷演進的。隨著新式科技被派上用場（如腦部造影技術和新興的統計程序），方法論也跟著演進。

一、資料來源

　　（一）**觀察法**（observation）。所有研究方法中，最基本和普遍的是觀察法，也就是直接觀察及記錄個體或群體的活動，從而分析相關因素之間關係的一種方法。

1. 非系統觀察（unsystematic）是指偶然、隨意的觀察，它對於建立堅定的知識基礎沒有太大助益。然而，就是透過這樣的觀察，許多假設被提出，最終接受檢驗。

2. 自然觀察（naturalistic）是指在真實生活環境中執行觀察，對於觀察對象和所在情境不施加控制，任憑事件自然地發生及流動。但自然觀察較具系統而準確，事先有審慎的策劃和安排。

3. 控制觀察（controlled）是事先設計想要觀察的情境和程序，對可能影響觀察效果的因素施加控制，有時候也被稱為實驗室觀察（laboratory）。

　　（二）**個案研究**（case study）。這是指對接受治療的案主或病人進行密集研究，包括來自面談、心理測驗及治療報告等方面資料，也可能涉及當事人的傳記、自傳、書信、日記、生活進程紀錄及醫療史等。因此，個案研究針對「單一個體」進行廣泛而深入的剖析及描述，它的價值在於資料的豐富性，對於建立我們對臨床現象的理解深具影響力。

　　當然，個案研究也有不利的一面。首先，它所獲致的資料通常只適切於被描述的當事人，所得結論具有偏低的類推性（generalizability），不能發展出適用於每個人的普遍法則或行為原理。其次，因為缺乏對一些重要變項的控制，單一個案研究不能導致因果的結論。

　　（三）**自陳測量**（self-report measures）。這是受試者透過言詞（不論是手寫或口述的）回答臨床人員提出的問題。研究人員然後設法量化這些自我報告，以便對不同個體的報告施行有意義的比較。研究人員經常感興趣於取得受試者一些經驗的資料，它們可能是一些內在心理狀態，諸如信念、態度及情感，但因為無法直接加以觀察，只能透過問卷（questionnaire）或訪談（interview）的方式。

　　雖然臨床人員依賴廣泛的各種自陳測量，但是它們的實用性和有效性不是毫無限制。顯然，許多自陳測量不適用於還不會說話的嬰幼兒、不識字的成年人及智能不足人士等。再者，自我報告資料有時候會誤導臨床人員。受試者可能誤解問題，不能清楚記住自己的實際經歷，或試圖以有利的角度呈現自己（為了製造自己的良好印象）。最後，為了獲得工作或被釋放（從監獄或精神病院），受試者可能故意說謊或捏造事實。因此，自我報告資料不一定是準確而真實的。

一、臨床人員有時候會透過單向玻璃（one-way mirror）有系統地觀察受
　　測者，原因是不希望受測者的行為受到干擾而改變。

二、蒐集資料的方法

訊息來源

1.觀察法	2.個案研究	3.自陳測量
非系統觀察 自然觀察 控制觀察	對個人生活史的深入研究，包括學業成績、日記、測驗結果及醫療史等各種檔案資料。	以訪談或問卷的方式取得當事人的自我報告資料。

＋知識補充站

觀察不單是觀看他人行為

　　假使你想研究兒童的攻擊行為，除了記錄他們的攻擊方式及次數外，你其實也可以蒐集關於壓力激素（stress hormones）的訊息，像是唾液（另一些情況中則是抽取血液、尿液或腦脊髓液）中所含可體松（cortisol）的濃度，這也是一種型式的觀察資料。

　　隨著科技的日新月異，原本被認為不能接近的一些行為、心情及認知，我們現在已能在電腦螢幕上直接目擊。例如，經由「功能性核磁共振造影」（fMRI），我們能夠探討正在運作中的大腦，像是案主處於不同心境時，血液在大腦各個部位的流動情形。我們甚至也能檢視哪些腦區影響想像力。

1-5　變態心理學的研究方法（二）

二、形成假設與驗證假設

當從事科學研究時，為了解釋、預測或探究一些行為，研究人員先提出一種嘗試性的答案，稱為假設（hypothesis）。科學假設必須是可驗證的，它們通常是以「假使……則……」（if-then）的方式陳述出來，指定怎樣的特定條件將會導致何種結果。

（一）抽樣與類推

當探討變態行為時（如強迫症），理想上我們希望研究符合診斷準則的每個人，但這勢必不可行。因此，退而求其次，我們只好從組成這群人的母全體（population，或母群）中，抽取具代表性樣本的人們，這稱為抽樣（sampling），即從母全體中挑選一部分個體作為研究對象。

最常採用的抽樣方式是隨機抽樣（random sampling）。「隨機」是指母全體中的每一個體都有均等被抽到的機會。當樣本具有母全體的適當代表性時，我們才有信心從樣本所獲得的研究發現或結論能夠類推（generalize）到較大的母群。

（二）外在效度與內在效度

外在效度（external validity）是指我們能夠超出研究本身，把所得發現加以類推的程度。因此，我們的樣本愈具代表性的話，我們就愈能加以類推到更大群體。

內在效度（internal validity）是指研究結果符合研究目的的程度，它反映了我們能對某一現存研究結果具有多大信心。換句話說，內在效度是指在多大程度上，某一研究是方法論上健全、免於混淆、免於其他失誤來源，以及能夠用來獲致有效結論的。

（三）效標組與對照組

為了檢驗他們的假設，研究人員採用對照組（comparison group），或稱為控制組（control group）。這一組人們並未展現所探討的疾患，但是在所有其他重要層面上，他們都足堪比擬於效標組（criterion group），效標組有時也稱實驗組，也就是罹患該疾患的人們。至於所謂「足堪比擬」，是指兩組人們在年齡、男女比例、教育水準、經濟狀況，以及另一些人口統計變項（demographic variable）上彼此類似。就典型情況來說，對照組是一些心理健全或所謂「正常」的人們，我們因此能夠針對所涉變項對兩組人們進行比較。

三、研究設計

（一）相關法（correlation method）

變態心理學的主要目標是獲悉各種疾患的起因。但是基於倫理和實際的原因，我們通常不能直接執行這樣的研究。例如，假定解離性身分障礙症（原多重人格疾患）被認為與童年受虐有關。但很明顯的，我們不能找來一些幼童，施加不人道的虐待，然後觀其後效！研究人員只好訴諸相關法的研究設計。不像真正的實驗法研究設計，相關研究不涉及對變項做任何操弄。

（二）相關係數

當臨床人員想要知道兩個變項間（如壓力與憂鬱之間）的關聯程度時，他們藉助相關法。為了決定它們之間的相關程度，研究人員利用兩組分數，計算出一個統計數值，稱為相關係數（correlation coefficient）。這個數值在+1.0到-1.0之間變動。正相關表示，隨著一組分數增高，另一組分數也增高；負相關表示，其中一組分數增高時，另一組分數卻下降。不論正值或負值，隨著相關係數的數值愈大，那麼根據其中一個變項的訊息來預測另一個變項的準確性就愈高。當相關係數接近零時，這表示兩個變項之間只存在微弱關係或沒有關係。總之，相關係數的正號（+）或負號（-）指出變項之間關係的方向，數值的大小則指出關係的強度。

科學方法的流程圖

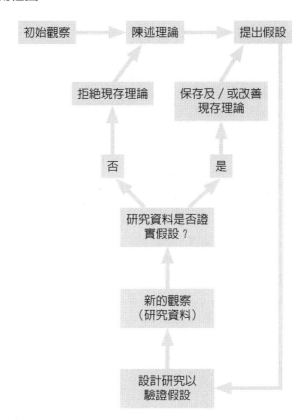

✚ 知識補充站

心理健康從業人員

　　如果病人接受住院治療，幾種不同的心理健康專業人員通常會組成一個團隊，以提供必要的照顧。其中包括：(1)精神科醫師，他們可以施行藥物治療，監視可能的副作用；(2)臨床心理師，他們提供個別治療，每星期接見病人好幾次；(3)臨床社工師，他們協助病人解決家庭困擾；(4)精神科護理師，他們每天登記病人的進展，協助病人妥善應付醫院環境。

　　如果病人是以門診方式接受治療，他們也會碰到另一些專業人員，但人數可能較少。在某些案例中，病人的所有治療都是來自精神科醫師，醫師將會開藥方，也提供心理治療。另一些病人服用精神科醫師的處方藥劑，同時也求助於心理師或臨床社工師接受定期療程。最後，視疾患的類型和嚴重性而定，還有些病人可能求診於諮商心理師（處理生活適應的問題，不涉及嚴重的精神疾病）、精神分析師，或專長於處理藥物與酒精困擾的諮商員。

1-6　變態心理學的研究方法（三）

（三）相關與因果

當提到相關時，我們始終要記得一件事情：相關並不表示因果（causation）。不論相關有多高，它只是表示兩組資料以有系統的方式發生關聯，但不能擔保其中一方引起另一方。變態心理學的研究經常揭露，兩件（或更多）事情有規律地同時發生，諸如貧窮與偏低的智能發展，或憂鬱症與病發前的壓力源，但這不能認定某一因素就是另一因素的起因。

我們舉一個經典的例子。有些人觀察到，犯罪的數量與當地教堂的數量間呈現顯著相關。這是否表示宗教「引起」犯罪？當然不是。在這個例子中，觀察者忽略了第三變項（third variable）的存在，也就是「人口數」。犯罪率和教堂數量兩者都與人口數呈現正相關，它們彼此間的相關是因為兩者都隨著人口數的增加而增加。

即使相關研究可能無法鎖定因果關係，它們仍是強而有力且豐富的推論來源。它們經常提示因果假設、提出問題以供進一步研究，以及偶爾提供關鍵性資料而能夠證實或反駁特定假設。那麼，如何驗證變項間的因果關係？這必須訴求於實驗法。

（四）回溯法與前瞻法

臨床人員有時候想知道，病人在發展出特定疾患之前是什麼樣子，這便要採用回溯法（retrospective method）。它是以回溯的方式蒐集病人過去的生活史資料，像是出生情況、病歷紀錄、學校檔案及家庭關係等，從而鑑定什麼因素可能與病人當前的狀態有關。

這種方法有幾個方面的疑難。首先，當事人目前受擾於精神疾病，他們可能不是最準確的或客觀的訊息來源。其次，他們家人基於種種原因，可能會掩蔽或潤飾一些過去事件（記憶可能是失誤及有選擇性的）。最後，臨床人員可能被誘使從背景資料中發現他們已推定將會看到的。

另一種策略是採用前瞻法（prospective method）。這是先檢定出一些個體，他們有高度可能性將會發生心理疾患，然後在任何疾患顯現之前，就對他們施行重點觀察。因為是在疾病成形之前，我們就已追蹤及測量各種影響力，我們對於疾病起因的假設才更具信心，更接近於建立起因果關係。

（五）橫斷法與縱貫法

在橫斷設計中（cross-sectional design），不同年齡組人們的行為，在同一時間接受評估，從而獲得不同年齡組的同類資料。橫斷法屬於相關研究，只能用來比較不同年齡組之間的差異，但不能論斷該差異是發展所造成。例如，65歲組可能在量表上顯現較為悲觀——相對於35歲組。這是否表示年齡促成了看待世界的消極態度？或許是。但它也可能只是反映了歷史境遇，即65歲組的人們成長在一個不同的年代，他們經歷過戰爭動亂或金融風暴等。

顯示變項之間正相關、負相關及零相關的資料分布圖

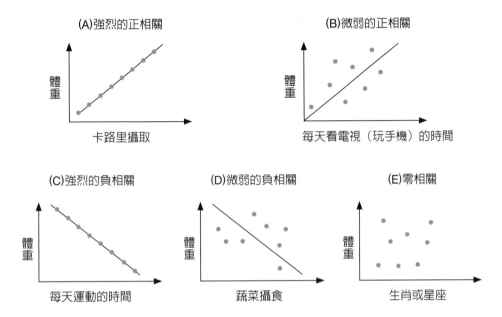

1-7　變態心理學的研究方法（四）

在縱貫設計中（longitudinal design），同一組人們的行為在不同時期中重複接受評估，它提供的是年齡變化（age change）的訊息，而不是年齡差異。縱貫法是指長時間在同一批人身上蒐集資料，這有助於我們洞察行為或心理歷程如何隨著年齡（發展）而變化。舉例而言，縱貫研究已發現，青少年在15歲時報告自己有自殺想法的話，他們遠為可能在30歲時出現心理障礙或曾經企圖自殺——相較於青少年期沒有自殺意念的人們。

（六）實驗法

假使相關研究發現兩個變項間存在強烈的正相關或負相關，那麼究竟是變項A引起變項B？抑或是B引起A？為了解決因果上的曖昧性，實驗法（experimental design）便派上用場。它是指有系統地操弄自變項（independent variable），然後觀察這對依變項（dependent variable）造成的影響。

舉例而言，為了探討治療的有效性，臨床人員找來兩組病人。第一組病人接受某一治療，即實驗組，他們被拿來與第二組完全沒有接受治療的病人（即控制組）進行比較。原則上，病人是被隨機分派到任一組。兩組的所有病人都要接受一套測量，以評估他們的病情，包括在治療之前、治療之後，以及在治療結束後的追蹤調查時（六個月或一年）。不論是在治療完成時或在追蹤期間，兩組間的任何差異，被認定是實驗組接受治療所造成。

總之，自變項是指臨床人員所操弄的因素（施加或不施加治療），依變項是指臨床人員打算測量的結果，變項（variable）則是指在數量或性質上會發生變動的任何因素。就因果關係來說，自變項是因，依變項是果。就預測關係來說，自變項是預測的依據，依變項則是所預測的行為。

（七）單一個案設計（single-case designs）

這種設計容許實驗人員建立起因果關係，它們提供了探討臨床行為（特別是治療法）的一種途徑，但不需要把病人指派到控制組或候補名單中（這有道德上的疑慮）。它也減少研究所需的個案人數。

在最基本的ABAB設計中，初始的A階段是為了建立基線（baseline），即蒐集病人的資料。然後在第一個B階段中，治療被引入。病人的行為可能發生一些改變，但任何改變都不能被正當認定為是治療的介入所引起，另一些同時發生的因素也可能引致改變。所以在第二個A階段中，臨床人員撤除治療，看看發生什麼情況。最後，治療再度被引入（第二個B階段），然後觀察第一個B階段所出現的行為改變是否再度恢復。

（八）動物研究

有一些研究不可能在人類身上施行，像是施加試驗藥劑，或植入電極以記錄腦部活動，這時候就要執行以動物為對象的研究。

我們可以在動物身上行使幾近完全的控制。我們可以控制牠們的飲食、生活條件，以及繁殖和培育。再者，因為動物的成長期通常較短，許多現象在人類身上可能要花費好幾世代的研究，在動物（如老鼠）身上卻是幾個月內就能完成。最後，許多動物的基本歷程可比擬人類，但動物的這些歷程在形式上較不複雜且較易於研究。

當然，動物研究的前提是所得發現也將適用於人類，但這始終存在一些疑慮。無論如何，動物研究有其重要性，也可能相當具有啟發性。

相關法與實驗法的示意圖

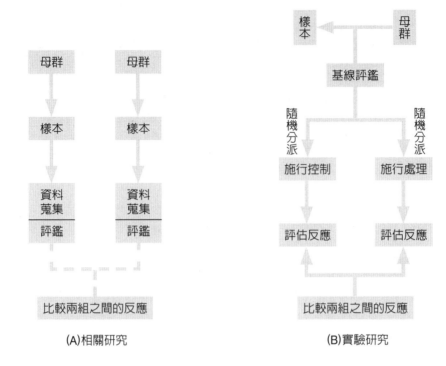

(A)相關研究　　　　　　　　　　　　　(B)實驗研究

✚ 知識補充站

實驗的預期效應

　　除了預定引進實驗中的變項外，如果還有其他因素改變了受試者行為，增加解讀資料上的困難時，這樣的額外因素便稱為混淆變項（confounding variable）。因此，優良的研究設計應該偵查可能的混淆因素，設法預先加以排除。

　　當研究人員或觀察人員以微妙方式，將其所預期發現的行為傳達給受試者，從而在受試者身上引致所期待的反應時，這便是發生了預期效應（expectancy effects）。在這樣情況下，真正促成所觀察到反應的是「研究人員的預期」，而不是所設定的自變項。

　　在一項訓練老鼠跑迷津的實驗中，半數大學生被分發「聰明」的老鼠，另一半則被分發「愚笨」的老鼠。但事實上，所有老鼠都是同一品種，在聰愚程度上完全一樣。但是，大學生們的實驗結果，完全對應於其對自己老鼠的預期 —— 當他們相信自己被分發聰明的老鼠時，他們也報告自己的老鼠有較為優良的表現。因此，預期效應扭曲了研究發現，使得我們只「看到」已預存在心理的信念，而不是行為的真正發生情形。

1-8　研究與倫理

　　所有研究人員的一個基本義務是要尊重人類和動物的權益。為了實際保障這些權益，「美國心理學會」（APA）最先在1953年發表《心理學專業人員的倫理信條和行為守則》。經過幾次的修訂和更新，最新版本是在2002年所頒布。APA要求轄下會員遵行這些規範。

一、充分告知同意書（informed consent）

　　當研究計畫以人類為受試者時，主試者應該事先告訴受試者，關於他們將會經歷的程序、潛在風險及預期利益。主試者還要擔保，受試者的個人隱私受到保護，受試者可在任何時候要求退出實驗。這些訊息通常是以書面形式為之，交付受試者加以簽署，表示他們在前述事項上已獲充分告知。

二、保密（confidentiality）

　　受試者的個人資料和作答應該被保密，不能任意對外公開。現今受試者通常在檔案上不掛名，只使用代號或密碼，以維護匿名性。當有任何研究發表必須引用當事人的資料時，必須先徵得當事人的同意。

三、有意的欺瞞（intentional deception）

　　對於一些性質的研究而言，假使事先告訴受試者所有情節安排，勢必會造成研究結果的偏差。但若不清楚說明，似乎又違反了受試者被充分告知的基本權利。

　　為了解決這中間的矛盾，APA規定，只有當研究具有科學和教育上的特殊重要性，而且除了欺瞞外，沒有其他替代方式時，這樣的欺瞞才能被派上用場。此外，研究人員務必審慎，不能讓受試者離開實驗情境時感到被利用或幻滅。最後，當研究結束之後，研究人員應該做簡報，真誠地告訴受試者，為什麼有必要採取欺瞞的方式。受試者對於人與人之間的信任，不應該因為一次實驗就受到動搖。

四、聽取簡報（debriefing）

　　研究人員有義務在研究結束之後，設法邀請受試者參加「聽證報告」，他們應該盡可能地提供關於該研究的資訊，以及它所獲致的結果。他們也要確認，沒有任何受試者還留存混淆、不安或困窘的情緒。如果受試者認為自己的資料有可能被誤用，或自身權益受到不當對待，他們有權撤銷自己的資料。

五、造假的資料（fraudulent data）

　　研究人員在報告他們的資料上，必須遵守「誠信原則」的最嚴格標準。任何情況下，他們都不能以任何方式竄改所得資料。假使那樣行事，他們可能被指控詐欺，為自己在法律、專業及倫理上惹來許多麻煩。

六、動物研究的道德疑慮

　　前面提過，動物研究有其便利性和重要性，特別是在藥物的研發及測試方面。但對於極力擁護動物權利人士來說，他們不認為對人類有益之事，就足以辯護動物研究的正當性。近年來，心理學和生物醫學的研究愈來愈重視對實驗動物的關照與處置，也訂定研究人員務必遵循的一些嚴格準則。實驗室設施必須有足夠空間和良好的飼養環境。動物的健康和福利應該妥善被對待，所有措施應該盡量減少動物可能蒙受的不適、疾病及痛苦。

實驗法與相關法的比較

實驗法	相關法
對自變項的操弄（讓受試者置身於不同的經歷）。	研究已經擁有不同經歷的人們。
受試者被隨機指派到各個處理組，以確保各組的相似性。	根據「自然狀態」而指定到各組（各組可能不是在所有層面上都相似）。
外擾變項的實驗控制。	對外擾變項缺乏控制。
可以確立自變項與依變項之間的因果關係。	只能建議但不能確立是某一變項引起另一變項。
可能因為道德考量而不能執行。	可被用來研究無法透過實驗探討的問題。
可能做作而不自然（從人為實驗環境獲得的發現，可能不易類推到「真實世界」）。	適用於自然環境中蒐集的資料（所得發現可被類推到「真實世界」）。

✚ 知識補充站

實驗的安慰劑效應

　　另一種可能涉入大多數實驗中的混淆變項是安慰劑效應（placebo effect）。這個術語來自醫學，有時候醫師開給病人的藥物不具相關化學作用，只是一些維生素，但基於病人相信藥效的心理作用，結果病情真的大為好轉，這樣的藥劑便稱為安慰劑（或寬心劑）。

　　同樣的，不論是研究人員或受試者，當他們預期某一結果出現時，那個結果可能就被製造出來，但不是實驗操弄所引起，而是期待所引起。例如，許多病人報告治療已對他們產生效果，但是客觀上並未顯現太大進展，這乃是病人說服（自我催眠）自己，治療師已花費那麼多時間在他們身上，他們必然會有好轉才對！

　　在另一種情況中，實驗人員不自覺地在病人身上促成所期待的反應。他們或許以微妙方式談吐或舉止，這暗示他們的病人以「特定」方式展現行為。

　　最後，有些受試者僅因意識到自己正被觀察及測試，或因對於自己被挑選為受試者感到特別，所展現的行為就不同於平常情形，這樣的效應也會玷汙實驗結果。

第二章
變態行為的歷史與當代觀點

2-1　從古代到中世紀的觀點

　　人類生命出現在地球上已有300多萬年，但有文字記錄的年代只能溯及幾千年前。我們只好藉助這些早期著述，了解古代對變態行為的見解。

一、遠古時代的觀點

　　不論是中國人、埃及人、希伯來人及希臘人，他們在古代都相當一致地把變態行為歸之於當事人被惡魔或神祇附身所致。至於附身（possession）的是善良或邪惡的精靈，主要取決於當事人所出現的症狀。如果當事人言談舉止似乎具有宗教或神祕的意涵，這就是被神祇附身。這樣的人通常深受敬畏及尊重，也被認為擁有超自然力量。

　　但是，大部分附身被視為邪惡精靈的作祟，特別是當事人變得激昂、過度活躍及從事違背宗教教義的行為時。這類附身經常被認為是上帝施加的天譴及懲罰。

　　為了醫治惡鬼附身，主要是採取一些驅邪伏魔的儀式，像是各種法術、祈禱、符咒、讓病人挨餓及鞭打病人等。

二、希波克拉底斯的早期醫學概念

　　希臘醫生希波克拉底斯（Hippocrates，B.C. 460～377）被譽為現代醫學之父，他受過人體解剖學和生理學的訓練，他反駁神鬼會介入疾病的發展過程，反而認為就像身體疾病一樣，心理疾患也有自然的起因和特定的治療。他相信大腦是智能活動的核心器官，而心理疾患是起因於大腦病變。他也強調遺傳和先天素質的重要性，且指出頭部傷害可能引致感官和運動障礙——這些觀念在當時是真正革命的創舉。

三、晚期希臘與羅馬的思潮

　　希波克拉底斯的研究後來由一些晚期的希臘和羅馬醫生傳承下去。當時的思潮認為，舒適的環境對精神病人具有莫大的治療價值。因此，除了一些較不適宜的手段外，諸如放血、瀉藥及機械式束縛外，當時醫生也會採用許多治療措施，包括飲食療法、按摩、水療法及體操等。

　　伽林（Galen, 130～200）是當時的希臘名醫之一，他採取科學的途徑，把心理疾病的起因劃分為身體和心理兩大類。他所命名的病因，包括：頭部傷害、過度飲酒、震驚、恐懼、青春期、經期變化、經濟逆境以及對愛情的絕望等。

四、中世紀的變態行為觀點

　　中世紀的歐洲（500～1500）大致上漠視科學性思考，也缺乏對精神病患的人道待遇。特別是接近這個時期的尾聲時，隨著政治壓迫、饑荒及瘟疫（黑死病）的蔓延，社會體系崩解，人們內心感到惶恐不安，在解釋心理疾患的起因上，普遍歸因於超自然力量。

　　中世紀後半段，歐洲出現了一種奇特現象，稱之為集體瘋狂（mass madness）——廣泛蔓延的集體行為失常，很像是歇斯底里的案例。成群人們同時受到感染，他們出現譫語、跳躍、手舞足蹈及抽搐。

　　此外，與世隔絕的偏遠地區經常有狼人症候群（lycanthropy）的爆發。它是指人們相信自己被狼所附身，因而模仿狼的行為。最後，中世紀的許多精神失常者被指控為女巫，且因此受到懲罰，還經常被殺害。

一、古代鬼神論與巫術

```
┌─────────────┐              ┌──────────────────┐
│   變態行為   │              │  被邪惡精靈所附身  │
└─────────────┘              └──────────────────┘
              ↓
       ┌──────────────────┐
       │  採取驅邪伏魔的儀式  │
       └──────────────────┘
```

法術	祈禱	符咒	製造噪音	讓病人挨餓	鞭打病人	恐怖味道的製劑 （羊糞＋紅酒）

經由使當事人的身體成為極不舒適的環境，逼使邪靈離開。

二、中世紀人們普遍認為，精神疾病乃是起因於當事人被惡魔附身，於是驅鬼成為主要治療法之一。

✚ 知識補充站

獵捕女巫

　　為什麼發生精神失常？最早的理論是，當事人被惡鬼附身了。所以，治療方法就是施行法術以驅趕魔鬼。在醫學的歷史上，這種驅魔儀式在16、17世紀達到高峰。那是歐洲最動盪的時期，到處充斥著社會、政治及宗教的暴動，再加上戰爭、饑荒及黑死病，這些都促使人們尋找代罪羔羊以緩解所承受的災痛。

　　因此，那個時期四處盛行搜捕女巫。一旦被指控為女巫，通常只有死路一條。根據當時的神學權威，這些有巫術的人是因為與魔鬼達成了協議，才有能力引發瘟疫、災難、性無能或使牛奶變酸。

　　因為這些人是社會禍害，所以無論怎樣殘忍對待都不算太嚴厲。因此，那個時期大約有50萬人被當作女巫燒死。這些人之中，許多人其實是妄想症、癡呆症、歇斯底里症及躁狂症的病人。此外，許多年輕女子的「中蠱」情況，似乎是吃進一種受到穀類黴菌（即麥角，經常在黑麥麵包上滋長）汙染的食物所致。麥角中毒的症狀，類似迷幻藥LSD所引起的作用，也類似於被施以巫術的那些症狀。

　　最後，有些人單純是宗教信仰不見容於傳統的基督教，被視為所謂的異教徒。還有些人則是成為鄰人貪婪的犧牲品，因為依照當時的法律，被燒死的女巫財產，會賞給舉發她的人，因此當時冤死之人無數。

2-2　走向人道主義之路（一）

　　從中世紀後期到文藝復興（一般是指14～17世紀）初期，科學探究的興趣再度抬頭，而一種強調人類權益和人性關懷重要性的運動開始興起，它可被概稱為人道主義（humanism）。

一、歐洲的起義

（一）帕拉賽瑟斯（Paracelsus, 1490～1541）

　　他是一位瑞士醫生，駁斥鬼神附身的迷信觀念，主張變態行為（如舞蹈狂）並不是附身，而是一種疾病，也應像疾病一樣接受治療。他也提倡「身體磁場」的治療方式，後來被稱為「催眠」（hypnosis）。

（二）威爾（Johann Weyer, 1515～1588）

　　他是一位德國醫生兼作家，對於那些被指控為女巫的人所蒙受之監禁、折磨、拷打及火刑等情況，深表關切。他發表書籍，舉證反駁當時盛行的一些追捕女巫的手冊。威爾是第一批專攻精神疾病的醫生之一，他的廣博經驗和前瞻觀點，為他贏得了「現代精神病理學創建者」的名聲。但不幸的是，威爾走在他的時代太前端，使他經常受到同業的訕笑，他的著作也遭到教會查禁。

（三）保羅（St. Vincent de Paul, 1576～1660）

　　後來，神職人員也開始質疑教會的一些措施。例如，保羅就甘冒大不韙地宣稱，「精神疾病沒有道理不同於身體疾病，基督教應該秉持人道精神保護這些人們，有技巧的緩解他們的痛苦，就像對待肉體病痛一樣」。

　　面對這些科學觀念的擁護者，不屈不撓地抗議達兩個世紀後，鬼神論和迷信終於讓步了，「觀察與理性」又重返研究的正途。

二、早期收容所的建立

　　從16世紀開始，收容所（asylums）在歐洲各地紛紛設立，它是一種專門容留精神病患的特殊機構。1547年，亨利八世把位於倫敦的Bethlehem聖母瑪利亞修道院正式改建為精神疾患的收容所。它的俗名為「Bedlam」，後來就成為瘋人院的代名詞。這間收容所以其悲慘狀況和不人道的待遇而惡名遠播，較兇暴的病人被公開展覽（收取微薄的入場費），較為無害的病人則被帶到倫敦街道乞討。

　　像這樣的收容所，逐漸在世界各地建立，但它們其實是監獄或感化院的翻版，住院病人較像是野獸般被對待，而不被視為人類。病人通常被關在暗無天日的牢房中，使用頸圈、腳鐐及手銬等約束其活動範圍。牢房中只供應一些稻草，從不打掃或清洗。因為當時還缺乏營養觀念，病人幾乎像動物般被餵食。除了供餐時間外，沒有任何人會進到牢房中。這就是那個時期收容所的典型情況，且一直延續到18世紀後葉。

　　至於治療技術，雖然是植基於當時的科學觀點，但主要是一些脅迫病人的手段，帶有侵犯性，包括強力的藥劑、水療、放血、烙炙、電擊及身體束縛等。例如，有暴力傾向的病人被丟進冰水中；無精打采的病人被丟進熱水中；狂躁的病人可能被投藥使其筋疲力竭；或是有些病人可能被放血，以排除「有害」液體。此外，還有一些管理措施已幾近嚴刑拷打。

一、從現代的角度來看，圖畫中描繪的情景顯得不人道且有失體面，但是水療法在19世紀的精神病院中，則被視為標準治療程序之一。

✚ 知識補充站

中國早期的精神病理觀點

　　早在西元前第7世紀，中國醫學對疾病成因的觀念就植基於自然，而不是神鬼。在陰與陽（Yin and Yang）的概念中，人體就像一個宇宙，分為正與負兩個層面，兩者互補互斥。如果陰陽兩種力量處於均衡狀態，人的身心將會呈現健康狀況，反之就會生病。因此，治療首重恢復陰陽平衡，這可以透過飲食控制加以達成。

　　西元第2世紀期間，中國醫學達到相對較高的水準。張景仲（他被譽為中國的希波克拉底斯）撰述兩本著名的醫書，他關於身心疾病的觀點，也是建立在臨床觀察上，指出器官的病理是疾病的主因。此外，他認為負荷壓力的心理狀況可能導致器官病變。他的治療利用兩種作用力，其一是藥物，另一是透過適宜活動以恢復情緒的平衡。

　　如同在西方的情況，中國關於精神疾病的觀點，隨後發生倒退現象，轉而相信超自然力量為疾病起因。從第2世紀後期到第9世紀初期，神鬼之說大為盛行，精神錯亂被認為是惡靈附身所致。幸好，幾個世紀之後，中國就又復返生理與肉體的觀點，也強調心理社會的因素。

2-3　走向人道主義之路（二）

三、人道主義的改革

（一）畢乃爾在法國的實驗

1792年，法國大革命展開後不久，畢乃爾（Philippe Pinel, 1745～1826）接掌巴黎的一間收容所。為了驗證他認為「精神病患應該受到親切體貼的對待」之觀點，他請求「革命公社」同意允許他撤除一些病人身上的鐵鍊。如果他的實驗失敗了，他很可能會被送上斷頭臺。幸好，他的做法獲得空前的成功。隨著鐵鍊被移除，陽光照進病房，病人被允許在庭院中活動，再配合親切的對待和人性化的照顧，這一切帶來的效果幾乎是奇蹟似的。

畢乃爾的措施，讓法國成為以人道方式處理精神病患的先鋒，而且「終止將窮人、罪犯、身體疾病患者、精神錯亂患者混置一處的混亂狀態」。

（二）塔克在英國的靜修所

正當畢乃爾在法國改革收容所之時，塔克（William Tuke, 1732～1822）也在英國建立了約克靜修所（York Retreat）。靜修所是一些舒適的鄉村房舍，以便協助精神病患在一種善意、宗教的氣氛中生活、工作及休養。

隨著畢乃爾令人驚訝之成果的消息傳到英國，塔克的微薄力量也逐漸獲得許多英國醫師支持，他們在新成立的收容所引進受過訓練的護士，而且在護理人員之上設立專職督導員。這些革新不僅改善了精神病患的照護，也改變了大眾對於精神失常者的態度。

（三）拉許與美國的道德管理

畢乃爾和塔克的人道實驗相當成功，改革了整個西方世界對於精神病患的處置方式。在美國，這項改革則是以拉許（Benjamin Rush, 1745～1813）為代表人物。拉許是美國精神病學的創立者。1783年，當任職於賓州醫院時，拉許提倡對精神病患更為人道的待遇。在此期間，道德管理（moral management）是被廣泛採用的處置方式，它把焦點放在病人的社會、個別及工作需求上。

在收容所中，道德管理強調病人的道德及心靈發展，也強調「性格」的重建，但不太注重他們的身體或心理疾病——可能是當時針對這些病況還很少有效的治療可被派上用場。在實務層面上，道德管理通常採取手工勞動和靈性討論的方式，再伴隨人道的對待。進入19世紀的後半段，隨著心理衛生運動的興起，再加上生物醫學科技的進步，道德管理就漸趨式微。

（四）荻克絲與心理衛生運動

荻克絲（Dorothea Dix, 1802～1887）是一位精力充沛的新英格蘭人，童年生活貧窮困苦，長大後卻成為推動精神病患之人道待遇的重要人物。1841年，她開始到一所女子監獄教書，諸多因緣際會之下，她認識到人們在牢獄、救濟院及收容所中的各種悲慘狀況。

基於她的所見所聞。荻克絲在1841到1881年間，積極參與社會運動，試圖喚醒一般民眾和立法當局為精神失常者所遭受的不人道待遇做些事情。在她的呼籲和請求下，心理衛生運動（mental hygiene movement）開始在美國成長。

除了協助改善美國醫院的環境，荻克絲也在加拿大及蘇格蘭等幾個國家，指導醫院機構全面改革。她總共建立了32所精神病院，考慮到當時瀰漫的無知和迷信氣氛，這顯然是一項驚人紀錄。

1792年，畢乃爾接掌巴黎的收容所，為了驗證他關於「瘋狂是一種疾病」的觀點，他下令移除病人（原本被當作犯人對待）的腳鐐手銬、住進陽光普照的病房，以及被允許在庭院中活動。

✚ 知識補充站

精神疾病是一個神話

　　有些人認為精神疾病最大的問題在於「帽子」，沒有這些什麼疾病的帽子，也就沒有這些疾病。根據精神病學家Thomas Szasz的看法，精神疾病甚至是不存在的，它只是一個神話（myth，或迷思）。他表示，各種症狀被用來作為精神疾病的證據，但這些症狀僅是一些醫學標籤，以容許專業處置介入所謂的社會問題──其實只是一些脫軌的人違反了社會規範。一旦貼上標籤，我們就能因這些人的「越軌行為」施加溫和或嚴厲的處置，不用擔心會擾亂了社會現狀。

　　雖然這樣的看法較為極端，但心理學家逐漸倡導以生態模式（ecological model）來取代傳統的醫學模式。在生態模式中，失常或病態不被視個人內在疾病的結果，而是人們與社會之間互動的產物。換句話說，失常被視為個人能力與社會要求，或與社會規範之間「失同步」。例如，學校通常要求兒童每天安靜地坐在教室中好幾個鐘頭，以及按照規定做完自己的功課。有些兒童做不到，就被標示為「過動症」。然而，如果這些兒童處於另一種學校環境中，他們能夠不受約束地在教室中走動，也能跟他人談話，那麼「失同步」的情況就不復存在，這些兒童就不會被貼上「失常」的標籤。

　　最後，心理學家藍格（Laing, 1970）指出，精神診斷把新奇和不尋常視為「瘋狂」，而不是「有創意的天賦」，不但傷害了當事人，也將會戕傷社會。

2-4　走向人道主義之路（三）

四、19世紀對精神疾病之起因與治療的觀點

　　19世紀初期，因為道德管理在「精神失常」的處理上居於優勢，精神病院大致上是由外行人所掌控，醫療專業人員或精神病醫師的角色無足輕重。再者，當時針對精神疾病尚無有效治療方式，只有像麻醉藥、放血及瀉藥等一些措施，所以很難獲致客觀結果。無論如何，到了19世紀後半段，精神病醫師獲得了精神病院的控制權，他們把傳統的道德管理治療，納入另一些初步身體醫療程序中。

　　精神疾病在當時還只是一知半解，像是憂鬱症這類病況被視為精神衰竭所造成。換句話說，當時的精神病醫師認為，情緒障礙是起因於精力透支或身體能量的耗損——生活不知節制的結果。個人耗盡珍貴的神經能量，則被稱為神經衰弱（neurasthenia），這種病況牽涉到普遍的心情低落、缺乏活力及一些身體症狀，它們被認為與文明要求所引起的「生活方式」（lifestyle）失調有關。

五、20世紀初期對心理健康態度的轉變

　　到了19世紀後期，精神病院或收容所（即「山丘上的一幢大型宅邸」）在美國已成為熟悉的地標。儘管道德管理已推廣許久，但精神病患在裡面仍受到相當嚴厲的對待。對一般民眾來說，收容所是一處陰森的地方，住在裡面的是一群怪誕而令人驚恐的傢伙。不論是在教導大眾或減低對精神錯亂的普遍恐懼上，住院的精神病醫師都幾乎沒做些什麼努力。當然，這份沉默的主要原因是，他們原本就不知道應該傳授什麼實際知識。

　　在美國，畢爾斯（Clifford Beers, 1876～1943）接手荻克絲開拓性的工作。畢爾斯畢業於耶魯大學，他在1908年發表《發現自我的心靈》一書，描述自己精神崩潰的過程，也談到他當時在三間典型精神病院所遭受的惡劣對待。雖然鐵鍊及一些拷打器具早已棄置不用，但緊身衣（straitjacket）仍然廣泛使用，以便讓躁動病人平靜下來。畢爾斯生動描繪了其所帶來的痛苦及折磨。康復之後，他隨即投入運動，試圖讓人們了解這樣的處置無助於控制病情。

六、20世紀的精神醫院照護

　　20世紀初期，在畢爾斯等啟蒙人物的號召下，精神病院的數量實質成長，主要是容留有嚴重精神障礙的人們，諸如精神分裂症、憂鬱症、器質性精神疾病、麻痺性癡呆及重度酒精中毒等。但在20世紀的前半段，醫院很少提供有效的治療，所謂的照護，經常是嚴厲、粗魯、懲罰及不人道的。

　　1950年代，隨著一些書籍（如《The Snake Pit》及《Asylums》）的發表，政府開始認識到，有必要在社區提供較為人道的心理健康照護，以取代過度擁擠的精神病院。「國家心理衛生機構」也開始成立，積極培育這個領域所需的精神科醫師和臨床心理師。

　　20世紀後半段，隨著科學的進展，特別是針對許多疾患（如躁鬱症和精神分裂症）之有效藥物的開發，這在精神醫療界造成重大衝擊。這個時期的工作重心是關閉精神醫院，以使得精神失常的人們重返社區。這波運動稱為「去機構化運動」（deinstitutionalization），它促成住院人數銳減，使得先前的病人能夠在醫院外過著較有生產力的生活。

一、在19世紀，病人因為躁動而接受治療時，他們被用皮帶綁在椅子上，
　　然後快速地旋轉椅子，直到病人安靜下來為止。

二、變態心理學早期歷史上的重要人物

遠古時期

- **希波克拉底斯**（Hippocrates, 460～377B.C.）
  希臘醫生，相信精神疾患是自然原因和腦部病變的結果，而不是神鬼附身。
- **柏拉圖**（Plato, 429～347B.C.）
  希臘哲學家，相信精神疾患應該受到人道對待，而且不需要為自己瘋狂或疾病發作時的
  舉動負責。
- **亞里斯多德**（Aristotle, 384～322B.C.）
  希臘哲學家，柏拉圖的門生。他贊同希波克拉底斯的理論：當體內的各種作用力（或體
  液）失衡時，就會導致精神疾病。但他不認為心理因素（如挫折和衝突）會引起精神疾
  病。
- **伽林**（Galen, 130～200）
  希臘醫生，也是希波克拉底斯傳統觀念的擁護者。他在神經系統的解剖學上提出一些最
  早期的貢獻。伽林把精神疾病的起因劃分為身體和心理兩大類。

中世紀

- **阿維森那**（Avicenna, 980～1037）
  一位來自阿拉伯的回教醫生，被譽為「醫學王子」。當西方醫學界以極不近人情的方式
  處理精神疾病時，阿維森那在中東回教國家中提倡人道原則。
- **馬丁·路德**（Martin Luther, 1483～1546）
  德國科學家，宗教改革的領袖。他認為精神錯亂者是被惡魔附身，這在當時是很普遍的
  觀點。
- **拉許**（Benjamin Rush, 1745～1813）
  美國醫生，美國精神病學的創立者，也是美國獨立宣言的簽署人之一。他在精神失常者
  的處置上，採用道德管理──依據畢乃爾的人道主義途徑。

2-5 變態行為的當代觀點（一）

隨著心理衛生運動於19世紀後半葉在美國蔓延，世界各地也發生重大科技進展。這些進步啟動我們今日所謂之「變態行為的科學觀點」，也促成我們應用科學知識於精神失常者的治療上。

一、生物學的發現

這個時期，關於「身體疾病和心理疾患的發展是否有生物因素及解剖因素作為基礎」的問題，生物醫學的研究獲得重大突破。例如，麻痺性癡呆（general paresis）是當時最嚴重的精神疾病之一，它會造成全身麻痺及精神錯亂，一般在2至5年內導致死亡。但是，科學研究找到了它的器質因素（organic factors），即大腦的梅毒。今日，我們已有盤尼西林作為梅毒的有效治療，但是，從對精神疾病的迷信觀念，直到科學上證明大腦病變如何引起特定疾患，變態心理學領域已走了很長一段路。這項突破在醫學界燃起了莫大希望，亦即是否在另一些精神疾患上，也將可找到器質基礎。

從18世紀初期開始，隨著解剖學、生理學、神經學、化學及綜合醫學等知識的累積，科學人員已大致清楚，不健全的身體器官是各種身體不適的起因。他們很自然地假定，精神疾患也是以器官（這裡是指大腦）病變為基礎的一種疾病。進入20世紀，科學人員已檢定出大腦動脈硬化和老年精神疾病的腦部病理。此外，中毒性精神疾病（有毒物質所引起，如鉛）、幾種智能遲緩及另一些心理疾患的器質病理也被發現。

最後，雖然我們發現了精神疾患的器質基礎，但是它只是指出「如何」產生關聯，它在大部分案例並未指出「為什麼」發生關聯。例如，雖然我們知道什麼因素引起「早衰性」精神疾病，但我們仍不知道為什麼有些人受到侵犯，有些人則不會。

二、分類系統的發展

克雷培林（Emil Kraepelin, 1856～1926）是一位德國的精神病學家，他在變態行為之生物學觀點的早期開展上居功厥偉。1883年，他發表教科書，除了強調大腦病變在精神疾病上的重要性，他的最重要貢獻是，提出精神疾病的分類系統，成為今日DSM分類的先驅。

克雷培林注意到，變態行為的一些症狀型態，有規律地一起出現，足以被視為同一類型的精神疾病。他因此著手於描述及澄清這些類型的精神疾病，研擬一套分類體系。克雷培林視每一類型的精神疾患為獨特而與眾不同的，每種疾患的過程是預先決定而可預測的，即使它還不能被控制。

三、精神疾病之心理學基礎的發展

除了生物學的研究外，許多學者是從心理因素著手，以求理解精神疾病。第一大步是由佛洛依德（Sigmund Freud, 1856～1939）所跨出，他是20世紀最常被援引的心理學理論家。佛洛依德開發一套內容廣泛的精神病理學理論，強調潛意識動機的內在原動力，通常被稱為心理動力學（psychodynamics）。至於他用來探討及治療病人的方法，就被稱為精神分析（psychoanalysis）。

（一）催眠術（mesmerism）

梅斯默（Franz Anton Mesmer, 1734～1815）是奧地利醫生，他發揚16世紀學者帕拉賽瑟斯的觀念，相信天空行星的磁力會影響人體功能。他認為人體內普遍存在磁性體液，而就像地球上的潮汐變化，行星的磁力也會影響體液的分布情形，進而決定身體的健康或疾病。有些人之所以精神錯亂，就是由於體內磁場紊亂所致，這被稱為動物磁力說（animal magnetism）。

一、沙柯（Charcot）實地示範催眠的作用。雖然身為神經學家，他卻採取心理社會的角度解釋歇斯底里症。

二、變態心理學早期歷史上的重要人物

16世紀到18世紀

- **帕拉賽瑟斯**（Paracelsus, 1490～1541）
  瑞士醫生，駁斥鬼神論為變態行為的起因。他相信精神疾病是起因於人類本能層面與心靈層面之間的衝突。他認為月亮的圓缺對大腦產生一種超自然影響力──今日有些人仍然深信不疑。
- **阿維拉的德蕾莎**（Teresa Of Avila, 1515～1582）
  西班牙修女，後來被封為聖徒。她主張精神疾病是一種心靈的失衡。
- **威爾**（Johann Weyer, 1515～1588）
  德國醫生兼作家，反對神鬼論。他先進的思想受到同業和教會的排斥。
- **史考特**（Reginald Scot, 1538～1599）
  英國人，畢生致力於推翻巫術和惡魔的謬論，反駁邪惡精靈為精神疾患的起因。
- **波頓**（Robert Burton, 1576～1640）
  牛津大學的學者，他於1621年發表一篇經典、深具影響力的論文：〈憂鬱症的剖析〉。
- **塔克**（William Tuke, 1732～1822）
  英國教友派的信徒，創建約克靜修所，使得精神病患在融洽的宗教氣氛中生活、工作及休養。
- **畢乃爾**（Philippe Pinel, 1745～1826）
  法國醫生，創先在精神病院實行道德管理，以人性化方式對待精神病患。

2-6　變態行為的當代觀點（二）

　　梅斯默嘗試把他的觀點付諸實行，用以醫治病人的一些歇斯底里症狀。但最終他被學術界指控爲「江湖郎中」，迅速地湮沒於歷史。無論如何，他的治療方法和效果，多年來一直是科學爭論的核心。事實上，隨著精神分析在20世紀初期登上世界舞臺，催眠術再度引起熱烈討論。

（二）南錫學派（the Nancy School）

　　南錫是法國東北部的一個城市，當地一些醫生及學者對於歇斯底里症（hysteria）與催眠之間的關係深感興趣。除了用來治療精神疾病外，他們也對正常人催眠，使之改變意識狀態。他們發現：(1)在歇斯底里症觀察到的一些現象（如失聲、失去痛覺），也可在正常人身上藉由催眠而產生；(2)同一些症狀，也可藉由催眠而消除。因此，他們認爲催眠狀態和歇斯底里症兩者都是源自「暗示作用」（suggestion），即歇斯底里症似乎是一種自我催眠。凡是接受此一觀點的醫生們，最終就被稱爲南錫學派。

　　另一方面，沙柯（Jean Charcot, 1825～1893）是當時首屈一指的病理解剖學家和神經學家，他堅持歇斯底里症是起因於退化性大腦病變。沙柯與南錫學派間的辯論，是醫學史上的最重要論戰之一，最終是南錫學派高奏凱歌。這是史上首度認定「心理因素可能引起精神疾病」。

　　關於「精神疾病究竟是生物因素引起或心理因素引起」，接近19世紀尾聲時，這個問題已更趨明朗化，即精神疾病可能具有心理基礎、生物基礎，或兩者皆是。但是，那些以心理爲基礎的精神疾病究竟是如何形成呢？

（三）精神分析的起始

　　佛洛依德是奧地利的精神病學家，他有系統地嘗試回答上述問題。1885年，他曾經慕名前往巴黎，向沙柯求教催眠術治療法，他也熟悉南錫學派的治療理論。他相信有一些強力的心理歷程可能潛伏起來，不爲意識所察覺。

　　返回維也納後，佛洛依德採取新的技術，他引導病人在催眠狀態下，不受拘束地談論自己的煩惱。病人通常會吐露許多情緒，而且清醒過來後，感受到重大的情緒緩解，這被稱爲宣洩（catharsis，或淨化）。宣洩不僅協助病人釋放情緒緊張，而且也對治療師透露病人障礙的本質。

　　從這樣的程序中，佛洛依德發現潛意識（unconscious）的存在。潛意識是心靈的一部分，蘊藏當事人察覺不到的生活經驗。它的存在就表示，當事人意識之外的歷程（processes），可能在決定行爲上扮演重要角色。

　　佛洛依德採用兩種方法，以理解病人的意識和潛意識思想歷程。首先是自由聯想（free association），它要求病人毫不拘束地談論自己，從而提供關於他們情感、慾望及衝動等訊息。其次是夢的解析（dream analysis），它要求病人記錄及描述自己的夢境。這兩種技術協助分析師和病人獲致洞察力，達成對病人情緒障礙更充分的理解。

一、佛洛依德拍攝於其維也納家中的辦公室，他創立精神分析學派，也是有史以來對人類文化影響最大的人物之一。

二、變態心理學早期歷史上的重要人物

19世紀到20世紀初期

- **荻克絲**（Dorothea Dix, 1802～1887）

  美國教師，也是美國心理衛生運動的發起人。為了更合乎人道的對待，也為了把精神錯亂者和智能障礙者安置在良好設施中，她40年來在美國各地推展遊說活動。

- **畢爾斯**（Clifford Beers, 1876～1943）

  美國臨床心理學歷史上一位重要的改革者，他因為嚴重憂鬱而住進精神病院，因而開始記錄他在醫院中的經驗。當他終於擺脫躁鬱症狀後，他撰寫書籍及發起運動，試圖矯正在醫院中那些虐待精神病患的行徑。

- **梅斯默**（Franz Anton Mesmer, 1734～1815）

  奧地利醫生，他首創以誘導法改變病人的意識狀態，從而達成治療效果。梅斯默被心理學界公認為是現代催眠術之父。

- **克雷培林**（Emil Kraepelin, 1856～1926）

  德國精神病學家，強調大腦病變在精神疾病的發展上所占重要角色。他開發了第一套診斷系統。

- **佛洛依德**（Sigmund Freud, 1856～1939）

  奧地利心理學家和精神病學家，他也是「精神分析」心理治療學派的創始人。佛洛依德的名聲超出了心理學界，舉凡文學、哲學、藝術、宗教、法學、醫學及社會學等領域，都受到其理論的重要影響。

2-7　變態行為的當代觀點（三）

四、實驗心理學的開展

雖然實驗心理學家的早期研究與臨床業務無關，也與我們對變態行為的理解沒有直接關聯，但他們把嚴謹的態度帶進臨床探討中。

（一）早期的心理學實驗室

1879年，馮德（Wilhelm Wundt, 1832～1920）在德國萊比錫大學建立世界上第一所心理學實驗室，首創以科學實驗方法研究心理現象。他的最大貢獻是使心理學脫離哲學範疇，開創了現代科學心理學的新紀元。馮德設計了許多基本實驗方法和策略，他的追隨者將其應用於探討臨床問題。例如，卡泰爾（J. Mckeen Cattell, 1860～1944）是馮德的一位學生，他把馮德的實驗方法引進美國，用以評定心理處理速度的個別差異。

惠特曼（Lightner Witmer, 1867～1956）是馮德的另一位學生，1896年他整合研究和實務，在賓州大學創設美國第一間心理診所，協助有學習障礙的兒童。他被譽為臨床心理學之父。

在惠特曼鼓舞之下，另一些診所也紛紛設立，其中最受重視的是海利（William Healy, 1869～1963）於1909年建立的「芝加哥青少年輔導機構」。海利首創視青少年犯罪為都市化（urbanization）的徵狀，而不是內在心理失調所致。他率先指出新的因果路線，即變態行為的起因可能是環境（或社會文化）因素。

（二）行為主義的觀點

從19世紀後期到20世紀初期，精神分析論幾乎主宰關於變態行為的思路。行為主義（behaviorism）這時候正從實驗心理學脫穎而出，試圖挑戰它的霸權。行為學派主張，個人的主觀經驗（像是自由聯想和夢的解析所提供的資料）不應作為研究對象，科學的探討應該針對「直接可觀察的行為」。

1. 經典制約（classical conditioning）：剛翻到20世紀這一頁時，俄國生理學家巴卜洛夫（Ivan Pavlov, 1849～1936）以實例說明，經由使得非食物刺激（如鈴聲）有規律地伴隨食物多次呈現，狗會逐漸地針對非食物刺激也開始分泌唾液，稱為制約反射。這種形式的學習，後來被稱為「經典制約」，它是指非制約刺激（UCS）先天能夠引發非制約反應（UCR），當引進某一中性刺激，再經過與非制約刺激多次配對後，此一中性刺激就成為制約刺激（CS），也將能夠引起制約反應（CR）。

   華生（John B. Watson, 1878～1958）是一位美國心理學家，他認為心理學想要成為一門真正科學，就必須摒棄所有主觀的「心理」事件，轉而探討可被客觀觀察的外顯行為。華生也挑戰當時的精神分析學家和生物取向的心理學家，他認為變態行為不過是早年之不幸、不經意制約的產物，可以經由反制約作用加以矯正。

2. 操作制約（operant conditioning）：當巴卜洛夫和華生正探討刺激－反應制約作用時，桑戴克（E. L. Thorndike, 1874～1949）和隨後的史基納（B. F. Skinner, 1904～1990）則探討另一種制約作用，即行為的後果如何影響行為。例如，桑戴克發現迷籠中的貓偶然拉下鏈條，隨後就獲得食物的強化，貓幾次後就學會此一特殊反應。這種學習模式就被稱為工具制約（instrumental conditioning），後來被史基納重新命名為「操作制約」。

一、史基納是20世紀美國心理學家，堅持心理學應該只研究外顯行為，從不論及內在心理活動。他在1948年和1971年分別發表《桃源二村》和《自由與尊嚴之外》二本書，試圖推廣他的學習理論於實際生活應用，特別是在學校教育和心理治療等方面，使他成為近代最為知名的心理學家。

二、變態心理學早期歷史上的重要人物

19世紀到20世紀初期

- **馮德**（Wilhelm Wundt, 1832～1920）
  德國生理學家和心理學家，他於1879年設立第一所心理學實驗室，隨後影響了變態行為的實徵研究。他被譽為實驗心理學之父。

- **卡泰爾**（J. Mckeen Cattell, 1860～1944）
  美國心理學家，他採用馮德的方法，探討訊息處理的個別差異。他是最早把心理學研究結果加以統計量化的心理學家。

- **惠特曼**（Linghtner Witmer, 1867～1956）
  美國心理學家，他在賓州大學創設第一間心理診所，也是學校輔導和特殊教育的先驅，被譽為臨床心理學之父。他也在1907年創辦《心理臨床》期刊。

- **海利**（William Healy, 1869～1963）
  美國心理學家，建立「芝加哥青少年輔導機構」，他提倡新的觀念，即精神疾患是起因於環境（或社會文化）因素。

- **巴卜洛夫**（Ivan Pavlov, 1849～1936）
  俄國生理學家，他發表經典制約的研究，為後來美國行為主義之「刺激—反應」的學習提供了理論基礎。

- **華生**（John B. Watson, 1878～1958）
  美國心理學家，執行學習原理的早期研究，後來被譽為行為主義之父。他的思想是把心理學當作自然科學來研究，把人性變化視同物性變化來處理。

- **史基納**（B. F. Skinner, 1904～1990）
  美國學習理論家，他是操作制約學習理論的創立人，也是極端行為主義的代表人物。他堅信行為科學可以改造社會。

第三章
變態行為的起因

3-1　素質－壓力模式

　　變態心理學的核心是探討什麼因素引起人們的心理苦惱，以及引起人們的不適應行為。如果我們知道其某一疾患的起因，我們就能加以預防，或許還能加以逆轉。此外，如果我們清楚理解各種疾患的起因，我們也能做更良好的分類及診斷。

　　這裡所提關於變態行為的許多觀點中，它們共同的一個特徵是，都可被視為素質－壓力模式。

一、素質與能力（diathesis and stress）

（一）素質

　　個人發展出某一疾患的先天傾向，稱為「素質」。它可以是源自生物、心理或社會文化的因素，而且不同觀點強調不同種類的素質。許多精神疾患之所以發展出來，首先是當事人擁有某一疾患的素質或脆弱性，再隨著一些壓力源（stressor）作用於當事人身上，該疾患就因此形成，這被通稱為變態行為的素質－壓力模式。在此模式中，素質是相對上的遠因，但通常還不足以引起該疾患。疾患的形成還必須有一些近因，即較近期的不稱心事件或處境（壓力源）。

（二）壓力

　　壓力是指個人對干擾其身體或心理均衡的刺激事件所表現的反應，這樣的事件被個人認為踰越其個人資源，或造成資源的過度負荷。壓力通常發生在當個體經歷長期或偶然的不合意事件時。只有當壓力環境已導致不適應行為後，我們往往才能推斷素質的存在。

二、加成模式和互動模式（additive and interactive model）

　　素質和壓力如何聯合起來而導致疾患？幾種不同方式已被提出。

（一）加成模式

　　素質和壓力兩者加總起來，達到一定數額的話，疾患就可能形成。換句話說，當個體擁有高度素質時，只需少量壓力，疾患就會形成。當素質越低時，就需面臨大量壓力，疾患才會成形。因此，如果個體不具素質（或極低），當面對真正嚴厲壓力時，他仍然可能發展出疾患。

（二）互動模式

　　個體首先必須有一些程度的素質，壓力隨後才能發揮任何作用。因此，在互動模式中，個體不具素質的話，他將永不會發展出疾患，不論他承受多大的壓力。但個體一旦具有素質的話，隨著累進的壓力，他發展出疾患的風險也將遞增。

（三）防護因素（protective factors）

　　除了素質和壓力外，近期的研究重心放在防護因素上。防護因素有助於調節當事人對環境壓力源的反應，使得當事人較不會蒙受壓力源的不利後果。

1. 正面的生活經驗。個人在兒童期擁有良好的家庭環境，至少雙親之一是溫暖而支持的，容許良好依附關係的發展。
2. 適度的生活壓力。有時候暴露於壓力體驗，再順利地加以處理，這可以促進個人的自信心或自尊，從而充當防護因素。這種「預防接種」的效應通常是發生在面對適度壓力源時，而不是面對輕微或極端壓力源。
3. 個人的特質或屬性。有些防護因素無關於生活經驗，它們有助於抗衡各式各樣的壓力源，這些屬性包括隨遇而安的性情、高自尊、高智力及學業成就。

一、採取素質──壓力模式以解釋變態行為

変態行為的起因

內在原因

生理構造或早期經驗，如體質、脆弱性或先天傾向。

外在原因

環境因素和個人生活中現存的挑戰，即各種壓力源。

素質使得當事人容易發展出某一疾患，然後環境壓力使得這個「可能性」變成「事實」。

変態行為的不同模式檢定出不同素質和不同壓力源，視為通往病態的路線。

二、對抗壓力源的一些防護因素

重要的防護因素

正面的童年生活經驗

偶爾置身於適度壓力的情境

個人的一些積極特質

復原力（resilience）：順利適應艱困處境的能力

儘管高風險的情況，仍獲致良好結果

在威脅之下，仍維持勝任能力

從創傷中復原的能力

変態行為的不同模式檢定出不同的防護因素，視為面臨逆境時通往復原的路徑。

3-2　多元觀點的採取

一、觀點的採取

在了解變態行為的起因上，事業人員通常會持有自己的觀點，特定觀點的採取有助於專業人員組織他所做的觀察，以及提供一套思想體系，以便安置所觀察的資料和建議治療的焦點。自佛洛依德之後，近年來，在變態行為的探討上，另三種研究觀點似乎已齊頭並進地發生。

1. 心理動力的觀點：在變態心理學的研究焦點上，佛洛依德促成從生理疾病或道德缺失的論點，轉移到個人內在的潛意識心理歷程。
2. 生物學的觀點：這種觀點是精神醫學界的主導勢力，也在臨床科學上頗具影響力。
3. 行為與認知─行為的觀點：它在許多實徵取向的臨床心理師和一些精神科醫師中，已成為極具影響力的觀點。
4. 社會文化的觀點：它側重於社會文化因素（sociocultural factors）對變態行為的影響。

近年來，許多理論家已認識到，為了充分理解各種精神病態的起源，我們有必要採取整合的生物心理社會的觀點（biopsychosocial viewpoint）。它認定生物、心理及社會文化因素之間的交互影響，因而都在精神病態和治療上扮演一定角色。

二、生物學的觀點

傳統的生物觀點認為，精神疾患也是一種身體疾病，只不過它們許多主要症狀是屬於認知、情緒或行為的層面。因此，精神疾患被視為中樞神經系統、自律神經系統及內分泌系統的失調。這樣的失調可能是繼承而來，也可能是一些病變歷程所引起。我們以下討論四大類生物因素，它們似乎特別與不適應行為的發展有關。

（一）神經傳導物質和激素的失衡

為了使大腦適當發揮功能，神經元需要能夠有效地互相傳達信息。這樣的信息傳遞是由神經傳導物質（neurotransmitters）達成。神經傳導物質是一些化學物質，當神經衝動（本質上是一種電位活動）發生時，它們被突觸前神經元釋放到突觸中（一個充滿液體的微小空隙），然後在突觸後神經元的樹突（或細胞體）細胞膜上產生作用。

有許多不同性質的神經傳導物質，有些是促進神經衝動的傳遞，另有些則是抑制衝動的傳遞。至於神經信息能否順利地傳送到突觸後神經元，這特別是取決於神經傳導物質在突觸中的濃度。

1. 神經傳導物質的失衡

「大腦神經傳導物質的失衡可能導致變態行為」，這是生物觀點的基本理念之一。有時候，心理壓力會引致神經傳導物質失衡，這是透過幾種方式產生：(1)神經傳導物質被過量製造及釋放到突觸中，造成功能過度發揮；(2)神經傳導物質（一旦被釋放到突觸中）被去活化（deactivated）的正常歷程發生故障，可能發生在再回收過程，或發生在分解過程；(3)突觸後神經元的收納器發生差錯，可能是不尋常地靈敏或不靈敏。

一、神經細胞（神經元）的示意圖。它的主要構造包括細胞體、樹突和軸突三部分。

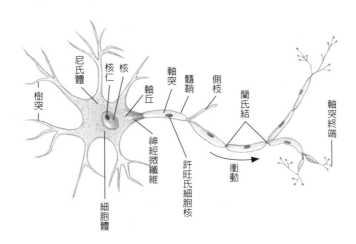

二、突觸傳進的示意圖

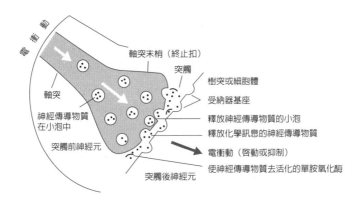

1. 神經傳導物質被容納在接近軸突末端的突觸小泡中，當神經衝動抵達時，突觸小泡釋放神經傳導物質到突觸中。

2. 神經傳導物質接著作用於接收神經元樹突的細胞膜，這些細胞膜上有特化的受納器基座，接納傳送而來的訊息。

3. 受納器基座接著啟動接收神經元的反應，可能是引發神經衝動的傳遞，也可能是抑制衝動。

4. 神經傳導物質不是無限期地停留在突觸中，有時候它們很快被酶（enzyme，如單胺氧化**酶**）所破壞；有時候它們則由「再回收」（reuptake）機制而重返軸突末梢的貯存小泡中。

3-3　生物學的觀點與起因（一）

　　許多藥物被用來治療各種疾患，它們的作用就是在矯正這些失衡。例如，百憂解（Prozac）是被廣泛使用的抗憂鬱劑，它的作用就是減緩神經傳導物質血清素（serotonin）的再回收，以便延長血清素停留在突觸中的期限。

　　研究人員迄今已發現超過上百種神經傳導物質，但下列五種似與精神病態最有關：(1)正腎上腺素（norepinephrine）；(2)多巴胺（dopamine）；(3)血清素；(4)麩胺酸鹽（glutamate）；(5)GABA。

　2. 激素的失衡

　　另一些精神變態牽涉到激素失衡。經由下視丘對腦下垂體的影響，中樞神經系統與內分泌系統連結起來，被統稱為神經內分泌系統。內分泌系統是由多種分泌腺所構成（見右頁圖），它所分泌的化學物質稱為激素，直接滲透至血液之中。

　　激素（hormones，或荷爾蒙）是身體的化學信使，它們經由血液輸送而各自發揮不同功能。激素的失衡被認為涉及多種心理病態，如憂鬱症和創傷後壓力症。此外，性腺製造性激素、性激素（如雄性激素）的失衡，也會促成不適應行為。

　（二）遺傳脆弱性

　　基因（gene）是生物個體遺傳的基本物質，也是位於染色體之DNA上的功能單位。個體的發生、生理機能維持及性別特徵的表現等，都是依照基因上遺傳密碼的指令。雖然基因從來不能完全決定我們的行為或精神疾患，但是研究證據已指出，大部分精神疾患至少在某一程度上可訴諸遺傳影響力，只是影響程度有大有小。

　　這些遺傳影響力中，有些是初見於新生兒和兒童，諸如廣泛的氣質。舉例而言，有些兒童天生就較為害羞或內向，另有些則較為活潑或外向。但是，另有些遺傳脆弱性是直到青少年期或成年期才表現出來，大部分精神疾患在這個時期首度現身。

　　雖然我們經常看到報導，指出某些疾患的「基因」已被發現，但是精神疾患的脆弱性幾乎總是多基因的（polygenic），也就是它們是受到多種基因的影響，任一基因的效應不大。這表示遺傳上脆弱的個體經常繼承大量基因，它們以某種加成或互動方式一起運作而增加脆弱性。集體作用之下，這些基因可能導致中樞神經系統的結構異常、導致大腦化學和激素平衡的差錯，或導致自律神經系統的過度反應或不足反應。

　　在變態心理學的領域中，遺傳影響力很少以簡單而筆直的方式表現出來。不像一些身體特徵（如眼珠的顏色），我們的行為不是遺傳天賦所能完全決定，它是個體與環境互動之下的產物。這也就是說，基因只能間接地影響行為。基因的表現通常不是登錄在DNA上信息的單純結果，反而是受到內在和外在環境影響之一套複雜歷程的終端產物。事實上，當面臨環境的影響力時（如壓力），一些基因可能實際上被「開啟」（活化）或「關閉」（去活化）。

一、在與心理病態的關係上，最受廣泛探討的五種神經傳導物質。

(1) 正腎上腺素	(2) 多巴胺	(3) 血清素	(4) 麩胺酸鹽	(5) GABA
當我們暴露於險境時，它在我們身體緊急反應上扮演重要角色。它涉及注意、定向及基本動機。	它的功能包括愉快和認知處理，也涉及一些成癮障礙症。巴金森氏症就是由於基底神經節中多巴胺含量不足所造成。	對於我們的思考方式和處理環境訊息有重要影響，也影響我們的行為和心境，因此涉及情感性疾患，如焦慮及憂鬱，也涉及自殺。	屬於興奮性神經傳導物質，涉及思覺失調症。它在藥物、酒精及尼古丁成癮上也扮演一定角色。	與減低焦慮有密切關聯，也與高度生理激發特有的一些情緒狀態有關。

二、內分泌系統的示意圖。腦下垂體是身體的主宰腺，它製造多種激素，以調節或控制其他內分泌腺。

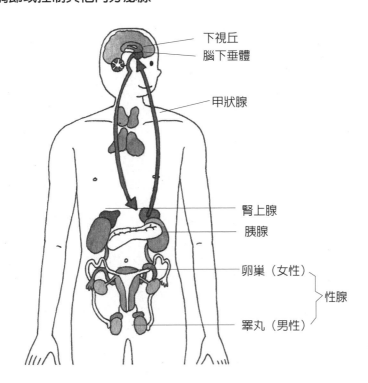

下視丘
腦下垂體
甲狀腺
腎上腺
胰腺
卵巢（女性）
睪丸（男性）
性腺

3-4　生物學的觀點與起因（二）

（三）氣質

氣質（temperament）是指個人在一般情況下所表現相當持久的情緒傾向，它被認為與先天遺傳的體質有密切關係。從出生後不久，嬰兒在針對各種刺激的特有情緒反應和警覺反應上就顯現差異，也在他們趨近、退縮或注意各種情境的傾向上顯現差異。有些嬰兒會被輕微的聲響嚇到，或陽光照射臉孔就會哭泣，另一些則對這樣的刺激缺乏感應。這些行為受到遺傳因素的強烈影響，但產前和產後的環境因素，也在它們的發展上扮演一定角色。

早期氣質被認為是人格據以發展的基礎。從大約2個月到3個月大起始，大約五個維度的氣質可被辨識出來，它們是：(1)害怕；(2)易怒與挫折；(3)正面情感；(4)活動水平；及(5)注意的持續性與有意的控制。雖然有些氣質較早浮現，有些則較晚。這些氣質對應於成年期一些重要的人格維度，像是神經質、外向及拘束。從生命的第一年後期，直到至少兒童中期，一些氣質顯現中等程度的穩定性，但氣質也可能發生變動。

最後，氣質可能為後來生活中各種精神病態的發展布置了舞臺。例如，研究人員檢定出一種「行為抑制型」幼兒，他們在許多新奇或不熟悉情境中，顯得害怕及過度警戒，此一特質具有高度的遺傳成分，當它穩定時，它是後來在兒童期（以及或許在成年期）發展出焦慮症的風險因素。反過來說，如果2歲的幼兒極度不受抑制，毫不害怕任何事情，他們可能很難從父母或社會中學得道德規範，而他們已被發現在13歲時展現較多攻擊及違規行為。如果這些人格成分再結合高度敵意，他們很可能是行為規範障礙症（conduct disorder）和反社會型人格障礙症的準候選人。

（四）大腦功能失常與神經可塑性

近幾十年來，隨著新式神經造影技術被派上用場，關於大腦結構或功能的一些較微妙失調如何涉入精神疾患，我們對此認識已有長足進步。這些技術已顯示，大腦發育的遺傳程式不是那般僵硬而絕對。反而個體存在大量的神經可塑性（neural plasticity）——也就是當面臨產前與產後經歷、壓力、飲食、疾病及成熟等事件時，大腦擁有更改其組織及功能的變通性。這表示現存的神經迴路可以被更動，或新的神經迴路也可能產生。

舉例來說，在產前經歷方面，如果把懷孕母鼠安置在充實而豐富的環境中，他們的子女較不會受到發育早期所發生腦傷的負面影響。在負面效應方面，如果懷孕母猴暴露於出其不意的巨大聲響，他們的嬰兒顯得神經過敏而緊張不安。許多產後環境事件也會影響嬰兒和幼兒的大腦發育。例如，嬰兒出生後新的神經連結（或突觸）之形成，受到他們所擁有生活經驗的重大影響。如果老鼠被養育在豐富的環境中，他們皮質的一些部位顯現濃密而厚重的細胞發育（每一神經元有較多的突觸）。這種現象（但規模較小）也可能發生在年紀較長的動物身上。因此，神經可塑性在某種程度上延續生命全程。

這些研究似乎說明，人類嬰兒應該處於有豐富刺激的環境。但是後繼研究指出，正常的養育環境再加上關愛的父母就能完全勝任。更近期的研究則顯示，貧乏而剝奪的環境可能導致遲緩的發育。

關於變態行為起因的生物學觀點

變態行為的四大類生物因素

1. 神經傳導物質和激素的失衡

①大腦神經傳導物質的失衡可能導致變態行為。
②激素的失衡涉及多種心理病態，如憂鬱症。

2. 遺傳脆弱性

基因發生差錯。大多數精神疾病呈現至少某種程度的遺傳影響力，只是程度不一而已。

3. 氣質

氣質為生活後期各種精神病態的發展布置好舞臺。

4. 大腦功能失常與神經可塑性

①個體擁有大量的神經可塑性，當面臨環境的不利條件時，大腦知所變通而修改自己的構造及功能。
②神經可塑性延續整個生涯。

✚ 知識補充站

生物學觀點的展望

　　生物學的發現已深刻影響我們對人類行為的思考方式。我們現在已認識生化因素與先天特性在正常行為和變態行為兩者上的重要角色。此外，自1950年代以來，我們見證了藥物使用上的許多新進展，藥物能夠戲劇性地改變一些精神疾病的嚴重性及進程，特別是較嚴重的疾病，如思覺失調症（原精神分裂症）和躁鬱疾病。成群新藥物的推出，使得生物觀點受到矚目，不僅在科學界，也在大眾媒體上。相較於其他治療法，生物治療似乎有更為立即的效果，且似乎不用花費太多力氣。但是，我們有必要提醒，很少（假使有的話）精神疾患是無關於人們的性格（個性），或無涉於他們在試圖過生活上所面對的困擾。因此，藥物絕不是萬靈丹，它們不是可以解決一切問題的妙方。

3-5　心理學的觀點——精神分析論（一）

在解讀變態行為上，心理的觀點（psychological viewpoints）不僅視人類為生物有機體，也視人類為擁有思想、動機、慾望及知覺的生物。我們將檢視關於人類本質和人類行為的三種主流透視，即心理動力、行為和認知─行為的透視。此外，我們將論述也具一定勢力的另兩種透視，即人本論和存在主義的透視。

一、心理動力的透視

佛洛依德創立了精神分析學派，強調潛意識的動機及思想的角色。他認為心靈的意識部分只占很少的區域，至於潛意識部分就像一座冰山被淹沒的部分，占據心靈的絕大區域。潛意識深處埋伏的是傷害的記憶、禁忌的慾望及其他被壓抑的經驗。然而，潛意識資料會不斷地試圖表達出來，像是透過幻想、夢境、說溜嘴（或不經意的動作）及某些精神症狀等。除非這些資料被帶到意識層面，整合到人格之中，否則它們始終有導致不適應行為之虞。

（一）人格的結構

在佛洛依德的理論中，個人行為是起源於人格的三個關鍵成分的交互作用：

1. 本我（id）：人格結構中最原始的成分，出生時就已經存在。本我包含人類的原始衝動，這些衝動是繼承而來，可劃分到兩個對立的陣營：(1)生之本能（life instincts），它們是促動個人求存的力量，又稱為原慾（libido）——人類尋求性愛和滿足之一切活動背後深處的原動力；(2)死之本能（death instincts），一些破壞性的力量，促動個人朝向攻擊、毀滅及最終死亡。本我的運作依循享樂原則（pleasure principle），它要求本能的立即滿足，毫不考慮現實或道德的問題。

2. 自我（ego）：這是人格結構中遵從理性、講求實際的成分。隨著個人出生後開始接觸到現實環境，自我才逐漸從本我中分化出來。自我的主要功能是，以切合現實的方法滿足本我的衝動，同時又要符合超我的道德要求。自我的運作依循現實原則（reality principle）。

3. 超我（superego）：隨著兒童成長而逐漸學得父母和社會關於「對與錯」及「是與非」的價值觀，超我就漸進從自我之中浮現。超我有兩個重要成分：一是自我理想（ego-ideal），來自父母對行為的獎勵；另一為良心（conscience），來自父母對行為的處罰。超我之運作依循的是道德原則（morality principle），也就是遵循權威人物（或社會）所設定的行為準則。

根據佛洛依德的說法，當本我、自我及超我正在追求不同的目標時，個人就會產生內在心理衝突。如果不加以解決，這些內心衝突將會導致精神疾患。

（二）焦慮與防衛機制

佛洛依德指出，在所有精神官能症中，焦慮（anxiety）是一種遍存的症狀。有些時候，焦慮是被直接地感受到；另有些時候，焦慮則被壓抑下來，然後轉換為一些外顯症狀，諸如轉化性失明或局部麻痺。

佛洛依德認為心靈就像是一座冰山，只有一小部分（自我）是外顯的，代表你的意識層面。冰山的絕大部分是屬於潛意識層面，不為你所覺知。

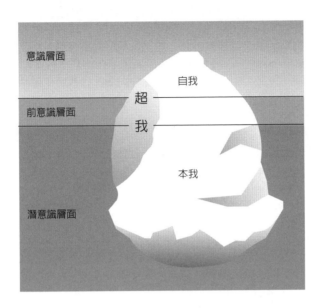

✚ 知識補充站

佛洛依德小傳

　　佛洛依德於1856年出生在奧地利。他在家中排行老大，有兩個弟弟和五個妹妹。佛洛依德的父親比母親大20歲，而且相當嚴厲及專橫，令佛洛依德既怕又愛。母親則慈愛而保護他，佛洛依德對她有種熱情的依附。這種親子關係或許是他後來提出「戀母情結」（Oedipus complex）的理論基礎。17歲時，佛洛依德進入維也納大學修讀醫學。1881年，他開始私人執業，擔任臨床神經專科醫師。1886年佛洛依德結婚，婚後育有三男三女，女兒安娜‧佛洛依德後來也成為傑出的女性心理學家。

　　1884年，佛洛依德開始跟Breuer合作，後者採用傾訴法（talking out）治療歇斯底里症，這引起佛洛依德對精神分析的興趣。1885年，他前往法國，師從病理學家沙柯學習催眠術。沙柯認為生理功能的障礙可能源自心理因素，這對佛洛依德的理論有重大影響。

　　1900年，佛洛依德發表《夢的解析》一書，精神分析隨著這本書的問世而逐漸發展。它也吸引了一批年輕學者加入精神分析的陣營，包括阿德勒和榮格。1905年，佛洛依德又出版了《性學三論》。但因為理念不合，阿德勒和榮格先後與佛洛依德決裂，自立門戶。1909年，佛洛依德接受美國克拉克大學的邀請前往演講，使得他的理論受到國際間重視。1933年德國納粹得勢之際，佛洛依德堅持留在維也納。直到1939年奧地利被占領後，他才同意移居倫敦。1939年，佛洛依德因口腔癌病逝於倫敦，享年83歲。

3-6　心理學的觀點──精神分析論（二）

　　通常，自我能夠採取合理的措施以因應客觀的焦慮。但是，有些焦慮是屬於潛意識的，如神經質焦慮（neurotic）和道德焦慮（moral），這時候就無法透過合理措施加以處理。在這種情況下，自我會訴諸一些不合理的保護措施，稱之為自我防衛機制（ego-defense mechanisms）。經由協助當事人把痛苦的想法推出意識之外，這些防衛機制解除或安撫了焦慮，但是並未直接地處理問題。自我防衛機制的特徵是需要否定或扭曲現實，所以它們多少是一種自欺（self-deceptive）的手段。當過度使用時，它們製造的困擾將會多於所解決的困擾。

（三）性心理發展階段

　　根據佛洛依德的說法，廣義的性衝動不是在青春期突然出現，而是從出生就開始運作。嬰兒和幼兒從生殖器官及另一些敏感部位的物理刺激中獲得快感。他認為個人的性心理發展（psychosexual deveopment）依序通過五個時期：

1. 口腔期（oral stage）：在生命的前2年，嬰兒的最大滿足來源是吸吮、吞嚥及咀嚼，這也是餵食所必要的歷程。
2. 肛門期（anal stage）：從2歲到3歲，肛門提供了愉悅刺激的主要來源，幼兒通常在此時接受大小便訓練，忍便和排便的控制帶來主要滿足。
3. 性蕾期（phallic stage）：從3歲到6歲，性器官的自我撫弄是愉悅感的主要來源。
4. 潛伏期（latency stage）：從6歲到青春期，兒童的注意力擴展到環境中的事物及活動，專注於一些技能的發展，性動機呈現潛伏狀態。
5. 性器期（genital stage）：青春期之後，性興趣重新活躍，最深刻的愉悅感來自兩性的性關係。

　　根據佛洛依德的理論，在性心理發展的這些早期階段中，兒童太多的滿足或挫折將會產生固著作用（fixation），使得兒童不能正常推進到下一個發展階段。各個階段的固著可能導致成年時的各種性格特徵。例如，如果嬰兒在口腔期沒有獲得適度滿足，他可能在成年生活中傾向於過度吃食，或容易沉溺於另一些口腔刺激，如咬指甲或飲酒。

（四）戀親情結

　　每個性心理發展階段都對兒童提出一些要求，也帶來必須解決的一些衝突。最重要的衝突之一發生在性蕾期：

1. 戀母情結（Oedipus complex）：Oedipus為希臘神話中的王子，自幼與父母分離，後來在無意中弒其父、娶其母，上演亂倫的悲劇。佛洛依德認為，每個男孩會象徵性地體驗這樣的情節。男孩渴望擁有自己的母親，視父親為競爭對手。但是，男孩也擔心父親將會處罰他，割除他的性器官，稱為閹割焦慮（castration anxiety）。這使得男孩壓抑對自己母親的性慾，以及壓抑對父親的敵意。但男孩最終轉為認同父親，以父親為楷模，學習男性化行為，就化解了戀母情結。
2. 戀父情結（Electra complex）：這也是取材於希臘悲劇。每個女孩渴望擁有自己的父親，進而取代她的母親。因為發現自己缺乏男性的性器官，這個階段的女孩會感受陽具妒羨（penis envy）。女孩雖然對母親不滿，但是為了取悅父親，她們轉而認同母親，學習女性化行為。

一、常見的一些自我防衛機制

1. 替代作用（displacement）

說明：個人把鬱積的情緒發洩在較不危險的對象上，而不是針對惹怒他的人。
實例：男子在工作上受到主管的責備，轉而跟自己的妻子大吵一頓。這就是孟子所謂的「遷怒」。

2. 投射作用（projection）

說明：個人把自己的錯誤或過失歸咎於他人，或把自己不被允許的衝動、慾望、態度轉移到別人身上。
實例：這在行為上可能展現為「借題發揮」、「以小人之心度君子之腹」或「以五十步笑百步」，也可能是魯迅所描寫的阿Q式精神勝利。

3. 反向作用（reaction formation）

說明：為了防止不被允許的慾望表達出來，個人有意地贊同或表現似乎對立的舉動。
實例：這方面行為像是「矯枉過正」、「欲蓋彌彰」及「此地無銀三百兩」等。

4. 合理化作用（rationalization）

說明：利用勉強的「解釋」來隱瞞或掩飾跟自己行為不相稱的動機。
實例：「吃不到葡萄說葡萄酸」和「甜檸檬心理」，即為這方面行為。

5. 昇華作用（sublimation）

說明：個人把受挫的慾望或衝動改頭換面，以有建設性而可被社會接受的方式表現出來。
實例：佛洛依德列舉達西文的藝術鉅作《聖母像》，作為畫家對其母親的情感昇華的創作。

二、性心理發展的各個階段

階段	年齡	主要發展任務	產生固著時的性格特徵
口腔期	0～1	斷奶	口腔行為（如咬指甲、吸菸、酗酒、貪吃）、依賴、退縮、猜忌、苛求
肛門期	2～3	大小便訓練	剛愎、吝嗇、迂腐、寡情、冷酷、生活呆板
性蕾期	3～6	戀親情結	好浮誇、愛虛榮、自負、魯莽
潛伏期	6～12	防衛機制的發展	通常不會發生固著作用
性器期	13～18	成熟的性親密行為	如果發展順利，成年人將顯現對他人的真誠關心和成熟的性慾

3-7　心理學的觀點──較新的心理動力的透視

（五）較新的心理動力的透視

佛洛依德很重視本我和超我的功能及運作，但相對上很少注意自我的角色。後繼的理論家以略微不同方向，推動佛洛依德的一些基本觀點。

1. 自我心理學（ego psychology）：安娜・佛洛依德（Anna Freud, 1895～1982）關切的是自我（ego）作為人格的「執行長」，如何履行它的核心功能。她改良及精進自我防衛機制，把自我推到前線，授予它在人格發展上重要的組織角色。根據這個觀點，當自我不能適當發揮功能以控制衝動的滿足時，或當自我面臨內在衝突而不能適當利用防衛機制時，精神病態就會發展出來。

2. 人際透視（interpersonal perspective）：這個觀點強調行為的社會決定因素。我們是社會性生物，我們的大部分現況是我們與他人關係的產物。因此，精神病態是植基於我們在對待人際環境上發展出的不良傾向。

   人際透視起始於阿德勒（Alfred Adler, 1870～1937），他強調社會和文化的影響力，不再視內在本能為行為的決定因素，這也使得他跟佛洛依德發生決裂。隨後，另一些理論家也指摘精神分析論忽視了關鍵性的社會因素，其中最為知名的是佛洛姆（Erich Fromm, 1900～1980）和荷妮（Karen Horney, 1885～1952）。荷妮特別強力駁斥佛洛依德的精神分析論貶抑了女性的人格（例如，關於女性感受陽具妒羨）。

3. 依附理論（attachment theory）：最終，鮑比（John Bowlby）的依附理論已成為兒童心理學、兒童精神醫學及成人精神病理學方面極具影響力的理論。鮑比的理論強調早期經驗的重要性，特別是早期的依附關係，它們為後來的兒童期、青少年期及成年期的生活機能建立了基礎。他強調父母照顧的品質對發展出「安全依附」的重要性。

（六）精神分析論的衝擊

精神分析論是首度系統化的探討，嘗試說明人類心理歷程如何能夠導致精神疾患。就如同生物的透視取代了迷信，精神分析的透視也取代了大腦病態──許多精神疾患被認為起因於精神內在衝突和誇大的自我防衛。

在變態心理學上，佛洛依德的兩方面貢獻特別值得注意：(1)他開發了一些治療技術，諸如「自由聯想」和「夢的解析」，使得我們認識到心靈生活的意識層面和潛意識層面；(2)他說明一些異常心理現象是發生在個人試圖應付艱困的處境，而且僅是正常自我防衛機制的誇大使用。隨著人們了解同樣的心理原理適用於正常行為，也適用於異常行為，這驅除了圍繞精神疾病的大量神祕及恐懼。

然而，佛洛依德理論受到的批評可能遠多於受到的支持。首先，精神分析論的概念相當模糊，缺乏操作性定義，因此很難對其做科學的驗證。其次，至今還缺乏科學證據支持它的許多解釋性假說，也缺乏證據支持傳統精神分析的有效性。

另一些對佛洛依德理論的批評還包括：(1)過度強調性驅力對行為的影響；(2)誇大潛意識歷程的角色；(3)對基本人性的悲觀論點；(4)很明顯具有男性中心的偏見，貶抑了女性；及(5)未能考慮朝向個人成長和實現的動機。

佛洛依德精神分析論的綜覽

精神分析論

意識層次
- 意識 → 在任何特定時刻,個人所能察覺的一切活動
- 前意識 → 介於意識與潛意識之間,大部分的記憶內容屬於前意識,需要努力回想才能察覺
- 潛意識 → 潛伏在內心深處不為個體所自知的意識,不被接受的慾望及衝動、痛苦的記憶等均屬之

人格結構
- 本我 → 享樂原則 → 潛意識動機的來源
- 自我 → 現實原則 → 本我、超我與現實環境間的仲裁者
- 超我 → 道德原則 → 包括自我理想和良心

性心理發展階段
- 口腔期 → 嘴巴、嘴唇、舌頭
- 肛門期 → 肛門
- 性蕾期 → 生殖器
- 潛伏期 → 沒有特定部位
- 性器期 → 生殖器
- 性感帶

防衛機制 — 面臨引發焦慮的處境
- 昇華作用(sublimation)
- 退化作用(regression)
- 抵消作用(undoing)
- 壓抑作用(repression)
- 反向作用(reaction formation)
- 補償作用(compensation)
- 合理化作用(rationalization)
- 否認作用(denial)
- 投射作用(projection)
- 絕緣作用(emotional insulation)
- 替代作用(displacement)
- 隔離作用(isolation)
- 幻想作用(fantasy)
- 內射作用(introjection)
- 仿同作用(identification)

3-8　心理學的觀點——人本與存在的透視

一、人本論的透視（humanistic perspective）

人本論的透視在1950年到1960年代成為心理學的主流觀點，當時許多中產階級的美國人開始覺得雖然在物質上很充裕，但在心靈上卻很空虛。如果說精神分析論誇大了人格的黑暗面，那麼人本論就是在頌揚「良善」的一面。人本論顧名思義就是尊重「人」自身的獨特性，像是人的價值和尊嚴。因此，人本論在探討上強調個人的獨特性、意識經驗及成長潛能的整合。

羅傑斯（Carl Rogers, 1902～1987）是知名的人本心理學家，他相信行為的動機來自個人特有的傾向，這些傾向既是先天的，也是習得的。它們將使得個人朝著積極方向發展及演變，以便達到自我實現（self-actualization）的目標。

（一）自我實現

它是指持續不斷地致力於實現個人先天的潛能，最充分發揮自己的資質和才能。自我實現有時候跟「贏得他人的讚許」產生衝突。在一般人際關係中，個人已學到他人的贊同和接納是附帶條件的，取決於個人是否遵守一些規則。但羅傑斯相信，任何人都擁有自我成長的潛力，只要無條件加以接納而又提供精神支持，每個人都會經由自我反省而恢復自我成長的功能。

（二）綜合評論

佛洛依德的理論經常被評為過度悲觀，它視人性為從各種衝突、創傷和焦慮之中發展出來。反而人本論對人性抱持樂觀看法，它關切的是愛、希望、創造性、價值、意義、個人成長及自我實現等歷程。我們很難批評這樣激勵人性的理論，儘管它的概念含糊不清，它所描述的抽象歷程也不易接受實徵的檢驗。

二、存在主義的透視（existential perspective）

存在主義在許多觀點上類似於人本論，像是強調個人的獨特性，對價值和意義的追求，以及自我引導的自由等。但是，它對人類採取較不樂觀的看法，較把重心放在人類不理性的傾向和自我實現固有的阻礙上，特別是在機械化、系統化及齊一化的集體社會中。

在二戰後興起的存在主義有幾個基本信條：(1)存在與本質：我們的存在是被授予的，但我們以其塑造些什麼，卻是我們的決定。此即沙特（Sartre）所謂的「我就是我的抉擇」；(2)意義與價值：意義意志（will-to-meaning）是人類的基本傾向，個人會致力於找到滿意的價值觀，以其引導自己的生活；(3)存在焦慮與對抗虛無：存在焦慮是指出生活缺乏目標，無從體驗生存意義與價值所引起的一種莫名焦慮，它會造成人際疏離和自我疏離。不存在（nonbeing）或虛無（nothingness）的最終形式是死亡，這是所有人無法逃避的命運，人的一切成就畢竟歸於空無。面對這樣荒謬的存在，它的答案繫於個人在其自由意志下，如何抉擇和如何行動。

根據羅傑斯的觀點，心理病態基本上是源於個人成長和朝向身心健康的自然傾向受到阻礙或扭曲。

治療師應該展現的三種特性

同理心 （empathy）	無條件積極關懷 （unconditional positive regard）	真誠一致 （genuineness）
同理心是指設身處地的了解另一個人，從案主的視野觀看世界，體驗案主的感受，然後反映給案主知道，以便讓案主更為了解自己。	治療師必須不預設接納的條件，而是以案主現在的樣子接受他及理解他。治療師也不對案主的正面或負面特性做任何評斷。	治療師必須虔誠相待，不虛掩，也不戴假面具。長期下來，案主將會對治療師這種誠實、不矯揉造作而表裡合一的態度有善意回應。

✚ 知識補充站

存在心理學（existential psychology）

　　存在心理學排斥佛洛依德學派機械式的觀點；反之，它視人們為從事意義的尋求，它處理的是一些重要的生活主題，如生存與死亡、自由、責任與抉擇、孤立與關愛，以及意義與虛無等。

　　存在主義的思潮源於歐洲的一些哲學家。祁克果被稱為存在主義之父，他論述人類存在的衝突和困境。尼采強調的是人們的主觀性和權力意志（will to power）。胡賽爾提出現象學，直指以事物在人們的意識中被體驗的方式來探討事物。海德格則揭發，當人們發覺自己的存在並不是抉擇的結果，他們的存在只是別人丟擲給他們時，他們將會感到憂懼而苦悶。

　　沙特是知名的小說家，他認為沒有真正理由足以解釋為什麼這個世界和人類應該存在，人們必須為自己找到一個理由。隨後，在像是杜斯妥也夫斯基、卡繆及卡夫卡等著名作家關於存在題材的論述下，存在主義的哲學觀念一時蔚為風潮。

3-9　心理學的觀點——行為論的透視（一）

　　動物的大部分行為是天生的，也就是來自本能，不需經由學習。然而，人類的行為則大多是經由學習，很少出自本能。人類在生存競賽上之所以優於其他動物，就是人類可以經由學習，學到比本能更為複雜的反應，當然也包括適應和不適應的行為。

　　根據行為論的透視，學習的基本歷程可以劃分為經典制約學習和操作制約學習。

一、經典制約作用（classical conditioning）

　　經典制約的學習現象是由俄國生理學家巴卜洛夫所發現。在一項典型實驗中，他使用鈴聲作為中性刺激，鈴聲原本不會引起狗的唾液分泌。他然後使得鈴聲伴隨食物一起出現，食物原本會引起狗的反射性反應——分泌唾液。幾次之後，他發現只需搖鈴，就能使狗分泌唾液。這也就是說，狗被「制約」（conditioned）了，牠學會聽鈴聲而流口水（參考右頁圖解）。

　　巴卜洛夫在隨後的一系列研究中，發現了經典制約學習的許多現象，我們稍作介紹：

（一）消退作用（extinction）

　　在制約反應成立後，假如UCS（食物）不再伴隨CS出現，重複幾次後，CR（唾液分泌）會逐漸減弱，最後甚至消失，這就是消退作用（或消弱）。因此，假如不希望CR完全消失，就必須偶爾再帶進UCS，才能維持CR。

（二）自發恢復（spontaneous recovery）

　　在消退作用排除CR後，經過一段休止期，當CS再度被單獨呈現時，CR將會以稍弱的形式再度顯現，這就是自發恢復。因此，假如利用消退作用來改變行為，必須考慮自發恢復的現象。例如，病人在診療室中已消退了恐懼，但這種情形不必然能完全而自動地類推到不同環境背景中。

（三）類化作用（generalization）

　　在制約學習形成後，CS將會引發CR。但是，另一些類似於CS的刺激（儘管它們從不曾跟原先的UCS伴隨出現），也可能引發相同的反應，這種自動化的延伸就稱為類化作用。俗話所說的「一朝被蛇咬，十年怕草繩」，便是屬於這種現象。

　　經典制約作用在變態心理學上相當重要，因為許多生理反應和情緒反應可被制約，包括一些與恐懼、焦慮或性興奮有關的反應，以及藥物濫用所激發的一些反應。例如，假使引發恐懼的刺激（或惡夢或鬼怪念頭）慣常發生在黑暗之中，個人可能學會害怕黑暗。

二、操作制約作用（operant conditioning）

　　操作制約是另一種聯結式學習。在經典制約中，我們聯結CS和UCS，使CS取代UCS，引起個體不自主的反射性反應，建立新的S-R聯結。但是這種聯結式學習有其限制，不能解釋個體的許多行為。很多時候，沒有所謂的非制約刺激在引起個體的反射性反應；反而個體的行為是自主性的，也就是根據行為的結果來決定是否要重複該行為。

經典制約的程序

【制約之前】

中性刺激（鈴聲）　————————————→　沒有反應或不相干反應（沒有唾液分泌）

　　　　　　　　　　　　　　引起
非制約刺激（食物）　————————————→　非制約反應（唾液分泌）

【制約期間】

　　　　　　　　　　　　　　　　　　　引起
中性刺激（鈴聲）＋非制約刺激　————————————→　非制約反應（唾液分泌）

【制約之後】

　　　　　　　　　　　引起
制約刺激（鈴聲）　————————————→　制約反應（唾液分泌）

經典制約的名詞解釋

1. 中性刺激（neutral stimulus）：一般不會引起反射性反應或情緒反應的外在刺激。

2. 制約（conditioning）：個體經歷刺激—反應的聯結學習所產生的行為改變。

3. 非制約刺激（unconditioned stimulus, UCS）：不需學習就能引起反應的刺激。

4. 非制約的反應（unconditioned response, UCR）：對非制約刺激的天然反應。

5. 制約刺激（conditioned stimulus, CS）：因為跟非制約刺激伴隨出現而引起反應的刺激。

6. 制約反應（conditioned response, CR）：隨著制約刺激的出現而產生的反應，一般相似或相同於非制約反應。

3-10　心理學的觀點──行為論的透視（二）

　　舉例來說，海洋生物館想要訓練海狗執行翻觔斗的動作，但很難找出可以引起這種行為的非制約刺激。通常只能想辦法讓海狗做出這種動作，然後使用食物獎勵牠。因此，訓練師發出指令，海狗做出正確動作，海狗就得到獎賞，動作不正確就沒有獎賞。重複多次之後，海狗就學到指令與動作的聯結。隨後，只要訓練師下達指令，海狗就會翻觔斗。這種從行為結果（受到獎賞或懲罰）進行學習的方式，就是操作制約學習。

　　操作制約與經典制約主要有兩點不同之處：(1)操作性反應是個體自主的，但經典制約中的反應是反射性的；(2)在操作制約中，強化（reinforcement，即獎賞）發生於行為之後，但在經典制約中，非制約刺激發生於行為之前。

（一）間歇強化（intermittent）

　　為了建立操作性反應，最初有必要實施高比率的強化，但通常低比率的強化就足以維持該反應。間歇強化是指不按照固定次數施加強化，個體不知道幾次反應後才能得到強化，許多賭博行為（如玩吃角子老虎）的報酬，便是屬於間歇強化。因為這種強化方式最能抗拒消退作用，這正是賭博行為不容易戒除的原因。

（二）制約迴避反應（conditioned avoidance response）

　　它是指預期及迴避嫌惡事件發生的任何一種制約反應。這樣的反應使得個體能夠擺脫或迴避不愉快情境，因此就受到負強化（負強化不同於處罰，它也是在提高居先反應繼續發生的機率）。

　　我們絕大多數行為是屬於迴避行為，如在紅燈前停車以免吃罰單、按時付帳以免被罰款、找理由不赴宴以免跟無聊的人相處。我們一天不知從事多少迴避行為，大多數都有益處，也具生存價值。

　　但有一些迴避學習是不適應行為，如畏懼症（phobia）。有些人對各種情況有極強烈恐懼，如高度、空間、狗及電梯等，所以就發展出各種行為模式來迴避這些情境。但如果他的辦公室是在40層樓高呢？在後面的討論中，你將看到制約迴避反應在許多樣式的變態行為上扮演一定角色。

（三）觀察學習（observational learning）

　　人類和靈長類動物還有能力從事觀察學習，也就是經由觀察本身進行學習，不用直接經歷非制約刺激（對經典制約而言），也不用直接經歷強化作用（對操作制約而言）。例如，兒童僅需觀察楷模（如父母或同伴）對某些物件或情境展現害怕反應，自己就能獲得新的恐懼，儘管兒童原本並不害怕那些物件或情境。在這種情況下，兒童是以想像中身歷其境的方式（替代性地）經歷楷模的恐懼，而這份恐懼就貼附在先前中性的物件上。

　　班都拉（Albert Bandura, 1965）在他經典的「玩偶娃娃研究」中，證實了這種現象。兒童觀看成人楷模（models）對一個塑膠玩偶施以拳打腳踢，他們稍後比起控制組兒童（未觀看攻擊行為）展現較高頻率的同樣行為。此外，兒童僅是觀看電視上楷模的暴力行為（甚至是卡通人物），也將會模仿這種行為。

強化的種類

正強化與負強化	正強化 （positive reinforcement）	所呈現的刺激因為其出現而提高了反應繼續發生的機率。正強化物通常是個體喜歡的刺激，如食物、水、性、金錢、注意及讚美等。
	負強化 （negative reinforcement）	所撤除的刺激因為其消失或終止而增進反應再度發生的機率。負強化物通常是個體不喜歡或不愉快的刺激，如電擊、噪音等。例如，為汽車的安全帶加裝蜂鳴器，直到駕駛人扣上安全帶後，惱人的蜂鳴聲才會停止。
原級強化與次級強化	原級強化 （primary reinforcement）	所呈現的刺激本身具有強化作用，它們的強化性質是生物上決定的，能夠直接增進個體的反應，如食物、水、電擊等。
	次級強化 （secondary reinforcement）	所呈現刺激本身原先不具有強化作用，但因為經常與原級強化物相伴出現，隨後也具有強化的功能，如金錢、獎狀、代幣等。

✚ 知識補充站

行為透視的衝擊

　　憑藉少數的基本概念，行為透視嘗試解釋幾乎所有類型行為的獲得、變更及消退。不適應行為基本上被視為兩種情況所造成：(1)不能學得必要的適應行為或能力，像是如何建立滿意的人際關係；及(2)學得無效或不適應的反應，也就是學習發生差錯。

　　因此，行為治療的焦點是在改變特定行為和情緒反應，也就是排除不合意的反應，進而學習適宜的反應。

　　行為論的研究以它的準確性和客觀性而馳名。行為治療師具體指定所要改變的行為，以及如何加以改變。然後，治療的有效性可以接受客觀評鑑。但是，有些人批評，行為治療只關切症狀本身，而不是基礎原因。還有些人表示，行為取向過度簡化人類行為，無法解釋行為的複雜本質。無論如何，行為透視已對人類本質、行為及精神病理的當代觀點帶來莫大衝擊。

3-11　心理學的觀點──認知－行為的透視

自1950年代以來，許多心理學家開始把重心放在認知歷程對行為的影響。認知心理學牽涉兩方面的探討，一是基本的訊息處理機制，諸如注意和記憶；另一是高級心理歷程，諸如思考、推理及決策。

班都拉開創了早期的認知—行為透視，他把絕大重心放在學習的認知層面上。他強調人類會透過思想來調節行為。這也就是說，我們經由內在強化（internal reinforcement）來進行學習，我們不一定需要外在強化來改變我們的行為模式，我們的認知能力使得我們能夠在心中解決許多問題。

一、基模與認知扭曲

基模（schema）是指個體用以認識所處世界的基本模式，也是知識的內在表徵，它指導我們當前的訊息處理。人們依據自己的性情、能力及經驗，發展出不同的基模。

我們所持的基模，對於我們有效的生活運轉相當重要，但基模也是心理脆弱性的來源，因為它們可能是扭曲而不準確的。我們經常認為自己是單純地看見事情原本的樣貌，卻沒有考慮到可能有關於「真實」世界的其他視野，或可能存在何謂「對與錯」的其他準則。

根據貝克（Aaron Beck，另一位先鋒的認知理論家）的說法，不同形式的精神病態源於不同的不適應基模，這種基模是從早期不利的學習經驗中發展出來的。這些不適應基模導致思考的扭曲，正是一些疾患的特色所在，如焦慮、憂鬱及人格障礙。此外，扭曲的信息處理也在各種精神病態上展現出來。例如，憂鬱的人們顯現記憶偏差，他們偏好記起負面訊息，這可能增強或維持個人當前的憂鬱狀態。

二、歸因風格與精神病態

歸因（attribution）是指指派原因給所發生的事情。我們可能把行為歸之於外在事件，如獎賞或懲罰；或我們可能認定原因是個人內在特質，如慷慨或吝嗇。歸因協助我們解釋自己或他人的行為，以及預測未來可能的行為。

歸因理論家已指出，不同形式的精神病態，牽涉到各種功能不良的歸因風格。歸因風格（attributional style）是指個人特有的方式，使得他傾向於為不好事件（如失敗）或良好事件（如成功）指定怎樣的原因。例如，憂鬱人們傾向於把不好事件歸之於內在、穩定及全面的原因。無論我們的歸因多不準確，它們成為我們看待世界的重要部分，也會重大影響我們的情緒安寧。

三、認知治療（cognitive therapy）

貝克被普遍認為是認知治療的創立者，他把治療焦點從外顯行為轉移到內在認知，認為是後者造成不適應的情緒和行為。貝克的基本觀念是：我們解讀事件及經驗的方式，決定了我們的情緒反應。

認知治療的主題是，如何改變那些扭曲及不適應的認知。例如，認知—行為治療師關切案主的自我陳述，也就是案主在解讀他們經驗上對自己所說的話。有些人解讀生活事件為其自我價值（self-worth）的負面反映，他們將會感到憂鬱。有些人解讀心跳加快的感覺為其可能會因心臟病發作而死亡，他們就易於恐慌發作。認知—行為治療師採用多樣化技術，用以矯正案主持有的任何負面認知偏差。

解釋生活事件的風格可能會助長憂鬱的狀態。憂鬱人們就是發現自己對壓力源無能為力，因此就終止抗爭，放棄努力。

解釋風格的三個維度		
	內在—外在 internal-external	把不好事件（不良成績）歸之於內在原因（我太笨了）或外在原因（試題太難了）。
	穩定—不穩定 stability-instability	這樣的原因是否長期穩定（能力不足）或容易變動（不夠努力）。
	全面—特定 gobal-specific	這樣原因只限於特定情境（只針對數學）或適用於廣泛情境（所有學科）。

兩種解釋風格		
	樂觀風格	當面對正面事件時，採取內在、穩定及全面的歸因。當面對負面事件時，採取外在、不穩定及特定的歸因。
	悲觀風格	當面對正面事件時，採取外在、不穩定及特定的歸因。當面對負面事件時，採取內在、穩定及全面的歸因。這使得當事人有招致憂鬱症的高度風險。

✚ 知識補充站

認知─行為透視的衝擊

認知─行為的觀點為當代臨床心理學帶來強力的衝擊。許多臨床人員認同它的原理，即經由改變人們的思考方式來改變其行為。然而，許多傳統的行為學家仍然質疑認知─行為的觀點。史基納（skinner, 1990）就特別指出，認知不是可觀察的現象，因此不能被視為可靠的實徵資料。

無論如何，隨著愈來愈多證據指出認知─行為治療法的效能，像是處理思覺失調症、焦慮、憂鬱及人格障礙症等疾患，這種批評近年來似乎大為減少。

3-12　心理的起因（一）

多種心理因素可能使得人們容易發生疾患，或可能加速疾患的發生。心理因素（psychological factors）是指一些發展上的影響力，通常是一些負面事件，使得當事人在心理上居於不利地位，因而較不具資源來應付壓力事件。

一、早期剝奪或創傷（early deprivation or trauma）

當兒童無法擁有通常由父母所提供的資源時，他們可能留下深刻而不能逆轉的心理傷痕。至於兒童所需要的資源，則從事物、庇護、注意到關愛。

（一）機構收容

許多兒童在孤兒院長大，相較於正常家庭，孤兒院在提供溫暖和身體接觸，以及提供智能、情緒及社交刺激等方面較為貧乏。許多研究已顯示，隨著嬰幼兒被收容於機構，而蒙受早期及長期的環境剝奪和社會剝奪後，他們的遠程預後相當不利。除了顯現嚴重的情緒、行為及學習障礙外，他們在心理病態上也有高度風險。

然而，許多被收容兒童展現復原力，也在青少年期和成年期進展順利，這顯然是一些防護因素在發揮作用，像是在學校擁有一些正面經驗，不論是以社交關係、運動表現或學業成就的形式呈現。另一些正面經驗則是在成年期擁有支持性的婚姻伴侶，這些成就或許促成了良好的自尊或自我效能感。

（二）疏失與虐待

父母剝奪（parental deprivation）不一定發生在孤兒院，反而大多數案例是在家庭中受到惡劣對待。父母的疏失（neglect）包括：忽視子女的物質需求、拒絕子女的親近和敬愛、對子女的活動和成就不感興趣，或不肯花時間跟子女相處或指導他們的活動。至於父母虐待則涉及殘忍的對待，以情緒、身體或性虐待等型式。

父母虐待使得子女的情緒、智能及身體發展產生許多不良效應。受虐兒童經常在語言發展上有所困難，而且在行為、情緒及社交功能上有重大障礙，包括品性疾患、憂鬱、焦慮，以及與同儕的不良關係。此外，受虐兒童經常有過度攻擊的傾向（言語攻擊和身體攻擊），甚至到了霸凌的地步。

早期虐待的不良效應可能延續到青少年和成年期。幾項研究已指出，在拒絕或虐待子女的父母中，有顯著比例的人，在兒童時也遭到父母的拒絕或虐待，特別是男性。這種現象被稱為虐待的「代間傳遞」，發生機率是大約30%。

二、不當的管教風格（inadequate parenting styles）

父母管教上的偏差可能深刻影響兒童日後應付生活挑戰的能力，因此製造了兒童在各種心理病態上的脆弱性。

（一）父母的心理病態

一般而言，當父母有各種心理失常時，像是思覺失調症、憂鬱症及酒精使用問題等，他們的子女傾向於在廣泛發展障礙上有偏高風險，特別是在憂鬱、品行疾患、違法行為及注意力不足等困擾上。例如，當父母有嚴重酒精濫用問題時，他們子女一般在逃課、退學及物質濫用上有較高發生率，也有偏高的焦慮和憂鬱，以及較低的自尊。此外，當父母有憂鬱病情時，他們的管教技巧顯然也會較為拙劣，也較不可能建立與自己子女的安全依附關係。

一、關於父母剝奪的幾種觀點

 → 兒童發展出關於人際關係之功能不良的基模

貝克

 → 兒童基本信任的發展受到阻礙

艾立克遜
（Erik Erikson）

 → 兒童固著在性心理發展的口腔期

佛洛依德

 → 因為缺乏父母的強化，妨礙了所需技巧的達成

史基納

二、變態行為的心理起因一覽表

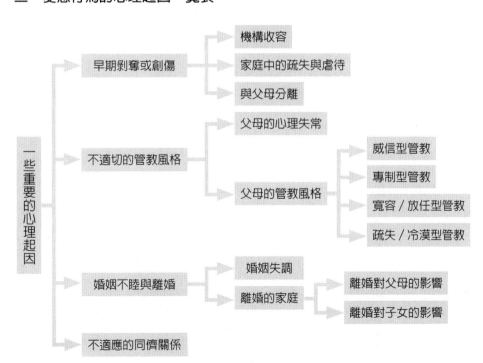

一些重要的心理起因

- 早期剝奪或創傷
  - 機構收容
  - 家庭中的疏失與虐待
  - 與父母分離
- 不適切的管教風格
  - 父母的心理失常
  - 父母的管教風格
    - 威信型管教
    - 專制型管教
    - 寬容／放任型管教
    - 疏失／冷漠型管教
- 婚姻不睦與離婚
  - 婚姻失調
  - 離婚的家庭
    - 離婚對父母的影響
    - 離婚對子女的影響
- 不適應的同儕關係

3-13　心理的起因（二）

（二）管教風格

溫暖與控制。父母管教風格將會影響兒童在發展過程中的行為。根據「父母溫暖」（parental warmth，父母提供支持、鼓勵及關愛的程度）和「父母控制」（parental control，父母施加紀律和監督的程度）這兩個維度，四種管教風格已被檢定出來：

1. 威信型管教（authoritative）：父母非常溫暖，審慎設定行為的規範及界線，但在這些限度內，容許很大的自由空間。他們也對子女的需求有良好感應。
2. 專制型管教（authoritarian）：父母高度控制，但缺乏溫暖。他們只施加紀律，很少關心子女的自主性。他們顯得冷靜而苛求，偏好懲罰的方法。
3. 寬容／放任型管教（permissive/indulgent）：父母相當溫暖，但缺乏紀律及控制。他們對子女的需求有良好感應，卻沒有協助子女學習社會規範。
4. 疏失／冷漠型管教（neglectful/uninvolved）：父母在提供溫暖和控制上都偏低。他們傾向於不參與、也不支持他們的子女。

三、婚姻不睦與離婚（marital discord and divorce）

失常的家庭結構是一種全面性的風險因素，使得當事人容易受到特定壓力源的傷害。

（一）婚姻不睦

當婚姻不睦是經年累月發生時，它為成年人和兒童雙方帶來普遍的傷害效應。當父母有重大的外顯衝突時，他們子女展現較高的攻擊傾向，而且在大學時跟自己伴侶的相處上有較多衝突。縱貫研究已發現，婚姻不睦（不論父母是否離婚），也有代間傳遞的現象，可能是子女透過觀察自己父母的婚姻互動而學得不良的互動風格。

（二）離婚的家庭

1. 離婚對父母的影響：婚姻不睦固然艱辛，但結束婚姻對成年人來說也極具壓力，包括心理上和身體上。幸好，大部分人能在2到3年內建設性地加以適應，但有些人從不曾完全復原。離婚和分居的人，在精神疾患中占過高比例；它也是心理病態、身體疾患、死亡、自殺的重大來源。但我們必須承認，離婚實際上為一些人帶來好處，特別是女性一方。
2. 離婚對子女的影響：離婚也會為子女帶來創傷的效應，離婚家庭的兒童及青少年在違法行為和廣泛心理障礙上的發生率較高，雖然也可能是這種行為促成或維持父母的爭吵。此外，離婚家庭的子女也較可能在自己的婚姻上以離婚收場。當兒童是跟繼父或繼母一起生活時，他們的處境並未更好於單親的生活，特別是對女孩而言，他們有遭繼父對其身體虐待的較高風險。

儘管如此，許多兒童對他們父母的離婚有良好調適。研究已發現，從1950年代直到1980年代，離婚對子女的不良效應有降低趨勢，或許是因為離婚的烙印作用（stigma）正在減退中。

四、不適應的同儕關係（maladaptive peer relationships）

良好的同儕關係可能不容易建立，但它們會是重要學習經驗的來源，甚至一輩子受用。假如一切進展順利的話，兒童將會帶著適切的社交知識和技巧進入青少年期。這樣的資源將是對抗父母拒絕、挫折、墮落、絕望及心理疾患的強力防護因素。

然而，如果兒童不能在發展時期建立起跟同儕的滿意關係，他將是被剝奪了關鍵的背景經歷，而且當進入青少年期和成年後，在各種不良結果上有高於平均的風險，包括憂鬱、輟學、自殺意念及違法行為。

父母管教風格分類，威信型管教風格最有利於兒童的社會發展

管教風格	父母溫暖	父母控制	兒童的特性和日後發展
威信型	高	適度	兒童傾向於活潑而友善，在對待他人和應付環境上展現良好的勝任能力，在青少年期有良好的學校表現。
專制型	低	高	兒童傾向於衝突、焦躁而悶悶不樂，他們在青少年期的學業能力偏低，特別是男孩在社交和認知技巧上表現拙劣。
寬容／放任型	高	低	兒童傾向於衝動而好攻擊。過度縱容的兒童顯得被寵壞、自私自利、缺乏耐心、不懂體諒及挑剔。他們傾向於在青少年期展現較多反社會行為。
疏失／冷漠型	低	低	兒童傾向於情緒低落、自尊偏低及有品行問題。他們在青少年期也容易有同儕關係和學業表現上的困擾。

✚ 知識補充站

網路霸凌（cyberbullying）

　　近些年來，一種新形式的霸凌正在許多學校中不知不覺的進行，它為不少學生帶來重大困擾。所謂的「網路霸凌」，是指在互聯網或網站中傳送騷擾、侮辱及威脅的訊息、散布令人不快的謠言，以及傳播關於個人非常私密的消息。有些研究估計，使用互聯網的青少年中，幾近1/3的人從事網路霸凌。網路霸凌可能為受害人帶來非常嚴重的心理後果，包括焦慮、學校畏懼症（school phobia）、低自尊、自殺意念，以及偶爾的自殺案例。

　　今日，許多人迷戀於網路及線上遊戲，網路和遊戲中的虛擬世界被視為真實。這樣的沉溺甚至已實際影響日常生活，造成個人在社交、學業、職業或其他重要領域的功能減損。根據DSM的定義，這顯然已符合精神疾病的診斷準則。許多學者已提出「網路成癮症」或「網路躁鬱症」的術語，預計在不久的未來，這樣的名稱將會被納入正式的診斷系統之中。

3-14　社會文化的觀點與起因

　　隨著社會學和人類學在20世紀的快速進展，我們已更為理解社會文化因素（sociocultural factors）在人類發展及行為上的角色。這方面研究也清楚顯示各種社會文化狀況與精神疾患之間關係。這些發現為變態行為的現代透視增添了新的維度。

一、跨文化研究（cross-cultural studies）

　　社會文化觀點關切的是文化對精神疾患的影響。人類成長在不同社會中，接觸非常不同的環境，這為跨文化研究提供了天然「實驗室」，有助於我們認識人類行為和情緒的發展。

　　許多心理障礙是普遍一致的，它們出現在所探討的大部分文化中。但是，社會文化因素通常會影響什麼疾患易於成形？它們採取的形式、它們多麼盛行，以及它們的進程。例如，憂鬱症的盛行率在世界各地文化中有很大差異，從日本的3%以迄於美國的17%。

　　另一項研究比較中華民族（包括臺灣和中國大陸）和西方人處理壓力的方式。它發現在西方社會中，憂鬱是對壓力的經常反應。但在中國，很少人會表示自己感到憂鬱。反而壓力效應通常是表現在身體不適上，諸如疲倦、虛弱及另一些抱怨。

二、社會文化的起因

　　許多社會影響力可能成為疾病的來源，有些是起源於社經因素，另有些是源自關於角色期待的社會文化因素，還有些是來自偏見和歧視的破壞性力量。

（一）低社經地位與失業

　　一般而言，社經地位（socioeconomic status, SES）愈低，精神疾患和身體疾病的發生率就愈高。這種負面相關的強度隨著不同精神疾患而異。例如，在反社會型人格障礙症上，最低收入階層的發生率約為最高收入階層的3倍，在憂鬱症上則為1.5倍。這顯然是因為貧困的人在他們生活中遭遇較多（及較重度）壓力源，他們用來對付壓力源的資源通常也較少。富裕的人則較能獲得立即的協助。

　　全球每隔幾年就會發生嚴重的經濟不景氣，造成失業率的顯著升高。失業帶來了經濟困境、自我貶抑及情緒苦惱，接著提高個人心理病態上的脆弱性。

（二）偏見與歧視

　　社會中的許多人受到不正當刻板觀念的壓迫。對少數族群的偏見，可能解釋了他們在一些心理疾患上的較高盛行率。顯然，自覺受到歧視可能成為壓力源而威脅到自尊，接著增加了心理苦惱。再者，我們社會傳統上指派給女性一些社會角色，這些角色具有貶低女性身分和剝奪她們資格的不良作用。例如，有遠為居多的女性蒙受憂鬱症和焦慮症困擾，這至少有一部分是指派給女生的傳統角色所固有之脆弱性（如被動和依賴）所造成，也可能是依然存在的性別歧視所造成。

（三）社會變動與未來不確定性

　　我們今日面對的是一個快速變遷的社會，我們生活的所有層面似乎不斷受到撞擊，像是我們的教育、工作、家庭、休閒娛樂、經濟、信念及價值觀等。這些變動提出許多要求，我們需要不斷調整自己才能趕上，便成為重大的壓力來源。此外，隨著我們不停受到自然資源枯竭、環境汙染、犯罪率偏高、經濟不景氣、食品安全及政治對抗等資訊的轟炸，我們已不再相信「明天會更好」。這所導致的絕望、意志消沉及無助感，預先決定了面臨壓力事件時的變態反應。

變態行為的起因一覽表

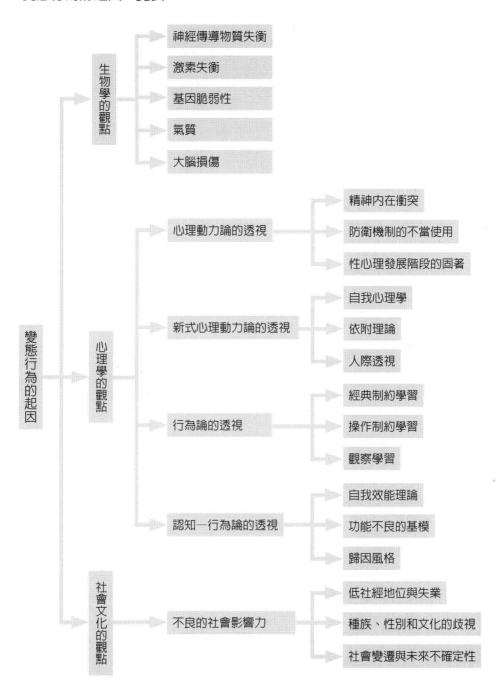

變態行為的起因

生物學的觀點
- 神經傳導物質失衡
- 激素失衡
- 基因脆弱性
- 氣質
- 大腦損傷

心理學的觀點

心理動力論的透視
- 精神內在衝突
- 防衛機制的不當使用
- 性心理發展階段的固著

新式心理動力論的透視
- 自我心理學
- 依附理論
- 人際透視

行為論的透視
- 經典制約學習
- 操作制約學習
- 觀察學習

認知—行為論的透視
- 自我效能理論
- 功能不良的基模
- 歸因風格

社會文化的觀點

不良的社會影響力
- 低社經地位與失業
- 種族、性別和文化的歧視
- 社會變遷與未來不確定性

第四章
臨床衡鑑與診斷

4-1　身體機能的衡鑑

本章將檢視較常使用的一些衡鑑程序，以及所獲得的資料如何被整合爲有條理的臨床描述，以便做出轉介及治療上的決定。

儘管是心理困擾，在某些情況下，我們有必要實行醫學評估，以便排除可能是身體異常正在引起或促成該困擾。

一、綜合身體檢查（general physical examination）

在身體症狀是現存臨床描述的一部分的情況下，臨床醫師通常會建議實行身體檢查，它包含我們接受「身體檢查」時所經歷的各種程序。這種檢查對於涉及身體狀況的一些精神疾患特別有其重要性，諸如以心理爲基礎的身體不適、成癮疾患及器質性腦傷症候群。

二、神經檢查（neurological examination）

因爲大腦病變可能涉及一些心理疾患，臨床醫師還需要施行專門化的神經檢驗，這包括取得案主的腦波圖（electroencephalogram, EEG）。腦波圖是指大腦皮質中細胞膜電位變化的紀錄圖，當發現腦波顯著偏離正常型態時，就是反映了腦功能失常，可能是腦腫瘤或另一些損傷所引起。

（一）電腦斷層攝影術（CAT掃描）

它利用X光射線，從人體各個不同位置加以掃描，從而得到人體斷層面或剖面的影像，像是關於大腦結構上異常的部位及範圍——可能是精神異常的原因。

（二）核磁共振造影（MRI）

MRI已逐漸取代CAT掃描，因爲它提供的顱內影像較爲清晰，而且不必讓病人暴露於離子化輻射能。MRI特別有助於確認退化性的大腦歷程。但是，有些病人對於推進MRI機器的狹窄圓筒內會有幽閉恐懼的反應。

（三）正電子放射斷層掃描（PET掃描）

PET掃描被用來探討當人們執行不同心理運作時，腦部各部位在特定物質（如葡萄糖）上的代謝情況。PET掃描有助於獲致關於腦部病變更明確的診斷——經由精確指出腦傷及腦腫瘤的部位。它偵測的是腦部活動，而不是腦部結構。

（四）功能性MRI（fMRI）

fMRI是在測量腦組織特定部位產生氧化（也就是血液流動）的變動情形。因此，進行中的心理活動（諸如感覺、意象及思想）可以被「繪製地圖」，揭示大腦的哪些部位顯然涉入所進行活動的神經生理歷程。許多研究利用fMRI，它們已探索產生各種心理歷程的皮質運作情形。雖然有些研究建議，fMRI可以作爲偵查詐病或撒謊的有效程序，但是美國法庭最近已駁退使用fMRI作爲測謊器。

fMRI技術似乎有潛力增進我們對心理疾患之早期發展的理解。但迄今爲止，fMRI仍不被考慮爲是心理疾患之正當或有效的診斷工具。它的主要用途仍是在探討皮質活動和認知歷程上。

三、神經心理檢驗（neuropsychological examination）

這種檢驗是指運用各種測驗工具測量當事人的認知、知覺及動作表現，以作爲腦傷程度及部位的線索。當懷疑有器質性腦傷時，臨床神經心理學家會對病人施行成套測驗。當事人在標準化作業上的表現（特別是知覺—動作的作業），可以提供有價值的線索——關於當事人是否有任何認知及智力的缺損。這種測驗甚至也能提供腦傷位置的線索。

一、腦波圖的測量。藉由把微電極貼附在頭皮上，這可以取得大腦電流脈衝的圖形紀錄，進而推知個體的意識狀態。

二、MRI是一種腦部造影的裝置。它利用磁場和射頻波的原理，用以掃描特定物質在大腦中各部位的集散情形，經由電腦分析而製成大腦的層面圖像。

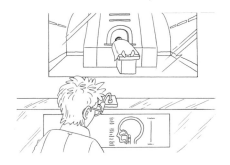

三、在神經心理衡鑑中，摘自「直線定向判斷測驗」的樣本題目。

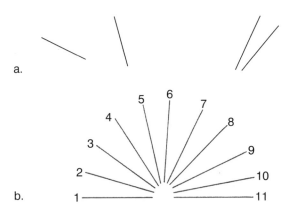

4-2　心理社會的衡鑑（一）

　　心理社會的衡鑑（psychosocical assessment）試圖提供個體與其社會環境互動下的實際描述，包括個體的人格結構和當前生活功能水準，以及其生活處境中的壓力源和資源。在衡鑑過程中，臨床人員採用一套程序，像是觀察、面談及心理測驗等，以便獲致關於案主之症狀及困擾的概括理解。

一、衡鑑晤談（assessment interviews）

　　衡鑑晤談一般被認為是衡鑑過程的核心成分，它涉及面對面地直接與案主會談。晤談目的是在蒐集關於病人生活背景、行為及性格等各種層面的資料。

（一）結構式晤談（structured interviews）

　　這是指在整個訪談過程中遵照預先決定的一組問題，訪談者逐題進行，不能更動題目的內容及順序。此外，每個問題都經過設計，以使得案主的應答能夠被清楚判定及量化。

（二）非結構式晤談（unstructured）

　　這通常是主觀的，不依循一套固定的程序。訪談者根據案主對前一個問題的應答，進而主觀地決定接下來問些什麼，即追蹤問題是針對每個案主量身訂做。這種晤談的應答不容易量化，也很難拿來跟其他案主的應答進行比較。但它有時候能夠提供極具價值的資料，而這是在結構式晤談中不會浮現的。

二、臨床觀察（clinical observation）

　　傳統上最有用處的評鑑工具之一是對案主行為的直接觀察，以便獲知更多關於案主心理功能的資料。臨床觀察是指臨床人員對當事人外觀和行為的客觀描述，像是當事人的個人衛生、情緒反應，以及所展現的任何攻擊、焦慮、憂鬱、幻覺或妄想。臨床觀察最好是在自然環境中執行，像是觀察兒童在教室中或家庭裡的行為，但它更經常發生在案主住進診所或醫院後。

　　有些臨床人員也會要求案主從事角色扮演（role-playing），也就是重現所發生的衝突事件或家庭互動情形。此外，案主也可能被要求從事自我觀察（self-observation），然後提供對自己行為、思想及感受的客觀報告。最後，案主還可能被要求填寫一些自陳量表或檢核表（checklist），關於他們在各種情境下所產生的問題行為。這些途徑的基本理念是：當事人本身就是關於他自己資料的很好來源。

三、心理測驗（psychological tests）

　　心理測驗是指用來測量個體的心理特質，從而分析個別差異的工具。當接受心理測驗後，案主的反應被拿來與另一些人（通常是心理正常的人）的反應進行比較──經由建立測驗常模（norm）或測驗分數分布（distribution）。根據這些比較，臨床人員就能推斷案主心理特質的偏常情形。

　　就如血液檢驗、X光片和MRI掃描在內科醫師手中的用途那般，心理測驗也是臨床人員手中有效的診斷工具。但它絕不是完美的工具，它的價值有賴於臨床人員的解讀能力。臨床實施上最常使用的兩大類心理測驗，即是智力測驗和人格測驗。

一、心理社會的衡鑑一覽表

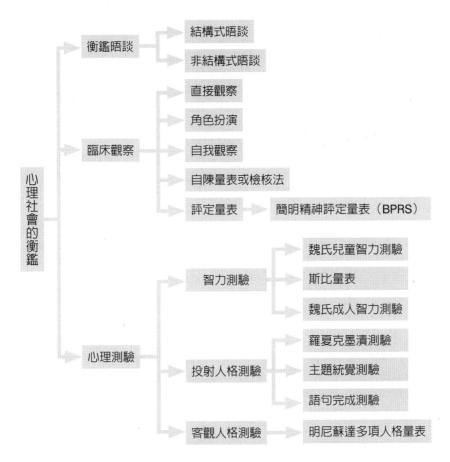

二、當進行晤談時，臨床人員經由運用幾種形式的問題，以促進雙方溝通，包括開放式（open-ended）、促進式（facilitative）、澄清式（clarifying）、對質式（confronting）及直接式（direct）問題。

類型	重要性	案例
開放式	授予案主應答的責任和自由	「你可以告訴我你在軍中的經驗嗎？」
促進式	鼓勵案主在交流中暢談	「你可以再多告訴我一點那件事情嗎？」
澄清式	鼓勵澄清和擴充說明	「我想這是表示你覺得……？」
對質式	質問不一致或矛盾的地方	「先前，你曾提到……？」
直接式	一旦融洽關係已建立，而案主正在承擔責任	「當你父親指責你的決定時，你對他說些什麼？」

4-3　心理社會的衡鑑（二）

（一）智力測驗（intelligence test）

它是指用來衡鑑個體智力高低的標準化測量工具。在臨床背景中，最普遍被使用的兩份測驗是「魏氏智力測驗」（WISC-IV和WAIS-IV）和斯比量表（SB 5）。WAIS包括語文（verbal）和作業（performance）兩部分，由15個分測驗所組成，像是數字寬度、常識、積木造型、數符替代及矩陣推理等。當病人問題的核心被認爲是智力受損或器質性腦傷時，智力測驗在整套測驗中將是最關鍵的診斷程序。

（二）投射人格測驗（projective personality test）

我們通常把人格測驗劃分爲投射和客觀兩大類。在投射測驗中，案主被提供一系列故意模稜兩可而曖昧的刺激，諸如抽象圖案、不完整圖形及容許多種解讀的圖畫。透過案主對這些曖昧材料的解釋，透露了（投射出）大量關於自己內在衝突、動機、偏見、焦慮、價值觀及願望等訊息。

1. 羅夏克墨漬測驗（Rorschach Inkblot Test）：這項測驗是由瑞士精神病學家羅夏克在1921年所編製。它對案主呈現10張墨漬圖案，然後問案主「你看到什麼？它讓你想到些什麼？請盡量作答，答案沒有所謂的對或錯。」

   假如適切運用的話，羅氏測驗很有助於揭發一些心理動力的議題。事實上，研究學者已建立起反應型態與心理病態之間關係。即使如此，羅氏測驗（以及它的評分系統）在信度、效度及臨床實用性上，仍存在一些爭議，它現今已漸少被使用。

2. 主題統覺測驗（Thematic Apperception Test）：TAT是由美國心理學家莫瑞（H. A. Murray）和摩根（C. D. Morgan）於1935年編製。它對案主呈現19張主題不明確的黑白圖片和一張空白圖片，內容以人物或景物爲主，然後要求案主針對每張圖片編個故事，說明所發生事件的背景，圖片中人物在做些什麼、想些什麼，以及最後會有什麼結局。

TAT的原理是讓案主在不知不覺中，把他內心的衝突、需求及動機等狀況，在所說的故事中宣洩出來。它被用在人格研究上，以找出個人的主要需求（如權力需求、成就需求）：也被用在臨床實施上，以找出案主的情緒困擾。TAT對案主反應的解讀大致上是主觀的，這多少限縮了它的信度和效度。

（三）客觀人格測驗

客觀測驗是指那些在計分和施行上相對簡易，而且遵循良好界定的一些規則的測驗。它們典型是採取問卷、自陳量表或評定量表的格式；許多是以電腦進行評分，且透過電腦程式解讀測驗分數。

最常被使用的人格衡鑑工具是「明尼蘇達多項人格量表」（Minnesota Multiphasic personality Inventory）。MMPI最初在1943年出版，它含有566個「是—否」的題目，所涉及內容從身體狀況、心理狀態，以迄於道德和社會的態度。它在編製上採取實徵（empirical）策略，只有當測驗題目能夠清楚辨別兩組受試者（例如，辨別憂鬱症病人與對照組的正常人們），這樣題目才被收編在量表中。

MMPI最典型的應用是作爲診斷標準，個人的側面圖（profile）被拿來跟臨床組病人的側面圖進行比較；假使符合的話，臨床組病人的資料就可作爲當事人綜合的描述性診斷。MMPI在許多臨床場合中，被用來協助對病人進行診斷，以及引導對病人的治療。

一、墨漬圖案——類似於羅夏克測驗所使用的那些圖片

二、人物圖畫——主題統覺測驗所使用的樣本圖片之一

三、MMPI-2的10個臨床量尺——受試者在所有這些量尺上所拿到分數的
分布形態，就構成了個人的MMPI側面圖。

量尺名稱	高分的一般解讀
1. 慮病（Hypochondriasis）	過度關心身體功能
2. 憂鬱（Depression）	悲觀、無助、思考及動作遲緩
3. 歇斯底里（Hysteria）	不成熟、使用壓抑與否認作用
4. 反社會偏差（Psycnopathic deviate）	忽視社會習俗、衝動性
5. 男性化─女性化（Masculinity-femininity）	對傳統性別角色的興趣
6. 妄想（paranoia）	猜疑、敵意、誇大或迫害妄想
7. 精神衰竭（Psychasthenia）	焦慮與強迫性思想
8. 精神分裂（Schizophrenia）	疏離、不尋常的思想或行為
9. 輕躁（Hypomania）	情緒激動、意念飛馳、躁動
10. 社交內向（Social Introversion）	害羞、不安全感

4-4　心理疾患的分類

　　對任何科學研究來說，分類（classification）都是一個重要步驟，不論我們所探討的是動植物、化學元素、星球或人類。當擁有普遍一致的分類系統時，我們才能快速、清楚而有效地傳達相關的訊息。在變態心理學上，分類也使我們能夠以互相約定而相對精確的方式傳達關於各個組群變態行為的訊息。

一、精神疾患的正式診斷分類

　　今日主要有兩套精神醫學分類系統在通行使用中，一是由「世界衛生組織」（WHO）所發表的《國際疾病分類系統》（ICD-10），另一是「美國精神醫學會」所出版的《精神疾病診斷準則手冊》（DSM）。前者被廣泛使用於歐洲和其他許多國家，後者則主要在美洲地區使用，但兩套系統有很高的相容性。

　　在DSM系統中，界定各種疾患的標準主要是由一些症狀和徵狀所組成。症狀（symptoms）一般是指病人主觀的描述，即其對於自己的困擾所提出的抱怨。另一方面，徵狀（signs）是指診斷人員所做的客觀觀察，可能是直接的（如病人無法直視他人眼睛）或間接的觀察（諸如心理測驗的結果）。為了獲致任何診斷，DSM為特定疾患所指定的一些症狀和徵狀必須被達成及符合。

二、DSM的演進

　　經過大量的辯論及爭議，DSM第五版（DSM-5）最終在2013年發行。這套系統是歷經60年來演進的產物。DSM-I是在1952年問世，主要用於二戰的軍隊人事甄選。DSM-II則在1968年發表。但這兩個版本的診斷信度太低了，當兩位專業人員鑑定同一位病人時，他們往往獲致完全不同的診斷。

　　為了解決這種困境，1980年的DSM-III，引進截然不同的途徑。它在界定各種疾患上，採取「操作性」（operational）方法，以便盡量從診斷過程中排除主觀判斷的成分。這表示在所指定的表單中，病人必須呈現一定數量的徵狀或症狀，他才適用於特定的診斷標籤。這種新方法在1987年的DSM-III-R和1994年的DSM-IV中繼續被沿用，它顯著提升了診斷的信度。

三、診斷上的性別差異

　　在精神症狀的起源和表明上，研究人員早已注意到一些疾患存在性別差異。有些疾患在男性病人身上有較高的盛行率（如反社會型人格），另一些疾患則較常見於女性（如厭食症），再者，即使被診斷為同一疾患（如行為規範障礙症），男性和女性經常顯現不同的症狀組型。男性有較高的打架和攻擊行為發生率，女性則較傾向於說謊、蹺課及逃家。

四、結構式與非結構式診斷晤談

　　就像先前提到的衡鑑晤談，診斷晤談也被分為非結構式與結構式兩大類。在非結構式晤談中，臨床人員不預先決定探問的內容和順序，多少有點是隨心所欲，或依據前一個問題的應答來提問。這種無拘無束的風格，有助於追蹤特定的「線索」，但它的缺點是缺乏信度。

　　在結構式晤談中，臨床人員發問的題目經過事先安排，主要是為了確認當事人的症狀和徵狀是否符合診斷準則。這種晤談方式已大為提高診斷的信度。目前針對DSM-5和ICD-10的結構式診斷工具都已被開發出來（如SCID和SCAN）。

DSM-5精神疾病診斷準則手冊的分類

DSM-5的綜合類別

1.神經發展障礙症	12.睡醒障礙症
2.思覺失調類群和其他精神病症	13.性功能障礙症
3.雙相情緒及其相關障礙症	14.性別不安
4.憂鬱症	15.侵擾行為、衝動控制及行為規範障礙症
5.焦慮症	16.物質相關及成癮障礙症
6.強迫症及相關障礙症	17.認知類障礙症
7.創傷及壓力相關障礙症	18.人格障礙症
8.解離症	19.性偏好症
9.身體症狀及相關障礙症	20.其他精神疾病
10.餵食及飲食障礙症	21.醫藥引發的動作障礙症及其他醫藥副作用
11.排泄障礙症	22.可能是臨床關注焦點的其他情況

✚ 知識補充站

再論標籤效應

　　DSM系統並不是廣受推崇，讓它備受批評的是：精神診斷不過是為各類社會不讚許的行為貼上標籤。診斷標籤（diagnostic label）只在描述與當事人當前生活功能有關的一些行為模式，它並未指出任何內在的病理狀況。這很容易形成一種循環論證——當事人為什麼展現那樣的行為，是因為他有該心理疾患；當事人為什麼有該疾患，則是從他所展現的行為判斷出來，結果是沒有做任何解釋。

　　另一方面，精神診斷可能具有傷害性，或甚至汙名化當事人。在我們的社會中，對病人和前任病人來說，診斷經常是關上大門，而不是打開大門。診斷似乎遮沒了當事人，他人只看到標籤，而不是標籤背後一個真實的人。因此，標籤可能損害人際關係及自尊、妨礙個人被僱用或升遷，以及在極端情形下造成公民權被剝奪。標籤甚至促成一些人投降及屈服，採取「精神失常」的角色。

第五章
壓力與身心健康

5-1　壓力的基本概念

　　生活無庸置疑地充滿壓力，每個人在生活中都會面對一大堆不同的適應要求。實際上，在現代化社會所設定的快速、雜亂生活步調中，壓力已成爲一種背景噪音。

一、壓力的定義

　　壓力通常被用來指稱兩者，一是施加於個體的適應要求，另一則是個體對這樣要求的內在生理反應和心理反應。爲了避免混淆，我們將指稱適應要求爲壓力源（stressors），指稱它們在個體之內造成的效應爲壓力（stress）。至於個體在抗衡壓力上的努力，則稱爲因應策略（coping strategies）。

　　加拿大生理學家Hans Selye（1956）是當代壓力研究的先驅。他指出壓力不僅會發生在負面情境中（如參加考試），也會發生在正面情境中（如婚禮）。這兩種壓力都會造成個人資源和因應技巧的負荷。再者，壓力也可能是一種連續的作用力，直到逾越了個人的管控能力。

二、壓力與DSM

　　考慮到壓力與心理病態之間關係，PTSD在DSM-IV中，原本是被列在「焦慮症」之下，但DSM-5引進一個新的診斷分類，稱爲「創傷及壓力相關障礙症」，PTSD現在被安置在這裡。這個新的分類還包括「適應障礙症」和「急性壓力症」，它們涉及針對清楚壓力源所發生的各種心理和行爲的障礙。

三、減緩壓力的因素

　　有些人在壓力下較具抵抗力而不至於產生長期困擾，這可能牽涉到他們的因應技巧和個人資源。許多個別的特性，促進了當事人應付生活壓力的能力，包括較樂觀的態度、較強的心理控制或掌握、較高的自尊及較充裕的社會支援。這些穩定因素有助於降低當面對壓力事件時的心理苦惱，促成較良好的健康。壓力忍受力（stress tolerance）就是指個人抗拒壓力的能力，免於受到壓力的嚴重損傷。

四、壓力源的特性

　　爲什麼被解僱或不快樂婚姻比起收到交通罰單遠爲具有壓力？原則上，壓力源可以被解析爲下列維度：(1)壓力源的嚴重性；(2)它的延續性；(3)它的發生時機；(4)它多密切地影響個人的生活；(5)它多麼可被預期；及(6)它多麼可受控制。隨著這些維度的變動，壓力源對人們產生不同程度的影響。

五、測量生活壓力

　　生活變動對我們提出新的要求。因此也就帶來了壓力。源自生活變動的壓力可能在引發或加速疾患的發作上扮演一定角色。生活變動愈快，壓力就愈大。

　　這方面研究的焦點主要放在生活壓力的測量上。1960年代，Holmes和Rahe（1967）編製〈社會再適應評定量表〉（SRRS），它以自我報告檢核表的格式，測量個人在某一期間內所積累的壓力。這份量表以生活變動單位（life change units, LCD）作爲生活壓力的指標；當事件愈具壓力，它就被指定愈多的LCDs。研究已發現，身體疾病的發展與近幾個月中所積累的LCDs之間存在顯著相關。

一、為什麼一些壓力源較具破壞作用？

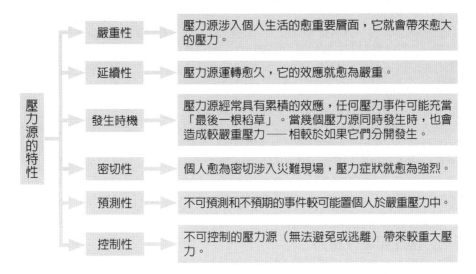

	嚴重性	壓力源涉入個人生活的愈重要層面，它就會帶來愈大的壓力。
	延續性	壓力源運轉愈久，它的效應就愈為嚴重。
壓力源的特性	發生時機	壓力源經常具有累積的效應，任何壓力事件可能充當「最後一根稻草」。當幾個壓力源同時發生時，也會造成較嚴重壓力——相較於如果它們分開發生。
	密切性	個人愈為密切涉入災難現場，壓力症狀就愈為強烈。
	預測性	不可預測和不預期的事件較可能置個人於嚴重壓力中。
	控制性	不可控制的壓力源（無法避免或逃離）帶來較重大壓力。

二、社會再適應評定量表。個人勾選最近經歷過的生活事件，再把它們的生活變動單位加總起來，就是個人目前所承受壓力程度的數值。

排序	事件	生活變動單位
1	配偶去世	100
2	離婚	73
3	分居	65
4	牢獄之災	63
5	親近家人的死亡	63
6	個人身體傷害或疾病	53
7	結婚	50
8	被解僱	47
9	婚姻的調解	45
10	退休	45
11	家人健康出問題	44
12	懷孕	40
...	...	...

5-2　壓力與身體健康（一）

　　你知道壓力以24～40%比率減慢傷口痊癒嗎？這是因為壓力與免疫系統的抑制有關。另一些與免疫抑制有關的壓力源還包括睡眠剝奪、跑馬拉松、身為失智症病人的照護者及配偶死亡等。幸好，發笑也與增強的免疫功能有關。這些證據指出「心靈一身體」的密切關係。

一、正向心理學（positive psychology）

　　因為大腦影響免疫系統，心理因素對我們的健康和安寧相當重要。你如何看待困擾和因應挑戰，可能直接影響你的基礎身體健康。你特別需要避免像是憂鬱、焦慮、怨恨及憤怒等負面情緒，因為它們與不良健康有關。另一方面，對生活的樂觀看法則對你的健康有益。正向心理學是一門新興的學派，它指出像幽默、感激、寬恕及憐憫等人類特質及資源，相當有助於我們的身體健康和心理安寧。

二、心血管疾病的風險因素

（一）慢性和急性壓力

　　壓力提高了心臟病發作的風險。例如，在1994年洛杉磯發生大地震之前，由於冠心病（CHD）而猝死的人數是每天4.6人，但在地震當天驟升到24人。

　　日常壓力也會提升CHD和死亡的風險。這兩方面的關鍵因素是高度苛求的工作和無力掌握決策。這兩種工作壓力增加未來CHD的風險——當其他不良行為（如吸菸）受到控制後，情況依然如此。值得一提的是，對於上班工作的人們來說，大部分的心臟病發作發生在星期一。週末過後，返回工作崗位的壓力被認為扮演一定角色。心理壓力已知提高了血管的收縮壓，也引起腎上腺素的升高。心理壓力可能也減少氧氣對心肌的供應。

（二）性格

　　性格是否會影響健康？早在1950年代，研究人員已鑑定出A型行為模式（或A型性格），它的特徵是過度競爭心、極度投身工作、缺乏耐性、匆匆忙忙，以及帶有敵意。另一方面，B型性格是指A型性格之外的行為模式。這些人較不具競爭心，也較不具敵意；他們個性溫和，在生活中較能隨遇而安。

　　追蹤研究已指出，A型性格的人有發生冠心病和心臟病發作的顯著較高風險。在冠心病上，A型約為B型的2倍高；在重複發作的心肌梗塞上，A型約為B型的8倍高。但不是所有研究報告都有這麼高的正相關，後繼研究也發現，A型性格中的敵意（hostility）、憤世嫉俗（cynicism）及壓抑憤怒為最重大風險因素。

（三）社交孤立與缺乏社會支援

　　研究已指出社交因素與CHD發展的強烈關聯。對於社交網絡狹窄或認為自己缺乏情緒支持的人們來說，他們長期下來較可能發展出CHD。在另一項研究中，如果CHD病人沒有結婚或沒有能夠信任的人，他們在接下來5年中的死亡率，則是一般情形的3倍高。最後，對於有充血性心臟衰竭的病人來說，婚姻關係的品質預測了4年的存活率。

Selye提出「一般適應症候群」的模式，以其解釋當面對長期重大壓力源時，身體如何自行動員以應付壓力。

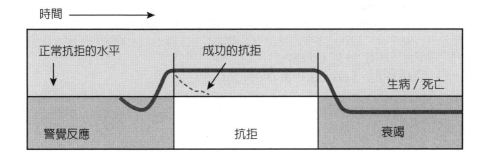

時間 ─────→

正常抗拒的水平　　　　　　成功的抗拒

生病／死亡

警覺反應　　　　　　　　抗拒　　　　　　　　衰竭

警覺反應（alarm reaction）階段：透過自律神經系統的活化，腎上腺素被釋放，心跳速率和血壓上升，呼吸急促及血液集中在骨骼肌，身體準備好從事戰鬥或逃離的反應。

抗拒（resistance）階段：如果壓力源持續不退，身體進入抗拒階段，適應期間取決於壓力源強度；到了後期，神經和激素開始惡化，免疫能力減退。

衰竭（exhaustion）階段：身體的適應功能衰退或瓦解，資源耗盡，個體進入疾病或死亡。

✚ 知識補充站

因應壓力的方式（coping with stress）

1.問題導向的因應方式（problem-directed coping）：這是設法改變壓力源，或改變個人與壓力源的關係──經由直接行動及／或問題解決的活動。例如，你可以設法：(1)對抗（消除或減輕威脅）；(2)逃離（脫身於威脅）；(3)折衷途徑（磋商、交涉、妥協）；(4)預防未來壓力（採取行動以增進個人抵抗力或減低預期壓力的強度）。

2.情緒取向的因應方式（emotion-focused coping）：這是設法改變自己──採取一些活動使自己覺得舒適些，但沒有改變壓力源。例如，你可以採取：(1)以身體為主的活動（服用抗焦慮藥物、放鬆法、生理回饋法）；(2)以認知為主的活動（分散注意、幻想、沉思、靜坐）；(3)尋求心理諮商。

5-3　壓力與身體健康（二）

三、壓力相關身體疾病的治療

當人們有身體疾病時，他們需要消除病況的醫學治療。對CHD病人來說，這樣的治療包括心臟手術，當然也需要服藥以降低膽固醇，或降低血液凝塊的風險。我們在這裡主要論述一些有益的心理治療。

（一）情緒傾吐（emotional disclosure）

是否有任何事情困擾你，使你羞於啓齒呢？健康心理學家已發現，當個人把與自己創傷、挫敗、罪疚或羞恥經驗有關的思想和感情壓抑下來時，這將會無形中侵蝕心理和身體的健康。這樣的壓抑在心理上是艱困的工作。因此，趕快找個人傾訴吧！研究已發現，假使你能找到值得信任的人（或透過寫日記、私下錄音的方式），盡情吐露內心深處的感受，這將有助於降低全面性的壓力水平。

（二）生理回饋法（biofeedback）

它藉助精密儀器偵測個人身體內部的反應，然後加以擴大且轉換爲不同強度之燈號或聲號的線索，以便當事人能「看到」或「聽到」身體內部的生理變化。因此，病人的任務就是控制這些外在信號的強度。生理回饋法具有多種特殊用途，諸如血壓的控制和前額肌肉的放鬆（進而消除頭痛）。它已被證實能夠作爲藥物治療的良好輔佐方式。

（三）放鬆技術（relaxation techniques）

它涉及拉緊及放鬆各個肌肉群，包括手臂、臉部、頸部、肩膀、胸部、胃部及腿部。以達到愈來愈深沉的放鬆狀態。有時候，放鬆訓練會輔以催眠性暗示或鎮靜劑。不論如何，其主要目的是讓案主學會辨別緊張與放鬆的感覺，然後把緊張釋放掉，以達到身體與心靈的一種放鬆狀態。

研究已發現，放鬆技術能夠協助本態性高血壓（essential hypertension）的病人，也有助於緊張性頭痛的病人。一般而言，頭痛還是以生理回饋法處理較具成效，優於只施加放鬆訓練，但這兩種治療法的結合顯現最佳臨床效果。

（四）靜坐（meditation，或冥想）

在東方，靜坐被用來尋求心靈上或宗教上更高水準的自我發展。但在西方，它通常被用來加強管理、增進放鬆及產生安寧感。當催眠是指對個人的意識缺乏覺知時，靜坐（如日本的坐禪和印度的瑜伽）卻是提供對個人意識的直接觀察。

亞洲哲學家相信幻想、夢及知覺通常是扭曲的（虛幻），但可以透過靜坐的覺知歷程加以觀察，以便破除迷障。這通常有助於個人的啓迪及開化，或免除心理苦惱。

研究已顯示，靜坐可以導致肌肉張力、血壓、大腦皮質活動、呼吸速率及體溫等生理變化。靜坐是在訓練案主控制及貫注於自己的心智歷程，以便帶來心靈平靜和身體放鬆。

靜坐有助於減除焦慮，以及減低對密閉空間、考試或獨處等之恐懼。此外，靜坐在減除藥物與酒精使用，以及在協助失眠、氣喘和心臟病患者方面，也有不錯效果。

（五）認知─行為治療法（CBT）

CBT已被顯示在頭痛和其他疼痛上是有效的治療。在緩解兒童的重複發作腹部疼痛上，CBT取向的家庭治療，遠優於例行的小兒科照護。一些CBT技術，也已被用在受苦於風濕性關節炎的病人。相較於接受標準的醫學照護，接受CBT的病人，顯現較良好的身體、社會及心理功能。

一、靜坐（如日本的坐禪和印度的瑜伽）是在開發更高水平的意識狀態，它有助於放鬆、釋放壓力及改善生理功能 —— 一種自助式的心理治療。

二、生理回饋法能夠協助人們（如高血壓患者）學習如何放鬆自己。

三、A型行為問卷。個人得分愈高，就愈具A型性格（問題節選如下）。

4.你的工作是否承受重大責任？
6.當你生氣或煩惱時，你身邊的人們是否知道？你如何表現出來？
12.當你正在開車，而車道前方的汽車像是在蝸牛散步，你會做些什麼事情？
14.假使你跟某個人約好下午2點見面，你會準時抵達嗎？如果對方姍姍來遲，你會感到憤慨嗎？
17.你吃飯會很快嗎？你走路會很快嗎？當吃飽後，你是否會坐在餐桌旁閒聊一下？或是你會立即起身做一些事情？
19.你對於排隊等候有什麼感受，像是在銀行或超市中？

5-4　適應障礙症

　　當我們承受壓力時，不僅我們的身體要付出代價，我們的心理也要付出代價。有時候，個人所承受的壓力已壓倒他的適應能力，將會造成不良的心理後果。我們將討論DSM的兩種疾患：適應障礙症和PTSD。它們都是暴露於壓力所引起。但在適應障礙症中，壓力源是平常經歷的一些事件，而心理反應的性質較不嚴重。

一、臨床描述

　　適應障礙症（adjustment disorder）是對一般壓力源（如離婚、死別、失業）的心理反應，而且造成臨床上顯著的行為症狀或情緒症狀。壓力源可能是單一事件，像是初次離家到外地就讀大學；或涉及多重壓力源，像是生意失敗而又婚姻失和。當這樣的重度壓力已踰越個人因應資源時，就可能被診斷為適應障礙症。為了符合診斷，症狀必須是在壓力源開始的三個月之內出現。

　　隨著壓力源結束，或隨著個人學會適應壓力源，症狀就應該減輕或消失。但如果症狀延續超過6個月，就應該考慮另一些精神疾患的診斷。在DSM中，適應障礙症或許是最輕微、也是最不具傷害性的診斷。

二、失業引起的適應障礙症

　　工作固然帶來壓力，但是失業可能更具壓力。每次社會一進入經濟蕭條期或發生公司重整，就有許多人面臨被解僱的命運。管理與失業有關的壓力，需要莫大的因應能力，特別是先前有充裕收入的人們。許多人找到方法以維持專注及動機，即使這可能非常困難。但對另一些人來說，失業可能帶來長期的不良後果。研究已發現，長期失業可能對個人的自我概念、價值觀及歸屬感造成重大打擊。此外，失業也增加了自殺的風險。

三、喪親引起的適應障礙症

　　當我們所親近的人死亡時，我們的第一個反應通常是不相信（disbelief）。然後，隨著我們開始了解它所代表的含意，我們逐漸被哀傷、悲痛及絕望的感受所淹沒。

　　對親人喪亡的哀慟是一種自然的過程，使得還活著的人得以哀悼他們的離去，然後重新面對一個沒有死者的生活。正常的哀悼過程通常持續至多1年，但在夭折或意外死亡的情況下，哀慟通常就較為複雜或延長。

四、離婚或分居引起的適應障礙症

　　親密關係的惡化或終止，無疑是重大壓力源。儘管離婚在今日已較普遍被接受，但它所帶來的不愉快經驗，仍然令人難以承受，許多人因此尋求心理諮商。

　　為什麼離婚或分居會造成當事人的重大壓力，這可能涉及幾個因素：(1)個人必須承認自己在社會上重要關係的挫敗；(2)個人需要對家人和朋友解釋挫敗的原因；(3)個人通常會失去一些有價值的友誼；(4)個人經常會面對經濟的不確定性及困境；及(5)當牽涉子女時，個人必須面對監護權的問題。

　　總之，許多困擾在離婚後將會一一浮現。經過多年婚姻後，適應單身生活絕不是一件容易的事情。

在適應障礙症中，當事人的反應是針對一般生活壓力源，諸如結婚、分娩、離婚、空巢、喪親或失業等。它引起當事人的顯著苦惱，而且造成在社交、職業和其他重要領域上有顯著的功能減損。

一般生活壓力源

失業
（unemployment）

長期失業可能使個人對自己產生懷疑，覺得自己不能勝任這個社會，甚至可能走上窮途末路。

喪親
（bereavement）

心理學家指出，病人臨終的心理轉變會經過五個階段，即否認與孤離→憤怒不平→討價還價→消沉抑鬱→接受現實。在面對親人的死亡上，似乎也有近似的過程。

離婚
（divorce）

離婚是一種極其重要之親密關係的決裂，也算是一種小規模的死亡。儘管離婚在今日已漸被接受，但對曾經擁有親近及信任關係的雙方來說，它仍是悲劇性的。

＋知識補充站

正向心理學（positive psychology）

你能教導人們變得快樂嗎？金錢能夠換到快樂嗎？為什麼有些人就是較為快樂？這些是關於人類處境之共同而基本的問題，卻是長期被心理學家們所忽略的。

就嚴謹的心理學論文來說，當100篇中有99篇是在探討憂鬱狀態時，才有一篇是在談論快樂情緒。第一本專論「快樂心理學」的書籍，在1980年代開始問世。但直到千禧年轉換時，正向心理學運動才受到青睞，逐漸活躍起來。

正向心理學是在探討導致正面情緒、善良行為及最佳表現的各種因素和歷程，包括在個人和團體兩方面。這個研究領域的目標是提供人們知識和技能，以使他們能夠體驗充實的生活。

什麼是快樂？它被界定為是主觀的幸福（subjective well-being），也就是個人自覺身心安寧舒適而具有活力的狀態，它是個人對生活滿足和愉悅的總括評價。

正向心理學現在已蔚為一股一般運動，它正招引許多領域之研究學者的興趣，以便對所有人類處境這個最基本特質進行科學的檢視。總之，正向心理學相信，我們可以學習讓自己快樂起來。

5-5　創傷後壓力症（一）

在DSM-5中，創傷後壓力症（post-traumatic stress disorder）被列在新的診斷分類下，稱爲「創傷及壓力相關障礙症」。這個分類還包括適應障礙症和急性壓力症，所有它們的核心成分是當事人經歷「重大壓力」。

PTSD的診斷是在1980年首度進入DSM。精神醫學那時候開始了解，許多越戰退役軍人在返鄉後留下心理傷痕，無法重返正常的平民生活。隨後的研究發現，不僅是軍事戰鬥，任何極端、恐怖而高壓的事件（具有生命威脅性和超出日常經驗的範圍），都可能導致類似心理症狀。

一、臨床描述

PTSD是指個人直接經歷或目擊涉及死亡或嚴重傷害的事件：例如，戰爭、天災（如地震、海嘯）、恐怖行動、長期監禁及拷問（如人質綁架）、重大交通意外（如飛機失事）、強暴或凌遲等。

PTSD的特徵是，個人強烈的驚恐而無助；經由夢境、幻覺或往事閃現（flashback）等方式，持續不斷地再度經歷創傷事件；當事人持續逃避與創傷事件有關的刺激；當事人產生疏離感，對於參加重要活動的興趣低落，對於前途悲觀；經常有睡眠困擾，不易保持專注，以及過度驚嚇反應等。

有些人可能突然改變居住地點或生活型態，有些人則會產生記憶障礙、頭痛及頭暈等症狀。PTSD的長期影響，包括憂鬱、焦慮等症狀，以及人際關係、藥物濫用、家庭及健康等問題。

二、PTSD的一些特性

根據美國的調查，大約80%的成年人曾發生過至少一件可被界定爲創傷的事件，主要是重大事故、身體虐待或性虐待。但是只有9.7%的女性和3.6%的男性發展出PTSD。PTSD的盛行率，在女性身上約爲男性的2倍（女性也傾向於有較嚴重的症狀），大致上是因爲攻擊暴力（如家暴及性侵害）較常針對女性而發生。

在創傷事件的立即餘波下，壓力症狀極爲常見。但隨著時間的流逝，這些症狀將會減少。研究已指出，95%的女性在受到強暴的2個星期內，符合PTSD的症狀準則。在被強暴的1個月後，這個數值降到63.3%；3個月後，45.9%的女性被診斷爲PTSD。顯然，隨著時間的自然恢復是常見模式。

三、急性壓力症（acute stress disorder）

DSM-5提供另一項壓力疾患，稱爲「急性壓力症」，它在壓力源和症狀方面類似於PTSD，它們的不同之處在於症狀的持續期間。急性壓力症發生在創傷事件的4個星期內，症狀持續至少3天，至多4個星期。當症狀持續超過1個月時，就要被診斷爲PTSD。此一診斷的存在是爲了讓當事人趁早接受治療，不需等到症狀已拖延1個月後才被正式診斷爲PTSD。早期介入在PTSD的治療上相當重要。

一、在DSM-5中，PTSD的臨床症狀被組成五大領域

PTSD的五大類症狀

侵入性症狀 （intrusion）	負面情緒 （negative mood）	解離症狀 （dissociative）	迴避症狀 （avoidance）	警覺症狀 （arousal）
經由夢境或侵入性意象持續地再經歷創傷事件。	負面情緒狀態，例如羞愧、憤怒，以及不正當地責怪自己或他人。	個人失去自我感，或失去現實感。從別人的角度來看待自己，或彷彿周遭世界不太真實。	逃避與創傷事件有關的刺激。	睡眠困擾、過度驚嚇反應及不顧後果的行為。

二、2001年的911事件，為許多人帶來強烈的驚恐和震撼，包括受害人的家屬及朋友、救援人員，以及世界各地在電視上目擊攻擊活動的人們。在攻擊事件後，許多人覺得需要一再述說關於這場災難的同樣一些情節，藉以降低焦慮，也使得自己減輕對該創傷經驗的敏感（desensitize）。

✚ 知識補充站

強暴後遺症

　　強暴案受害人經常顯現許多創傷後壓力症的症狀。在受到性侵害的兩個星期後進行評鑑，94%的受害人被診斷有PTSD；在被性侵害的12個星期後，51%的受害人仍然符合診斷準則。這些資料說明，創傷後壓力症的情緒反應，可能在創傷後以急性形式立即發生，也可能潛伏好幾個月才發作。

　　許多受害人對於自己在被施暴期間的反應方式感到罪疚，她們認為自己應該更快速反應或更激烈抵抗才對，這樣的自責與她們長期的不良適應有關。但事實上，受害人在被施暴初期的反應，通常是對自己生命的強烈害怕，遠為強烈於她對性舉動本身的害怕。這種過度強烈的恐懼產生一種麻痺效應，經常導致受害人的功能運作發生各種程度的瓦解，甚至進入一種不能動彈的狀態。因此，關於受害人的罪疚，需要被安撫及保證她的舉止是正常的。

5-6　創傷後壓力症（二）

四、創傷後壓力症的起因

儘管暴露於創傷事件，但不是每個人都會發展出PTSD。這表示有些人可能有發展出PTSD的較大脆弱性，這對於我們如何預防及治療這種疾患，將具有啟示作用。顯然，創傷壓力源的性質和接近的程度，解釋了壓力反應的大部分差異，但另一些因素也在產生作用。

（一）個別風險因素

在經歷創傷事件上，不是每個人都有同等的風險，有些職業先天就負荷較多風險，諸如軍人或消防隊員。使得個人較可能暴露於創傷的風險因素，包括：(1)身為男性；(2)較低的教育程度；(3)兒童期曾有品性問題；(4)個人有精神疾病的家族史；及(5)在外向和神經質（neuroticism）的量數上得分較高。

一旦已暴露於創傷事件後，什麼因素會增加個人發展出PTSD的風險呢？身為女性當然是風險因素，另一些因素則包括：(1)低度的社會支援；(2)神經質；(3)先前已有憂鬱和焦慮的困擾；及(4)有憂鬱、焦慮及物質濫用的家族史。

（二）社會文化因素

身為少數族群的成員，似乎有發展出PTSD的較高風險。在2001年911事件的2到3年後，針對當時從雙子星大廈被疏散的3271位平民進行調查，發現仍有15%被衡鑑為PTSD。但相較於白人，非洲裔和拉丁美洲裔的倖存者較可能發生PTSD。此外，另一些研究則發現，當人們有較高的教育程度和較高的年度收入時，他們整體有較低的PTSD發生率。

五、壓力疾患的預防和治療

（一）預防

當壓力源可被預測時，我們可以提供當事人相關的訊息和良好的因應技巧，以使他們預先做好準備。這種壓力管理（stress management）的方法，對於即將面臨重大事件的當事人頗有助益，諸如重大手術或親密關係的結束。這個預防策略是屬於認知—行為技術的一種，通常被稱為「壓力免疫訓練」。不幸地，大部分的災難或創傷情境是我們無法在心理上做好準備的，因為它們本質上通常是不可預測及不受控制的。

（二）壓力疾患的治療

隨著時間經過，也隨著朋友和家人的協助，受創者通常會自然地恢復。否則，他們就需求助於專業人士。

1. 電話熱線（telephone hotlines）。今日，美國的大部分城市都已設立電話熱線，以協助正承受重大壓力的人們。除了自殺專線外，針對強暴和性侵害受害人的專線也已設立。
2. 危機取向的治療（crisis-oriented therapy）。這是一種短期的危機干預，治療師在這裡主要是關切情緒本質的問題。它的核心假設是：當事人在創傷之前有良好的心理功能，因此，治療重點僅在協助當事人度過立即危機，不在於「改造」他的人格。

   在這樣的危機場面中，治療師通常非常主動，協助澄清問題、建議行動方案、以及提供安撫、支持及所需要的訊息。
3. 藥物治療（medications）。PTSD的主要症狀是：強烈焦慮或憂鬱的感受、侵入性思想、麻木及睡眠障礙。幾種藥物可被用來提供緩解，例如，抗憂鬱劑有助於減輕憂鬱、侵入性及迴避性的症狀。在某些案例上，抗精神病藥物也被派上用場。

一、什麼因素使得個人較可能面臨創傷事件？

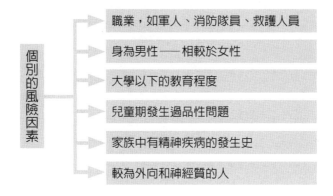

個別的風險因素
- 職業，如軍人、消防隊員、救護人員
- 身為男性──相較於女性
- 大學以下的教育程度
- 兒童期發生過品性問題
- 家族中有精神疾病的發生史
- 較為外向和神經質的人

二、什麼因素使得個人較可能發展出PTSD？

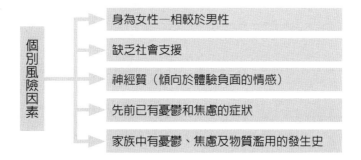

個別風險因素
- 身為女性─相較於男性
- 缺乏社會支援
- 神經質（傾向於體驗負面的情感）
- 先前已有憂鬱和焦慮的症狀
- 家族中有憂鬱、焦慮及物質濫用的發生史

＋知識補充站

PTSD的認知─行為治療法

如果你一再地觀看同一部恐怖電影，那會發生什麼情形？你會發現隨著觀看次數，你的恐懼減低下來，電影變得不那般令人驚恐了。這就是延長暴露法（prolonged exposure）的運作原理，它是一種行為取向的治療策略，被廣泛用來治療PTDS。

在延長暴露法中，案主被要求生動而逼真地一再詳述創傷事件，直到他的情緒反應減輕下來。此外，它也要求案主反覆而長時間地暴露於所害怕（但客觀上無害）的刺激，不論是以實境或想像的方式。這種療法也可追加另一些行為技術，例如，放鬆訓練可被用來協助案主管控創作事件後的焦慮。

在PTSD的認知治療上，它針對修正案主關於創傷及其後果之不切實際的信念。例如，案主因為家人都死於地震，只有自己能夠倖存，因此不斷自責或感到罪疚（例如，「為什麼是我被饒過一命？我認為這不公平」）。認知治療可以協助案主找出不合理的信念，進而以較合理的信念取代之（例如，「你不需要為家人的死亡負責，那是天災造成的」），以便安撫案主的情緒。

第六章
焦慮症與強迫症

6-1　特定畏懼症

　　焦慮（anxiety）是指擔憂可能之未來危險的一種總括感受，恐懼（fear）則是在面對立即危險時所產生的警覺反應。DSM-5鑑定出一組疾患，稱為焦慮症（anxiety disorders），它們的特徵是，呈現臨床上顯著的恐懼或焦慮。

　　焦慮症都具有不切實際、不合理的恐懼或焦慮，作為它們的主要表明，只是每種疾患在這兩種成分上的強度不一。我們將討論DSM-5所認定的其中5種，它們是：(1)特定畏懼症；(2)社交焦慮症；(3)恐慌症；(4)特定場所畏懼症；(5)廣泛性焦慮症。

一、特定畏懼症（specific phobias）的症狀描述

　　如果個人顯現強烈而持續的恐懼，而這樣恐懼是由於特定物體或情境的呈現所引發，他就可能被診斷為「特定畏懼症」。當病人實際面臨所害怕的刺激時，他們通常顯現立即的恐懼反應。即使只是預期自己可能面臨所害怕的情境，他們也會感到焦慮。例如，幽閉畏懼症（claustrophobia）患者會盡一切所能避免進入密閉空間或電梯，即使這表示他們需要爬多層樓梯或拒絕需要搭電梯的工作。一般而言，當事人承認自己的恐懼多少是過度而不合理的，但他們卻表示自己愛莫能助。

二、特定畏懼症的一些特性

　　特定畏懼症相當常見，研究已指出，它的一生流行率是大約12%。它相對的男女之比則有很大差異，視各種特定畏懼症而定，但普遍是女性遠多於男性。例如，大約90%到95%的動物型畏懼症患者是女性，但是血液－注射－受傷型畏懼症的性別比例則不到2：1。

三、特定畏懼症的起因

（一）精神分析論的觀點

　　畏懼症是對抗焦慮的一種防衛，這樣焦慮則是起源於在本我（id）中被壓抑的衝動。為了使被壓抑的本我衝動不為個人所覺知，焦慮就轉移到一些外在物體或情境上，而它們與焦慮的真正對象具有一些象徵關係。

（二）視焦慮症為學得的行為

　　當先前中性的刺激伴隨痛苦事件出現後，恐懼反應很快也會受制約於這些刺激。一旦獲得之後，這份恐懼還會類化到另一些類似的物體或情境上。

（三）替代性約制（vicarious conditioring）

　　僅經由觀看一個人對其所害怕的物體展現恐懼反應，這可以導致恐懼從一個人傳遞到另一個人，稱之為替代性經典制約（或觀察學習）。

　　在以恆河猴為對象的動物研究中，實驗室飼養的猴子原先並不害怕蛇類，但僅經由觀察野生猴子展現對蛇類的恐懼反應，牠們很快就發展出對蛇類近似畏懼症的害怕反應。此外，甚至僅是觀看電視影片，猴子也能學得恐懼反應，這說明大眾媒體在人類的畏懼症發展上可能也扮演一定角色。

（四）生物的因素

　　遺傳和氣質的變項影響恐懼受到制約的速度和強度。這也就是說，視個人的遺傳構造或其氣質及性格而定，每個人將會較可能或較不可能獲得恐懼及畏懼症。例如，研究已發現，如果幼兒在21個月大時被評定為是「行為抑制型」（即過度膽怯、害羞、容易苦惱），他們到了7至8歲時，將有發展出多種特定畏懼症的較高風險——相較於非抑制型的幼兒（32% vs. 5%）。此外，幾項行為遺傳學的研究也指出，特定畏懼症的發展有適度的遺傳促成。

一、在DSM-5中，特定畏懼症被分成5個亞型：(1)動物型；(2)自然環境型；(3)血液－注射－受傷型；(4)情境型；(5)其他類型。

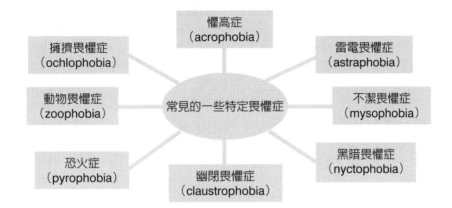

擁擠畏懼症
（ochlophobia）

懼高症
（acrophobia）

雷電畏懼症
（astraphobia）

動物畏懼症
（zoophobia）

常見的一些特定畏懼症

不潔畏懼症
（mysophobia）

恐火症
（pyrophobia）

幽閉畏懼症
（claustrophobia）

黑暗畏懼症
（nyctophobia）

二、當人們有幽閉畏懼症時，他們會竭盡所能避免搭電梯，他們非常害怕電梯會掉落、電梯門會打不開，或沒有足夠空氣可供呼吸。

＋知識補充站

特定畏懼症的治療

　　暴露治療（exposure therapy）是特定畏懼症的最佳治療方式，即案主漸進地被安置在他們所害怕的情境中，直到他們的恐懼開始減退下來。在參與式行為示範中（participant modeling），治療師首先冷靜地示範如何與所害怕的刺激或情境互動，以使得案主理解那些情境不是他們所認為的那般令人驚恐，而且他們的焦慮是不具傷害性的，將會逐漸消散。對於小型動物畏懼症、飛行畏懼症及幽閉畏懼症來說，只需施行一次長療程（長達3個小時）的暴露治療，通常就頗具成效。

　　近年來，虛擬實境（virtual reality）的技術被用來模擬各種恐懼情境，作為實施暴露治療的場所。這表示案主不必再抵達現場（如真正飛機或摩天大樓）以接受治療。研究已發現，虛擬實境的效能足堪比擬於真實情境的暴露。

6-2　社交畏懼症

一、社交畏懼症（social phobias）的症狀描述

　　社交畏懼症也稱爲社交焦慮症（social anxiety disorder），它的特色是極度害怕一種或多種特別的社交處境，像是公開談話、在公共廁所排尿，或在公開場合飲食。在這些處境中，個人害怕他可能受到別人檢視和負面評價，或他可能以困窘或丟臉的方式展現行爲。因此，當事人要不是逃避這樣處境，要不就很苦惱地加以忍受。公開談話的強烈恐懼是單一最常發生的社交畏懼症的類型。

二、社交畏懼症的一些特性

　　根據流行病學的調查，大約12%的人口在他們生活的某些時候，將會符合社交畏懼症的診斷。女性的發生率略高於男性，即大約60%的患者是女性。特定畏懼症通常起始於兒童期，但社交畏懼症的初發稍微晚些，通常是到青少年期或成年早期才發生。

　　爲了協助自己面對所害怕的處境，大約1/3的患者濫用酒精以減輕自己的焦慮，像是在赴會之前飲用酒精。再者，這種障礙症極爲執拗，在12年的追蹤期間只有37%自然康復。

三、社交畏懼症的起因

（一）社交畏懼症是學得的行爲

　　社交畏懼症通常是起源於經典制約作用，像是直接經歷自己所認定的社交挫敗或蒙羞，或曾經身爲被指摘及批評的對象。在成年的社交焦慮症患者中，有92%報告在兒童期遭受過嚴重嘲弄。

　　社交畏懼症也可能起源於替代性制約，像是目擊同伴因爲不勝任社交而受到責備或欺負。此外，當父母是情緒冷淡、社交隔離及迴避交往的人時，他們的子女特別有可能發生廣泛性社交畏懼症。這樣父母貶低「社交性」的價值，也不鼓勵他們子女參加社交活動，這些因素爲社交畏懼的替代學習提供了溫床。

（二）認知偏差（cognitive biases）

　　認知因素也在社交畏懼症的起源和維持上扮演一定角色。研究學者指出，社交畏懼症患者傾向於預期別人將會拒絕他們或負面地評價他們。這樣的基模導致他們預期自己將會以笨拙及不適宜的方式展現行爲，造成了拒絕和失去身分。這樣的負面預期接著導致他們專注於自己在社交情境中的身體反應和負面的自我形象，也導致他們高估別人很容易就會發現自己的焦慮。這樣的自我專注甚至到了注意自己心跳快慢的地步，當然會干擾他們良好互動的能力。因此，惡性循環就進一步發展：他們朝向身體內部的注意力和略微笨拙的行爲，可能導致別人以較不友善的態度回應他們，因而證實了他們的預期。

（三）生物因素

　　最重要的氣質變項是行爲抑制（behavioral inhibition），它兼有神經質和內向這兩項特質。行爲抑制型的嬰兒容易因不熟悉的刺激而苦惱，也容易害羞及迴避。他們較可能在兒童期變得膽怯，然後在青少年期有發展成社交畏懼症的較大風險。此外，幾項雙胞胎研究也指出，社交畏懼症有適度的遺傳促成，大約30%的變異數可歸之於遺傳因素。

一、對於演說（在大眾面前講話）的強烈恐懼是單一最常發生的社交焦慮症。

二、焦慮症一覽表

```
              焦慮症的分類
  ┌──────┬──────┬──────┬──────┐
特定畏懼症  社交畏懼症   恐慌症  特定場所畏懼症

    分離焦慮症      廣泛性焦慮症    選擇性不語症
（separation anxiety disorder）        （selective mutism）
```

＋知識補充站

社交畏懼症的治療

針對社交畏懼症，行為治療法最先被開發出來，它涉及漸進地暴露於引起恐懼的社交情境。近期，隨著研究指出社交畏懼症所特有的內心扭曲之認知，認知重建（cognitive restructuring）的技術被添加到行為技術中，稱為認知－行為治療法。

在認知重建中，治療師首先協助案主檢定他的負面自動化思想。在讓案主理解這樣的自動化思想經常伴隨一些認知扭曲後，治療師經由邏輯分析，以協助案主更換這些內心的思想和信念。此外，案主也可能接受錄影的回饋，以有助於矯正他們扭曲的自我形象。這樣的技術現在已成功地被用來治療社交畏懼症。

最後，有些藥物似乎對社交畏懼症有良好效果。最有效和最被廣泛使用的藥物是幾類抗鬱劑，包括MAOIs和SSRIs。但是，藥物必須長期服用，才能確保症狀不會復發。

6-3　恐慌症與特定場所畏懼症

一、恐慌症（panic disorder）的症狀描述

　　在診斷上，恐慌症被界定及描述為發生恐慌發作（panic attacks），通常似乎是突如其來。除了重複、出其不意的發作外，當事人也必須持續關注或擔憂會有另一次發作，為期至少一個月。為了符合正式恐慌發作的準則，當事人必須突發13項症狀中的至少4項，大部分是身體症狀（如心悸、呼吸短促、頭昏及發抖等），但有3項是認知症狀（如失去現實感，害怕將會死亡，或害怕快要瘋了）。

　　恐慌發作相當短暫但強烈，症狀突如其來，通常在10分鐘內達到最高強度，但通常會在20到30分鐘內平息下來，很少持續超過1個小時。

二、特定場所畏懼症（agoraphobia）的症狀描述

　　在這種畏懼症中，案主最普遍害怕及迴避的情境，包括街道和擁擠的處所，如購物中心和電影院。有時候，特定場所畏懼症的發展是作為曾在這種情境中有過恐慌發作的併發症。案主擔憂如果處身於這些情境，他們將實際上難以逃脫、心理上感到困窘，或無法獲得立即協助。通常，案主也對自己的身體感覺到驚恐，所以他們也避免將會引致生理激發的一些活動，諸如運動、觀看恐怖電影、飲用咖啡及甚至從事性活動。

　　隨著特定場所畏懼症的發展，案主傾向於迴避曾經產生發作的情境，但這樣的迴避行為會逐漸蔓延到另一些情境。在很嚴重的個案上，案主甚至無法邁出大門一步，他們成為家中的囚犯。

三、恐慌症的一些特性

　　在成年人口中，恐慌症的一生流行率估計值是4.7%。它經常在10多歲後期開始成形，但初發的平均年齡是23到34歲。然而，它也可能起始於個人進入30多或40多歲時，特別是對女性來說。女性在恐慌症上的盛行率是男性的2倍。特定場所畏懼症也遠為頻繁發生在女性身上，大約80%到90%的嚴重個案是屬於女性。

四、恐慌症的起因

（一）遺傳因素

　　根據家族和雙胞胎研究，恐慌症有適度的遺傳成分。在招致恐慌症的傾向中，33%到43%的變異數可歸之於遺傳。

（二）生化異常

　　多年以來，恐慌發作被視為是生化功能失常引起的警覺反應。今日，我們已知道，恐慌症主要涉及兩種神經傳導物質，即正腎上腺素和血清素。SSRIs是目前最被廣泛用來治療恐慌症的藥物，它的作用似乎就在增進血清素的活動和降低正腎上腺素的活動。

（三）恐慌的認知理論

　　它指出恐慌症患者對他們的身體感覺過度敏感，很容易就授予它們最可怕的解讀──這種傾向被稱為災難化（catastrophize）。例如，個人發展出恐慌症，他可能注意到他的心跳正在加速，就斷定自己是心臟病發作，或注意到他有點頭昏，就認為自己會暈倒或自己有腦瘤。這些令人驚恐的思想，引起更多焦慮的身體症狀，為災難化思想更增添了燃料，導致惡性循環的成形，而在恐慌發作上達到頂點（參考右頁圖）。

一、特定場所畏懼症患者經常迴避的一些情境

看恐怖電影　蒸汽浴　群眾　戲院　橋樑　餐廳　單獨在家

運動場　　迴避的處境和場合　電動手扶梯

汽車和巴士　　　　　　　　有氧運動

性活動　發怒　排隊　地下道　升降梯

二、恐慌的循環

誘發刺激
（內在或外在）

自覺威脅

對身體感覺作
災難化的解讀

憂慮或擔心
（例如，關於將會恐慌發作，
或關於任何令人苦惱的情境）

身體感覺

誘發刺激
（內在或外在）
（例如，運動、激動、發怒、性
活動、咖啡、精神促動藥物）

✛ 知識補充站

恐慌症和特定場所畏懼症的治療

許多恐慌症患者被開以鎮靜劑（抗焦慮藥物）的處方。這些藥物帶來症狀的緩解，使當事人能有較有效的生活運作。藥物的主要優點是快速起作用（在30～60分鐘內），所以在強烈恐慌或焦慮的緊急情況中很有助益。但是長期服用的話，許多人發展出對藥物的生理依賴，當停止（或中斷）服藥後會產生戒斷症狀。此外，停藥造成案主很高的復發率。

另一類被派上用場的藥物是抗鬱劑，主要是三環抗鬱劑、SSRIs及SNRIs。這類藥物的優點是不會造成生理依賴，也能緩解任何共病的憂鬱症狀。但它的藥效在服用大約4個星期後才會出現，所以不適用於緊急情況。此外，它也有一些不良副作用，停藥後的復發率也偏高。

在心理治療方面，暴露治療對於處理特定場所畏懼症頗具成效，協助大約60～75%的患者顯現臨床上顯著的改善。這些效果在2～4年的追蹤期間，仍普遍被良好維持。

最後，針對恐慌症患者的災難化自動思想，「認知重建」技術也早已開發出來，一般來說有不錯的效果。

6-4 廣泛性焦慮症

　　雖然不像恐懼那般有所謂「戰鬥或逃離反應」的活化，但焦慮確實使當事人處於這樣反應的蓄勢待發狀態。焦慮的適應價值在於，它協助我們為可能的威脅做好計畫及準備。在輕微到中等的程度上，焦慮實際上增進學習和表現。但是，當焦慮及擔憂已變得長期、過度及不合理時，它就不具適應價值，反而造成危害。

一、廣泛性焦慮症（generalized anxiety disorder, GAD）的症狀描述

　　根據DSM-5，在至少6個月期間內，當事人發生擔憂的日子必須多於不擔憂的日子，而且難以控制自己的擔憂。這樣的擔憂是針對許多事件或活動（如工作或學業表現）。當事人還必須符合6項症狀中的至少3項，如坐立不安或容易疲勞。

　　GAD患者長期處於擔心掛念、緊張、煩躁及普遍不安的心情狀態下。這樣的憂心忡忡也會發生在其他焦慮症中（如特定場所畏懼症和社交畏懼症），但那只是症狀的一部分，但憂心忡忡卻是GAD的本質所在。

二、GAD的一些特性

　　GAD是相對上常見的病況，它的一年流行率是大約3%，一生流行率則是5.7%。它傾向於是長期性的，追蹤研究顯示，42%的患者在13年後仍未見緩解，幾近半數出現重複發作。

　　GAD較常見之於女性，約為男性發生率的2倍高，但相較於其他焦慮症的性別差異，這不是特別顯著的數值（參考右頁表）。GAD患者較少求助於心理治療；反而，他們經常因身體不適（如肌肉緊繃、胃腸症狀或心臟症狀），而現身在內科醫師的診療室，他們是過度使用健保卡的一群人。

三、廣泛性焦慮症的起因

（一）精神分析論的觀點

　　根據這個觀點，廣泛性焦慮（或遊離性焦慮）是起因於自我（ego）與本我（id）衝動之間的潛意識衝突。這樣的衝突因為個人防衛機制的瓦解或不曾發展，而未被適當處理。佛洛依德相信，如果個人主要的性（或攻擊）衝動得不到表達，或表達時受到懲罰，就會導致游離性焦慮。

（二）不可預測和不受控制之事件的角色

　　研究已發現，GAD患者似乎較常在他們生活中經歷許多重要事件，而他們視之為是不可預測及不受控制的，特別是在早期生活中。再者，他們顯然對「不確定性」的容忍力偏低。當不能預測未來時，他們特別容易騷動不安。這使得他們沒有發展出安全信號，以提醒自己什麼時候適宜放鬆而感到安全，就導致了長期的焦慮。

（三）父母管教風格

　　父母侵入性、過度控制的管教風格，經常造成兒童憂慮不安。這種風格使得兒童視世界為不安全的處所，他們對之無能為力而需要保護，因此促成了兒童的焦慮行為。

（四）生物因素

　　雖然GAD之遺傳促成的證據不太一致，但它似乎有適度的可遺傳性，大約15～20%的變異數可歸因於遺傳——略低於大多數的其他焦慮症。

　　1950年代以來，許多抗焦慮藥物被研發出來。後來發現，它們發揮效果是經由激發GABA的作用。GABA已知強烈涉入廣泛性焦慮，目前，GABA、血清素及正腎上腺素似乎都在焦慮上扮演一定角色，但它們如何交互作用，大致上仍然不詳。

一、各種焦慮症的性別差異：一生流行率估計值

障礙症	男性的流行率（%）	女性的流行率（%）	比值
恐慌症	2.0	5.0	2.5
特定畏懼症	6.7	15.7	2.34
創傷後壓力症	5.0	10.4	2.08
廣泛性焦慮症	3.6	6.6	1.8
強迫症	2.0	2.9	1.45
社交畏懼症	11.1	15.5	1.4

◎根據DSM-5，創傷後壓力症和強迫症已不列在焦慮症之中。

二、廣泛性焦慮症不是針對特定對象所產生的焦慮，而是對於各種不同的生活領域的焦慮反應。

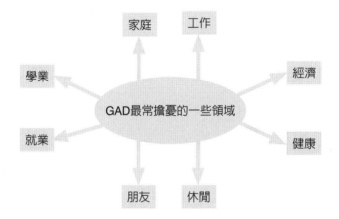

＋知識補充站

廣泛性焦慮症的治療

　　在這樣的案例上，最常被使用的是來自benzodiazepine（BZD）類的藥物，如Xanax和Klonopin。它們有助於緩解緊張、減輕其他身體症狀及放鬆下來。但它們可能造成生理依賴、心理依賴及戒斷症狀。一種稱為buspirone的新式藥物也頗具成效，它既不具鎮靜作用（如昏昏欲睡），也不會導致生理依賴。但它可能需要2～4個星期才能顯現效果。

　　認知─行為治療（CBT）也已被派上用場，它結合了兩方面技術：一是行為技術，諸如深度肌肉放鬆的訓練；另一是認知重建技術，針對於消除案主在訊息處理上的偏差，也是在減低對輕微事件的災難化思想。研究已顯示，CBT的療效絕不下於服用BZD。

6-5　強迫症及相關障礙症

一、強迫症（obsessive-compulsive disorder）的症狀描述

強迫症是指產生一些非自願和侵入性的強迫思想或意象，引致當事人的苦惱；通常還會伴隨強迫行為，試圖抵消該強迫思想或意象。當事人通常知道這些持續而反覆發生的強迫意念（obsessions）是不合理的，也干擾了生活，他們試圖加以抵抗或壓制。強迫行為（compulsions）可能是一些外顯的重複動作（如洗手、盤查和排序），也可能是一些內隱的心理活動（如計數或祈禱）。強迫行為的執行是在預防或降低苦惱，或為了防止一些可怕事件或情境的發生。

大部分人發生過輕微的強迫思想或行為，像是懷疑自己是否鎖好門窗或關掉瓦斯爐。但在強迫症患者身上，這樣的思想顯得過激或不合理，相當頑強而引人苦惱，消耗當事人不少時間。

二、強迫症的一些特性

強迫症普遍初發於青少年後期或成年早期（平均是19.5歲），但在兒童身上也不少見。強迫症是漸進地發作，但是一旦成形後，它傾向於是長期性的，雖然症狀的嚴重程度隨著時間起伏不定。

強迫症比起它一度被認為的更為盛行。它平均的一年流行率是1.2%；一生的流行率平均是2.3%。對於因強迫症而尋求治療的人們來說，超過90%是兼具強迫意念和強迫行為兩者。強迫症（OCD）在成年人身上，很少或沒有性別差異，這是它特別有別於焦慮症之處。

三、強迫症的起因

（一）精神分析論的觀點

強迫行為被視為一種替罪儀式，以使另一些遠為令人驚駭的慾望或衝動所製造的焦慮得以緩解下來。因此，重複的洗手行為可能象徵洗去個人雙手的罪惡，不論是真正或想像的罪惡。

（二）行為論的觀點

根據迴避學習（avoidance learning）的雙歷程理論，首先，觸摸門把（或握手）可能與汙染的「驚恐」想法連結起來。一旦達成這樣的聯想，當事人接著發現，觸摸門把引起的焦慮可以經由洗手而降低。洗手減輕了焦慮，所以洗手反應受到強化。當另一些情境也引起關於汙染的焦慮時，洗手將會一再地發生。一旦學得之後，這樣的迴避反應極為抗拒被消除。

（三）認知偏差及扭曲

當正常人試圖壓制不要的思想時（例如，「在10分鐘內不要想起海豚」），他們有時候會自相矛盾地增加這些思想的發生。因此，促成強迫思想頻繁發生的一項因素是，案主試圖壓制它們。此外，案主也對自己的記憶力較不具信心，這可能造成他們一再地重複儀式化行為。

（四）生物因素

研究已顯示，同卵雙胞胎在OCD上，有中等程度的一致率（80對雙胞胎中的54對），異卵雙胞胎的一致率較低（29對雙胞胎中只有9對）。此外，強迫症案主的一等親中，有顯著較高的OCD發生率，達3倍到12倍高——相較於OCD盛行率的現行估計值，這表示生物因素比起任何焦慮症更強烈涉入OCD的起因。

一、最常見的一些強迫思想的題材

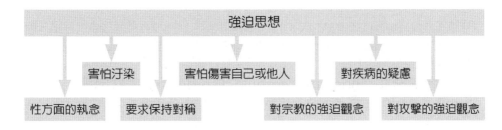

強迫思想

害怕汙染　　　害怕傷害自己或他人　　　對疾病的疑慮

性方面的執念　　要求保持對稱　　　對宗教的強迫觀念　　對攻擊的強迫觀念

二、最常見的一些強迫舉動（儀式化行為）

強迫行為

清洗　　檢查　　排列／布置　　默唸　　計數

三、強迫症使得人們從事無意義、荒謬及儀式化的行為，諸如重複洗手。

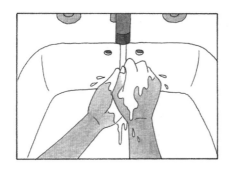

✚ 知識補充站

強迫症的治療

　　暴露與反應預防（exposure and response prevention）似乎是處理強迫症的最有效途徑。它首先要求案主重複暴露於將會誘發他們強迫意念的刺激中；隨著每次暴露，案主被要求不能從事他們以往的強迫儀式，以讓案主看清楚，隨著時間經過，他們的強迫意念所製造的焦慮將會自然地消退。

　　至今為止，影響血清素的藥物（如clomipramine）似乎是處理強迫症的主要藥物，也有適度良好的效果。另外，幾種來自SSRI類的抗鬱藥物（如fluoxetine，即百憂解）也有助於減低症狀的強度。但是，強迫症之藥物治療的主要不利之處是，當停止服藥後，復發率通常很高，高達50%到90%。顯然，行為治療法有較持久的效益。

6-6　身體臆形症

身體臆形症（BDD）在DSM-IV-TR中，原來被歸類為一種身體型疾患。但是，因為它與OCD的強烈相似性（12%的OCD患者也被診斷有身體臆形症），它現在被列入強迫症及相關障礙症中。

一、身體臆形症（body dysmorphic disorder）的症狀描述

BDD患者執念於他們外觀的一些「自覺」或「想像」的瑕疵，以至於他們堅信自己是損毀或醜陋的。這樣的關注是如此強烈，它引起臨床上顯著苦惱，以及社交或職業上的功能減損。大部分BDD患者有強迫性的檢查行為，像是照鏡子檢視自己的外貌，或是遮掩或修飾自覺的瑕疵。另一種常見症狀是迴避日常活動，以免他人看見自己想像的缺陷。在嚴重的個案上，他們把自己關在房子裡，從不曾外出或甚至工作，他們的平均就業率只有50%。

BDD患者經常就他們的缺陷尋求朋友和家人的保證及安撫，但只能帶來很短暫的情緒緩和。他們經常從事過度的打扮行為，經由服飾、髮型或化妝來掩飾他們自覺的缺陷。

二、身體臆形症的一些特性

BDD在一般人口中的盛行率是1～2%，憂鬱症患者則增至8%。它似乎沒有性別差異，通常初發於青少年期，那是許多人開始關心自己外貌的時候。BDD患者經常也有憂鬱的診斷，也經常產生自殺意念（80%）和自殺企圖（28%）。

BDD患者普遍求助於美容診所和整形外科手術，高達75%的人不是尋求精神科醫療。研究已發現，現身美容診所的人們中，有8～20%的人符合BDD的診斷，即使接受整容手術，他們幾乎不會對美容結果感到滿意。

最後，BDD已存在至少好幾個世紀，也似乎是一種全世界性的疾患，發生在所有歐洲國家、中東、中國、日本及非洲。為什麼它直到近15年來才受到廣泛探討？主要是因為隨著現代西方文化逐漸強調「外貌就是一切」，BDD的盛行率近年來有實質的上升。另外也是因為BDD在這15年來受到媒體的大量報導，甚至成為談話節目的主題，許多人才轉而求助於臨床心理師或精神科醫師。

三、身體臆形症的起因

生理心理社會的模式似乎提出了頗為合理的解釋。首先，過度關切外貌上自覺或輕微的缺陷，是一種中等程度可遺傳的特質。其次，BDD似乎發生在特別重視外表吸引力和美貌的社會文化背景中。這些人當身為兒童時，就常因為外觀而受到強化，遠多於因為他們的行為而受到強化。另一種可能性是，他們曾經因自己的外觀而受到嘲笑或批評，使得厭惡、羞恥或焦慮受制約於他們對自己身體的意象。

四、身體臆形症的治療

對於強迫症有效的藥物，通常也可用來有效治療BDD，例如，SSRI類的抗鬱劑，通常也能造成BDD患者中等程度的改善。但一般而言，為了達到效果，治療BDD所需的劑量要較為高些——相較於OCD。此外，一種把重點放在「暴露與反應預防」的認知—行為治療法，已顯示對50～80%接受治療的病人造成顯著改善，而且治療獲益在追蹤期間普遍被良好維持。

一、強迫症及相關障礙症一覽表

```
                    強迫症及相關障礙症的分類
```

強迫症	身體臆形症	儲物症	拔毛症 （trichotillomania）	摳皮症 （excoriation）

二、BDD患者可能關注身體的幾乎任何部位，例如，他們的皮膚有瑕疵、乳房太小、臉部太瘦（或太胖）或青筋外露等。

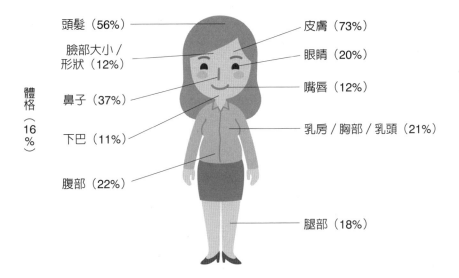

頭髮（56%）
臉部大小／形狀（12%）
鼻子（37%）
下巴（11%）
腹部（22%）
體格（16%）

皮膚（73%）
眼睛（20%）
嘴唇（12%）
乳房／胸部／乳頭（21%）
腿部（18%）

＋知識補充站

儲物症（hoarding disorder）

　　儲物症是一種引人興趣的病況，直到大約15～20年前才引起研究的注意，主要是電視媒體的大肆報導所致。傳統上，儲物（或囤積）被視為是OCD的特有症狀之一，但它現在在DSM-5被添列為新的疾患。強迫性囤積（作為症狀）發生在大約10～40%的OCD患者中，它在成年人口中的盛行率是3～5%。

　　儲物症患者收集而不願丟棄許多所有物，儘管這些物品似乎沒有用處或價值有限，部分是因為他們對物品發展出情緒依附。此外，他們的起居空間極為擁擠而凌亂不堪，以至於干擾了正常活動，像是已占據了浴室、廚房及走廊的空間。在嚴重的個案上，當事人實際上被他們所囤積的物品活埋（buried alive）在自己家中。

第七章
身體症狀障礙症與解離症

7-1　疼痛障礙症

　　身體症狀障礙症（somatic symptom disorders）位於變態心理學與醫學間的交接地帶。它們是一組病況，不僅包括身體症狀，也包括針對這些症狀的一些病態（功能不良）的思想、情感及行為。雖然病人的抱怨暗示有醫學狀況的存在，但卻找不到身體病理加以解釋。此外，病人不是有意偽裝症狀或試圖欺騙別人，他們無法控制自己的症狀，而且真正相信自己身體發生了差錯。DSM-5在「身體症狀及相關障礙症」的分類中，列出四種疾患：(1)身體症狀障礙症；(2)罹病焦慮症；(3)轉化症；及(4)人為障礙症。

一、身體症狀障礙症的症狀描述

　　DSM-IV原本列有幾種疾患，像是慮病症、體化症及疼痛疾患（pain），但它們現在都被診斷為是身體症狀障礙症。在DSM-5中，當事人必須符合下列三項特徵中的至少一項：(1)不成比例及持續地擔心自己症狀的嚴重性；(2)持續地對健康或症狀感到高度焦慮；及(3)花費過多時間和精力於擔心這些症狀上。

　　這種病人經常現身在醫療診所，他們較可能是女性和教育程度偏低的人們。他們經常尋求醫學檢驗，當醫生找不到任何身體毛病時，他們還是認為一些重要程序被遺漏了，因此求診於另一位醫生。研究還發現，他們傾向於持有一種認知風格，導致他們對自己的身體感覺過度敏感。另一項特徵是，他們傾向於對自己症狀做災難化的思考，經常高估自己狀況的醫療嚴重性。

二、疼痛障礙症（pain disorder）的症狀描述

　　疼痛障礙症的特徵是，持續而嚴重的疼痛，發生在身體的一些部位，不是有意製造或偽裝的。雖然醫學狀況（medical condition）可能促成了疼痛，但心理因素被判斷扮演重要角色。疼痛期間少於六個月屬於急性（acute），超過六個月則是慢性（chronic）。但需要注意，當事人所感受的疼痛是極為真實的，完全不遜色於其他來源的疼痛所帶來之傷害，儘管疼痛始終是一種主觀體驗，無法由別人做客觀的鑑定。

三、疼痛障礙症的一些特性

　　疼痛障礙症在一般人口中的盛行率仍然不明，但顯然常見於求助疼痛診所的病人，女性的發生率顯著高於男性。當事人經常無法工作，或不能執行一些日常活動。他們缺乏活力（包括不願意從事身體活動）和社交隔離的狀態可能導致憂鬱，也會造成身體的力氣和耐力的流失。這樣身心俱疲的狀態進而使得疼痛更為加劇，一種惡性循環於焉形成。最後，當病人傾向於對疼痛的意義及效應做災難化的思考時，他們特別可能進展為慢性疼痛。

四、疼痛障礙症的治療

　　認知─行為技術已被廣泛使用來處理身體疼痛和心因性疼痛。治療方案通常包括放鬆訓練、支持與驗證（證明疼痛是真實的）、規劃每天的活動、認知重建，以及「無痛」行為的強化。此外，抗憂鬱藥物（特別是三環抗鬱劑）和一些SSRIs已被發現減輕了疼痛強度。

一、從DSM-IV到DSM-5，身體症狀方面障礙症的分類發生很大變動，我們特別介紹如下：

DSM-IV的身體型障礙症
（somatoform disorders）

體化症 （somatization）	轉化症 （conversion）	疼痛障礙症 （pain）	慮病症 （hypochondriasis）	身體臆形症 （body dysmorphic）

DSM-5的身體症狀及相關障礙症
（somatic sympton disorder）

身體症狀障礙症 （somatic symptom）	罹病焦慮症 （illness anxiety）	轉化症 （conversion）	人為障礙症 （factitious）

◎身體臆形症在DSM-5中已被納入強迫症的診斷分類中。
◎慮病症、體化症及疼痛障礙症三者在DSM-5中都被收編在身體症狀障礙症的分類中。

二、疼痛障礙症的惡性循環

身體部位的
疼痛體驗

消極、被動，不
願意參加活動

抑鬱寡歡、體力
和耐力的流失

身心疲乏使
得疼痛加劇

7-2　慮病症

在原先（DSM-IV）被診斷為慮病症的人們中，大約75%在DSM-5中將會被診斷為身體症狀障礙症，另25%則被診斷為罹病焦慮症（illness anxirty disorder）。

一、慮病症（hypochondriasis）的症狀描述

在慮病症中，個人專注於感染嚴重疾病的恐懼，或抱持著他們已實際罹患該疾病的想法。這樣的執念完全是建立在對一些身體徵兆或症狀的錯誤解讀上，例如，心跳稍微不順，就認為罹患心臟病。另一項典型特徵是，當事人不因醫學檢驗的結果而被安撫下來。換言之，儘管缺乏醫學證據，但罹病的恐懼或想法仍然持續不退。這樣的情況必須持續至少六個月，因此不只是短暫地對健康感到憂心。

這樣病人經常像逛街一樣，從一位醫生換到另一位醫生，就是無法被安撫下來。當有人指出，他們的困擾或許是心理方面，應該求助於心理醫師或精神科醫師時，他們普遍嗤之以鼻。

二、慮病症的一些特性

慮病症是常見的身體症狀障礙症，在一般醫學實施上的盛行率是2～7%。它平均分布在女性和男性身上，可在任何年齡開始發作，雖然最好發於成年早期。如果不加以治療的話，慮病症將是一種持續的障礙症，雖然其嚴重性可能起伏不定。

儘管身體狀況通常良好，但慮病症患者真心相信自己發覺的症狀是重大疾病的徵兆，他們不是在詐病（malingering）。再者，因為他們傾向於懷疑醫生的檢驗和診斷的妥善性，醫病關係經常充滿衝突及敵意。

三、慮病症的起因

我們對身體症狀障礙症（包括慮病症）病原的認識仍然有限。目前，認知一行為的觀點或許最被廣泛接受，它主張慮病症是認知和知覺的失調，對身體感覺的錯誤解讀扮演關鍵的角色。當事人在疾病方面的過去經驗（在自己和別人身上，以及從大眾媒體所觀察的），導致他們對症狀和疾病發展出一套功能不良的假設，像是「你應該注意嚴重疾病的生理徵兆，一旦有些不對勁，就必須趁早就醫」，這使得他們易於發展出慮病症。

因為這些功能不良的假設，當事人對於跟疾病有關訊息展現一種注意偏差（attentional bias）。他們知覺自己症狀比起實際情形更為危險，也判斷所涉疾病比起實際情形更可能發生。一旦錯誤解讀自己症狀，他們傾向於尋找支持性的證據，而且對於他們健康良好的證據顯得半信半疑。這般對疾病和症狀不適宜的關切，製造了一種惡性循環：他們對疾病的憂心，引起了焦慮的生理效應，乍看之下像是疾病的症狀，這提供了進一步的動力來源（證據），表示他們對自己健康的憂心是有正當依據的。

從孩提時期起，我們大部分人就已學到，當生病時，我們會被提供額外的安慰及注意，也能豁免一些責任（如不用上學或做家事）。這樣的附帶獲益（secondary gain）或許也有助於理解慮病的思想和行為模式如何被維持下去。

一、慮病症的惡性循環

個人對疾病和
症狀的憂心

為「自己生病了」的信
念提供進一步的燃料

產生了焦慮
的生理症狀

被解讀為是重大
疾病的症狀

二、慮病症患者執迷於對疾病的不切實際的恐懼，他們深信自己出現身體疾病的一些症狀，但他們通常不能精確地描述自己的症狀。

＋知識補充站

慮病症的治療

　　認知—行為治療已被發現能夠有效處理慮病症。它在認知成分上，是把重點放在評鑑病人對疾病的信念上，然後修正病人對身體感覺的錯誤解讀。在行為技術上，它要求病人有意地專注於自己身體的各個部位，以引起一些無害的症狀，這樣一來，病人就能了解，他們對身體感覺的選擇性知覺，在自己症狀上扮演重要角色。有時候，病人也被教導如何從事反應預防（response prevention），也就是不再檢查他們的身體，也不再尋求別人的安撫。這樣的治療相對上短暫，只需6～16次的療程，也能以團體的方式實施。此外，一些抗鬱劑（特別是SSRIs）在治療慮病症上也有不錯效果。

7-3　體化症

在DSM-5中，體化症的診斷現在已被包含在更寬廣的分類下，即身體症狀障礙症。

一、體化症（somatization disorder）的症狀描述

體化症的特徵是有許多不同的身體抱怨。為了符合診斷，這些抱怨必須在30歲之前就已開始，持續好幾年，而且不能以所發現的身體疾病或傷害做適當的解釋。這樣抱怨也必須已導致醫學治療，或導致生活功能的重大減損。顯然，體化症長期以來最常見於初步診療中心的病人。因為他們經常發生不必要的住院和手術，他們花費龐大的健保成本。

在DSM-IV的診斷中，病人需要報告有廣泛領域上大量症狀（例如，疼痛、胃腸道、神經層面及性方面的症狀），但這似乎不符合實際情形。因此，DSM-5完全拋棄這一長串的複雜症狀，而體化症現在被視為只是身體症狀障礙中的一種變化型式。

DSM-5這種收編方式還有另一項益處，即我們不需要再去關心體化症和慮病症是否真正為兩種不同的障礙症。實際上，這兩種障礙症有顯著的相似性，它們有時候也會共同發生。

二、體化症的一些特性

體化症經常起始於青少年期，女性的發生率約為男性的3倍到10倍高。它也傾向於較常發生在較低教育程度和較低社經階級的人們。至於一生流行率，女性是在0.2%到2%之間，男性則低於0.2%。體化症經常與另幾種障礙症共同發生，包括鬱症、疼痛障礙症、恐慌症及廣泛性焦慮症。體化症也被認為是一種相對上慢性的病況，預後通常不佳，雖然有時候也會自發地緩解。

三、體化症的起因

我們仍不太清楚體化症的發展進程和特定病原。有證據指出，它傾向於在家族中流傳。此外，男性的反社會型人格障礙症與女性的體化症之間，似乎存在家族的連結。這也就是說，一些共同的內在素質（至少部分地是具有遺傳基礎），導致了男性的反社會行為和女性的體化症。再者，女性的身體症狀和反社會症狀傾向於共同發生。我們仍不清楚這層關係的本質，很可能這兩種障礙症是經由衝動性（impulsivity）的共同特質而連結起來。

最後，這類病人也會選擇性地注意自己的身體感覺，對其做知覺的擴大。他們也傾向於視身體「感覺」為身體「症狀」。就像慮病症患者，他們會對輕微的身體抱怨做災難化的解讀，視為重大身體疾病的徵兆。他們認為自己的身體很脆弱，不能忍受壓力或身體活動。

四、罹病焦慮症（illess anxiety disorder）

這在DSM-5中是新式障礙症，當事人先入為主地認為，自己已罹患或即將發展出嚴重疾病。這份焦慮令人苦惱而妨礙生活功能，但當事人實際上極少有身體症狀。

如何辨別人為障礙症（factitious disorder）與詐病（malingering）。它們兩者都是有意地偽裝失能或疾病。

人為障礙症

1. 在DSM-5中被列為正式的診斷分類。
2. 當事人有意製造心理或身體的症狀。
3. 沒有實質的外在誘因，個人僅是為了獲得及維持他扮演「生病角色」所被提供的利益，包括家人和醫療人員的注意及關心。

詐病

1. 沒有正式的診斷準則。
2. 當事人有意製造或顯著誇大身體症狀。
3. 受到外在誘因的激發，諸如逃避工作或兵役，獲得賠償，或規避罪行指控。

轉化症

1. 病人不是有意地產生症狀，認為自己是「症狀的受害人」。
2. 當被指出他們行為的不一致時，他們通常不驚不慌——因為不是偽裝的。
3. 任何附帶獲益僅是轉化症狀本身的副產品，無關於為症狀提供動機。

✚ 知識補充站

體化症的治療

　　體化症長期以來被認為不容易治癒，但過去15年來，特定醫療管理（medical management）再添加認知—行為治療法，已被發現帶來很大助益。它首先指定一位醫生，他將整合對病人的照護，這包括定期地接見病人（從而嘗試預期新困擾的出現）和針對新的抱怨提供身體檢查（從而接受他的症狀為正當的）。然而，醫生避免不必要的診斷檢驗，也只施加最起碼的藥物。研究已發現，這大為降低健保的經費，也增進了病人的身體功能。

　　在認知—行為治療方面，它把重點放在促進適宜行為上，諸如較良好的因應和個人調適；也放在戒除不適宜行為上，諸如生病行為和專注於身體症狀。此外，抗鬱劑有時候也有不錯的療效。

7-4　轉化症

轉化症是精神病理學上最為引人興趣而令人困惑的障礙症之一。「轉化症」是較為近代的稱謂。歷史上，這種障礙症是被共同收編在「歇斯底里症」（hysteria）用語下的幾種疾患之一。

一、轉化症（conversion disorder）的症狀描述

在DSM-5中，轉化症也稱為「功能性神經症狀障礙症」。它涉及一些症狀或功能缺失，影響了當事人的自主運動或感官功能，令人聯想當事人可能有醫學或神經學的病況。但經過詳細的醫學檢驗，卻不能找到任何已知醫學狀況做充分的解釋。它的一些典型症狀包括局部麻痺、失明、失聰及假性痙攣。但當事人不是有意製造或偽裝症狀。反而，心理因素往往被認為扮演重要角色，這是因為經常有情緒困擾、人際衝突或壓力源發生在症狀之前，它們可能啟動或加劇症狀。

二、轉化症的一些特性

在被轉介神經診所接受治療的人們中，轉化症占有大約50%。它在一般人口中的盛行率仍然不詳，但即使最高的估計值也只有0.005%左右。這種下降的趨勢，似乎與我們對醫學和心理疾病漸增的認識有密切關係：如果我們很快就能看穿它缺乏醫學基礎，轉化症顯然就失去它的防衛功能。

轉化症較常發生在女性身上，約為男性的2倍到3倍高。它可在任何年齡發展出來，但最常發生在青少年早期到成年早期之間。轉化症普遍在面臨重大壓力源之際快速發作，但隨著壓力源被排除，它通常在2個星期內消退，雖然也經常會復發。

三、轉化症的起因

（一）精神分析論

佛洛依德指稱這些失調為「轉化性歇斯底里症」，他相信其症狀是被壓抑之性能量的一種表達。當被壓抑的性慾望（及所引發的焦慮）有浮上意識層面之虞時，它被潛意識地「轉化」為身體失調，從而使得個人不必處理該衝突。例如，個人對於手淫的慾望懷有罪惡感，他可能發生手臂麻痺而解決這個困境。當然，這不是意識上的作為，個人並不知道身體症狀的起源及意義。佛洛依德認為，病人精神衝突和焦慮的減除是維持該狀況的主要獲益，但他注意到病人經常也有許多來源的附帶獲益，諸如來自他人的同情心及關懷。

（二）當代的觀點

佛洛依德的許多臨床觀察被納入轉化症的當代觀點中。在一戰和二戰期間，轉化症相當普遍，它典型發生在高壓的戰鬥處境下，轉化症（如雙腿的癱瘓）使得士兵能夠逃避引發焦慮的戰鬥處境，卻不會被貼上懦夫的標籤，也不必面對軍事法庭。

今日，轉化症典型發生在個人首先面臨創傷事件，引起他想要逃避不愉快處境，但實際的逃避是無法採行或不被社會接受，這時候身體症狀被視為充當很明顯的功能，即提供似乎合理的身體「託辭」，使個人逃避無法忍受的壓力處境，卻不必為之承擔責任。但個人意識上不知道症狀與壓力處境間的關係，只有當壓力處境已被移除或解決後，症狀才會消失。

一、當發生可疑的轉化症狀時，個人最好接受詳細的醫學和神經學的檢驗，但有幾項準則也常被用來辨別轉化症與真正的神經失調

（一）個人的功能不良不完全符合所模擬疾病的症狀呈現

1. 個人的肢體發生癱瘓，卻沒有肌肉消瘦或萎縮的情形。
2. 個人發生痙攣，卻沒有顯現任何EEG異常，事後也未顯現混淆和記憶喪失。此外，個人在猝倒時很少傷及自己，也未失去對大小便的控制。

（二）個人的功能不良具有選擇性的本質

1. 在轉化性失明中，個人表示他看不見東西，卻能在房間中走動而不會碰撞別人或物件。
2. 在轉化性失聰中，個人表示聽不到聲音，但是當「聽到」他的名字時，他卻能適切地轉向。
3. 個人可能無法書寫，卻能運用同一部位的肌肉搔癢。
4. 在失音症中（aphonia），個人只能悄聲說話，卻能以正常的方式咳嗽。

（三）在催眠的狀態下，治療師經常能藉由暗示作用使得症狀被消除、轉移或再度引發。

1. 當個人從沉睡中驟然清醒時，他可能突然能夠支使「癱瘓」的肢體。

二、轉化症的大部分症狀可以經由催眠暗示暫時地加以減輕或再現。

✚ 知識補充站

轉化症的治療

　　關於如何最佳治療轉化症，我們的認識極為有限。有些住院病人接受行為治療似乎有良好效果，它主要是強化病人的正常行為，同時排除任何來源的附帶獲益。至少有一項研究已利用認知─行為治療法成功地處理心因性痙攣。另外，催眠（或添加催眠到其他治療技術中）似乎也有不錯的效果。

7-5　失自我感／失現實感障礙症

解離症（dissociative disorders）是指一組病況，涉及個人在正常情況下統合的意識、記憶、知覺或認知等功能發生分裂或瓦解（disruption）。這裡呈現的是，整個精神病理領域中一些頗為戲劇性的現象，即當事人不記得自己是誰、自己來自何處，以及個人擁有兩個（或兩個以上）不同的身分或人格狀態，它們交替地支配個人的行為。

就像身體症狀障礙症，解離症似乎主要是作為逃避焦慮及壓力的一些方式；或是用來管理一些生活困擾，否則它們似乎有淹沒個人尋常的因應資源之虞。這兩類疾患也使得當事人得以否認對他「不被接受」的願望或行為的個人責任。換句話說，經由捨棄一部分的自己，個人逃避他所面臨的衝突。

解離作用（dissociation）是指個人把引起心理苦惱的意識活動或記憶，從整體精神活動中切割開來，以使自己的自尊或心理安寧不會受到威脅。DSM-5檢定出幾種病態解離，它們是：(1)失自我感障礙症／失現實感障礙症；(2)解離性失憶症；(3)解離性遁走症（解離性失憶症的亞型）；及(4)解離性身分障礙症。

一、失自我感／失現實感障礙症（depersonalization/derealization disorder）

這是較常見的兩種解離症。在失現實感障礙症中，個人暫時地失去對外在世界的現實感，身邊的人或物被體驗為不真實、模糊或視覺扭曲。至於在失自我感障礙症中，個人暫時地失去對自己的自我感和現實感，像是從自己的心智活動或身體中脫離出來（detached），成為一個旁觀者那般。高達半數的人曾在生活中發生過至少一次這樣的經驗，通常是發生在嚴重壓力、睡眠剝奪（如熬夜）或感官剝奪的期間或之後。但當這樣的發作變得持續而重複，而且妨礙正常生活功能時，就會被診斷為正式的精神疾病。

當事人經常報告，他們感覺自己彷彿正生活在夢境或電影中，他們似乎難以把片段的記憶組成準確或連貫的一系列事件。因此，時間扭曲是失自我感經驗的關鍵因素。但是在失自我感或失現實感的過程中，當事人的現實測試（reality testing）仍然健全。

二、失自我感障礙症的一些特性

研究已發現，這種疾病的平均初發年齡是23歲。此外，在幾近80%的個案上，疾病有相當慢性的進程。根據估計，失自我感／失現實感障礙症的一生流行率是1～2%，但偶爾的症狀也常見於多種其他疾患，諸如思覺失調症、邊緣型人格障礙症、恐慌症、急性壓力症及創傷後壓力症。儘管這樣的症狀相當令人驚恐，但通常不會導致心理崩潰。當失自我感很清楚是精神病狀態進程的早期徵候時，專業的援助就應該介入，像是處理誘發的壓力源和減輕焦慮等。然而，迄今還沒有清楚的有效治療，不論是經由藥物或心理治療。

一、DSM-5中對於解離症的分類

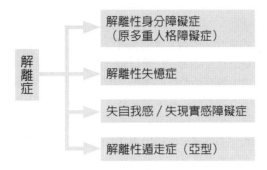

解離症
- 解離性身分障礙症（原多重人格障礙症）
- 解離性失憶症
- 失自我感／失現實感障礙症
- 解離性遁走症（亞型）

二、重複式穿顱磁性刺激術的示意圖

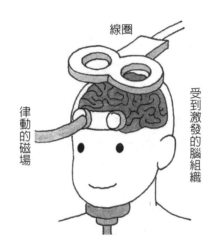

線圈
律動的磁場
受到激發的腦組織

✛ 知識補充站

失自我感障礙症的治療

　　失自我感／失現實感障礙症被普遍認為相當抗拒治療。催眠（包括自我催眠技術上的訓練）可能有所助益，因為病人能夠學會解離，然後重新連結，因而獲得對解離經驗的一些控制感。許多抗鬱劑、抗焦慮藥物及抗精神病藥物也被派上用場，有時候具適度效果。但也有研究顯示，服用百憂解（Prozac）與服用安慰劑的兩組間沒有差異。

　　最近研究顯示，「重複式穿顱磁性刺激術」（rTMS）對於治療解離症似乎頗具前景。經過三個星期的治療後，半數受試者的失自我感顯著減輕。

7-6　解離性失憶症與解離性遁走症

　　我們先提兩種失憶情形。在倒行性失憶中（retrograde amnesia），個人局部或全部不記得事故發生之前的訊息及經驗。在前行性失憶中（anterograde），個人則是無法保留事故發生之後的新訊息及經驗。好幾種狀況都可能導致持續的失憶，像是解離性失憶症、創傷症腦傷或中樞神經系統的疾病。如果失憶症是「腦部病變」所引起，它通常是屬於前行性失憶，即新的訊息未被登錄，也沒有進入記憶儲存。另一方面，解離性失憶通常只限於無法記得先前儲存的個人訊息，即屬於倒行性失憶。

一、解離性失憶症（dissociative amnesia）的症狀描述

　　這是指個人無法記起自己發生過的重要事情，但不能以一般的遺忘加以解釋。這樣的記憶空白最常發生在無法忍受的高壓處遇之後，像是戰鬥處境或災難事件（如重大車禍或自殺企圖）。在這種障礙症中，表面上被遺忘的個人訊息仍然位於意識層面之下，有時候可被催眠誘導出來，或在一些個案上會自發地現形。

　　失憶的發作通常持續幾天到幾年之間。許多人只經歷一次這樣的發作，但有些人在一生中有多次發作。在典型的解離性失憶反應中，儘管當事人無法記得個人生活史的一些重要事實，但他們的基本習慣模式（如閱讀、談話、執行技巧性工作的能力）仍完好無損。這表示除了記憶缺失外，他們似乎是正常的。以心理學的術語來說，當事人唯一受到影響的是情節記憶（episodic）或自傳記憶（autobiographical），至於語意記憶（semantic）、程序記憶（procedural）及短期儲存（short-term storage），通常似乎維持完整。當事人通常在登錄新訊息方面也沒有困難。

二、解離性遁走症（dissociative fugue）的症狀描述

　　在很少見的個案上，當事人更進一步從真實生活困擾中撤退，進入一種「解離性遁走」的失憶狀態。當事人不僅對他過去生活的一些或所有層面發生失憶，而且實際脫離家庭環境，漫遊到他方。在遁走期間，這些人不知道他們已失去對先前生活階段的記憶，他們對自己的身分感到困惑，或是採取新的身分。他們在遁走期間的行為通常相當正常，不至於引人懷疑。但幾天、幾星期或甚至幾年後，他們可能突然從遁走狀態脫身出來，毫無所悉自己為何置身於陌生地方。在另一些情況下，只有在反覆質問及提醒他們身分後，他們才能康復。無論如何，隨著從遁走狀態恢復過來，他們原先的失憶內容也會恢復，但對遁走期間的生活經驗卻又失憶了。

三、綜合評論

　　解離性失憶症（及遁走症）的模式極為類似於轉化症，只不過後者是經由身體功能失調以逃避一些不愉快情境，但前者則是個人潛意識地逃避對這樣情境的思想，或在極端情形下，逃離現場。因此，解離性失憶症典型是發生在個人面臨極不愉快的情境時，因為壓力避無可避而又無法忍受，個人最終只好把自己一大部分人格和所有關於壓力情境的記憶壓抑下來。

DSM-IV檢定出四種主要的心因性失憶症（psychogenic amnesia）

局部性失憶 （localized）	選擇性失憶 （selective）
個人對於在特定期間中發生的事情完全記不起來，最常發生在經歷創傷事件後，當事人對於接下來幾個小時或幾天中的事情發生失憶。	個人忘記在特定期間所發生的一些事情，但不是一切事情都忘記。

心因性失憶症

廣泛性失憶 （generalized）	連續性失憶 （continuous）
個人忘記整個生活史，包括他的身分。這較為少見。	個人記不起過去某個時間點直到現在所發生的事情。這較為少見。

✛ 知識補充站

解離性失憶症的治療

　　解離性失憶症是指個人記不起重要的生活經驗，但這樣的歷程是由心理因素所引起，個人沒有任何器質性的功能不良。心理學家已開始探討，這種記憶解離在什麼程度上可能隨著童年性虐待及身體虐待的事件而發生。當然，另一些型式的重度創傷也可能引起解離症狀。

　　在解離性失憶症和遁走症的治療上，最主要的是，讓當事人處於安全的環境，只要脫離他覺得有威脅性的情境，有時候就能使得記憶自發地恢復。除了藥物外，催眠經常也被用為促使當事人記起被壓抑和被解離的記憶。在記憶已恢復後，當事人在治療師的協助下逐步透析（work through）那些記憶，進而以更具效能的方式重建生活經驗。

7-7　解離性身分障礙症

一、解離性身分障礙症（dissociative identity disorder）的症狀描述

　　DID是指病人顯現至少兩種以上的不同身分，它們以某些方式交替出現而支配個人的行為，這在一些文化中可能被解釋為附身（possession）經驗。DID原先稱為多重人格障礙症（multiple personality），但因為它暗示病人的空間、時間及身體受到一些不同「人格」的多重占據，容易招致誤解，因此被捨棄不用。事實上，更替身分還稱不上是人格，只是反映個人在整合各種層面的身分、意識及記憶上的失效。因此，DID的稱謂較良好地捕捉了這方面的意思。

二、DID的一些特性

　　在大部分情況中，當事人有一種身分最常出現，它占領個人的真正姓名，稱為主人身分（host identity）。另一些更替身分（alter identities）則在許多重要層面上有別於原來的身分，像是性別、年齡、筆跡、性取向，以及運動或飲食的偏好等。在個性方面，假使有一種更替身分是害羞的（軟弱的、熱情的、性挑逗的），通常就會有另一種更替身分是外向的（堅強的、冷淡的、拘禮的）。主人身分所壓抑的需求和感情，通常會在另一種更替身分中展現出來。

　　更替身分的轉換典型是突如其來的（幾秒鐘之內），但漸進的轉換也可能發生。DID病人對於更替身分所經歷的事情有失憶情形，另一些常見症狀包括憂鬱、喜怒無常、頭痛、幻覺、自我殘肢，以及慣性的自殺意念和自殺企圖。DID通常好發於兒童期，但是大部分病人是在20多歲或30多歲時才被診斷出來。女性被診斷為DID的人數，約為男性的3倍到9倍多。女性也傾向於有較多的更替身分。

　　雖然在電影、小說及各式媒體中被大肆宣傳及報導，但是DID在臨床上極為少見。在1980年之前，整個精神醫學文獻中只發現大約200個個案。然而，到了1999年，僅北美地區就有超過30,000個個案被報告出來（過於浮濫的數值）。顯然，如何準確從事診斷是值得考慮的問題。

三、DID的起因及治療

　　「創傷理論」是廣為人們接受的觀點，大部分DID病人（一些估計值高達95%）報告自己身為兒童時有嚴重受虐（身體或性方面）的經驗。因此，DID可能起始於幼童時受到反覆的創傷性虐待，他們試圖應付壓倒性的絕望感和無力感。在缺乏適當資源和逃避管道的情況下，兒童只好以解離方式遁入幻想之中，把自己轉成另一個人。這樣的逃避是經由自我催眠（self-hypnosis）的歷程而發生，而如果有助於緩解虐待引起的痛苦的話，它就受到強化而會在未來再度發生。

　　在DID的治療上，通常是採取心理動力和洞察力（insight）取向的療法，以便揭露及剖析被認為導致DID的童年創傷及其他衝突。治療師經常會利用催眠以接觸案主的不同身分，設法整合各個身分狀態成為單一人格，以便案主更具效能地應付生活中的壓力。一般而言，為了使得治療能夠奏效，它必須是長期的，且經常持續好幾年。

一、關於虐待情形的問卷作答

問卷項目		DID（%）	鬱症（%）
	虐待發生率	98	54
虐待型式	身體虐待	82	24
	性虐待	86	25
	心理虐待	86	42
	父母疏失	54	21

◎DID個案數 = 355
◎鬱症個案數 = 235

二、解離性身分障礙症（DID）的示意圖

主人身分

適應不良、缺乏果斷力的人格

更替身分

攻擊而跋扈的人格

更替身分

幼稚而天真的人格

更替身分

好社交而活潑的人格

＋知識補充站

DID的社會認知理論（sociocognitive theory）

　　除了創傷理論，社會認知理論也提出解釋，它主張DID的發展是易受暗示的當事人學得如何採取及演出多重身分的角色，主要是因為臨床人員不經意地建議這些角色、正當化這些角色及強化這些角色，但也是因為這些不同身分符合當事人的個人目標。但需要注意的是，這些身分的上演不是當事人有意的作為，它們是在當事人不自覺情況下自然地發生。

　　這表示當受到情境力量的鼓勵時，人們可能上演第二種身分，不論這樣的情境力量是來自治療師的暗示、催眠、對自己過去行為的記憶、對他人行為的觀察，或媒體對於DID的描繪。

　　這不免令人懷疑，DID盛行率的上升有一部分是屬於「人為的」，即過度熱心的治療師在易受暗示而有幻想傾向的病人身上誘發這種障礙症。儘管如此，這種因素不能解釋所有的診斷個案，因為DID已在世界大部分地方被觀察到，即使那些地方幾乎不存在關於DID的個人認識或專業知識，包括土耳其和中國上海的鄉下地方。

第八章
飲食障礙症與肥胖

8-1　飲食障礙症（一）

　　根據DSM-5（APA, 2013），飲食障礙症（eating disorders）的特徵是飲食行為持續失調。但更為核心的是，當事人強烈害怕自己體重增加或變胖，而且伴隨對苗條身材的追求。這樣的追求不但毫不留情，有時候是致命的。

一、厭食症（anorexia nervosa）的症狀描述

　　厭食症的核心是對於「體重增加」或「變得肥胖」的強烈恐懼，當事人因此會採取一些行為，造成顯著偏低的體重。DSM-5已不再把女性的「月經中止」列為診斷準則，因為即使繼續月經來潮，當事人的心理困擾也不遜於停經的女性。

　　即使外貌看起來消瘦而憔悴，許多厭食症患者否認自己有任何困擾，他們實際上對於體重減輕感到洋洋得意。儘管如此，他們對自己的體重抱持矛盾的態度，像是故意穿上寬鬆的衣服以隱瞞自己的瘦削，或是在體檢前灌下大量的水。

（一）節制型

　　厭食症被分為兩種亞型，主要差異是病人採取怎樣的方式以維持他們偏低的體重。在節制型中（restrictive type），病人致力於限制所攝取食物的數量，甚至費心地計算食物的卡路里（熱量）。他們盡量避免在別人面前進食。這種亞型的病人主要是以節食、禁食或過度運動來達成減重。

（二）嗜食／清除型

　　在這種亞型中，病人例行地從事嗜食或清除的行為。嗜食（binge-eating）是指失控地攝取超過正常情形的食物。這樣暴食後，病人可能繼之以清除（purge）行為，即從他們體內排除已攝取的食物，清除方法包括自我催吐，或不當使用瀉劑、利尿劑或灌腸劑。

二、暴食症（bulimia nervosa）的症狀描述

　　暴食症的特徵是無法控制地暴飲暴食，為了避免體重增加，只好採取一些不適宜的行為，像是自我催吐和過度運動。暴食症是相對近期才被認定為一種精神醫學疾病，它在1987年才被編入DSM-III中。在DSM-5中，暴食症狀和不適切的補償行為（清除）必須平均達每週一次，且持續三個月以上。

　　厭食症患者和暴食症患者的共同之處是害怕變得肥胖。但不像厭食症患者，暴食症患者典型是屬於正常體重，有時候甚至稍微過重。

　　暴食症通常是起始於節制的飲食，個人想要較為苗條些。在這些早期階段中，個人厲行節食，只攝取低卡路里的食物。但長期下來，早先的決心被消磨殆盡，個人開始進食「被禁止的食物」，如冰淇淋和巧克力。在暴食過後，為了處理失控的狀態，個人就開始催吐、禁食、過度運動或濫用瀉劑。然後，這樣的模式將會持續下去，因為即使厭惡他們的行為，清除行為減緩了他們對變胖的恐懼。因此，暴食症病人的另一點不同之處是他們經常心懷羞愧、罪惡及自我責備。

三、嗜食症（binge-eating disorder, BED）的症狀描述

　　嗜食症在DSM-5中被列入正式的診斷，它是指當事人感到對於飲食行為缺乏控制，諸如進食到過度飽足而已達不舒服的地步、不餓之時也進食大量食物，以及過度進食之後感到嫌惡、罪疚及沮喪等。

一、DSM-5中關於飲食障礙症的分類

餵食及飲食障礙症
- 異食症（pica）
- 反芻症（rumination disorder）
- 迴避／節制型攝食症（avoidant/restrictive food intake disorder）
- 厭食症，註明節制型或嗜食／清除型
- 暴食症（bulimia nervosa）
- 嗜食症（binge-eating disorder）

二、厭食症患者經常會有一些扭曲的思考，我們列舉一些如下：

扭曲思考
- 「不完美的軀體反映了不完美的人。」
- 「厭食不是自我施加的疾病，它是自我控制的生活型態。」
- 「它不是剝奪，它是解放。」

✚ 知識補充站

凱倫・卡本特與戴安娜王妃

在整個1970年代，「木匠」（carpenters）合唱團支配了流行／抒情搖滾樂的唱片市場，但在1983年2月，全球樂迷發出一聲歎息，因為主唱兼鼓手的32歲凱倫（Karen Carpenter）猝然早逝，所公布的死因是心臟衰竭，但這是長期自我挨餓所造成。凱倫的代表作，像是〈close to you〉、〈We've only just begun〉及〈Yesterday once more〉仍然不時可從收音機聽到。她其實是厭食症的受害者，在她死亡之前幾近10年期間，她一直私下為這個疾病奮鬥不停。

英國的戴安娜王妃也曾罹患飲食障礙症。查爾斯王子曾在他們訂婚時，對她的體重提出苛刻評論，而且逐漸地疏遠她。從20歲開始，在這種不愉快的婚姻中，戴安娜的暴食和自我催吐就持續不斷，只是強度起伏不定，至少延續到這對怨偶正式分手之前。戴安娜起初能夠容忍或忽視別人對其困擾的揣測。最後，她決定公開自己的病情，即在她1997年發生死亡車禍前的數年。戴安娜的飲食障礙症被稱為「暴食症」。無論如何，隨著她公開討論病情，這已協助許多有同樣困擾的人尋求治療。

8-2　飲食障礙症（二）

　　雖然BED的一些臨床現象共通於暴食症，但BED患者在暴食後不會從事任何形式之不當的「補償」行為，包括催吐、使用瀉劑或過度運動等。他們也遠爲少有飲食上的節制。因此，大多數BED患者顯得過重或甚至肥胖——雖然體重不是達成診斷的必要因素。

四、飲食障礙症的一些特性

　　厭食症和暴食症很少發生在青少年期之前。厭食症好發於15歲到19歲。至於暴食症，最高風險的年齡組是20歲到24歲的年輕女性、嗜食症病人的年紀則較爲大一些，普遍是在30歲到50歲之間。

　　飲食障礙症長久以來被認爲主要發生在女性身上。雖然以往的研究指出，其性別比率高達10：1，但較近期的估計值是3：1。因此，「飲食障礙症是屬於女性疾病」的刻板印象應該稍作修正。研究還發現，同性戀男性比起異性戀男性有較高的發生率。顯然，同性戀男性重視他們伴侶的外貌和年輕，爲了尋求性方面的魅力，身體不滿意對他們來說是較大問題。

　　如果只根據傳播媒體的大肆報導，你可能會留下這樣印象，即飲食障礙症簡直是一種流行病。但是，情況並非如此，這些障礙症的盛行率實際上相當低。在美國地方，嗜食症的一生流行率，女性是大約3.5%，男性是2%。在暴食症方面，女性的一生流行率是1.5%，男性是0.5%。厭食症則相對較少發生，它的一生流行率，女性是0.9%，男性是0.3%。

五、飲食障礙症的醫學併發症

　　厭食症在任何精神疾病中，具有最高的致命性，女性病人的死亡率是一般人口中15歲到24歲女性死亡率的12倍高。整體來說，大約3%厭食症病人死於自我挨餓引起的醫學併發症。由於長期的低血壓，病人經常感到疲倦、衰弱、頭昏眼花及意識模糊。厭食症病人會因心律不整而死亡，這是關鍵電解質（如鉀離子）重大失衡所引起。長期偏低的鉀離子濃度，也會造成腎傷害和腎衰竭，嚴重時將需要洗腎。

　　暴食症相較之下較不具致命性，但它造成的死亡率仍達一般人口的2倍高。暴食症也會引起一些醫學併發症，除了電解質失衡和偏低的鉀離子濃度外，因爲胃液屬於酸性，反覆催吐經常造成口腔潰瘍和牙齒受損。手部的骨痂（callus）是另一項後遺症，它是病人把手指伸入自己喉嚨所致。

六、各種文化中的飲食障礙症

　　飲食障礙症不限於美國和歐洲，厭食症和暴食症在日本、香港、臺灣、新加坡及韓國等地也已成爲臨床問題，甚至在一些尚未開發的國家中，也有病例被報告出來。

　　因此，厭食症的病例除了在整個歷史中已被發現，它們也已被顯示發生在世界各地。這表示厭食症不是一種文化限定（culture-bound）的障礙症。當然，不同文化可能影響這種障礙症的臨床表明。對照之下，暴食症似乎只在適度接觸過西方文明（特別是對於理想苗條身材的強調）的人們身上才會發生。因此，暴食症似乎是一種文化限定的障礙症。

一、飲食障礙症的流行率

飲食障礙症	女性	男性
厭食症	0.9%	0.3%
暴食症	1.5%	0.5%
嗜食症	3.5%	2.0%

◎在一項9,282位美國成年人的樣本中，他們報告在生活中發生過飲食障礙症的百分比。

二、美國青少女描述的「夢幻女郎」是5呎7吋高、體重100磅及5號腰圍，以此計算出的BMI是15.61，屬於重度體重不足。

1960年代的名模　　　　　　　　2000年代的名模

✚ 知識補充站

厭食症的治療

　　飲食障礙症的病人通常對於康復感到矛盾及衝突，大約17%的嚴重個案需要強迫住院，病人也經常有自殺企圖。厭食症是一種慢性病況，病人在治療中有很高的退出率。

　　在治療厭食症上，最立即的措施是恢復他們體重，以便不再危及性命。這可能涉及強迫餵食或點滴營養補給。但治療方案也需要針對心理困擾，否則厭食行為容易復發。

　　抗鬱劑和抗精神病藥物有時候會被使用，但是並不特別具有成效。當處理厭食症的青少年時，家庭治療被認為是上選的治療方式，它也有助於父母跟他們子女發展出較為良性的關係——家庭功能不良原本就是促成飲食障礙症的重要因素。

　　CBT也經常被用來治療厭食症，它把重點放在矯正病人關於體重和食物的扭曲信念上，以及關於自我的扭曲信念（例如，「除非我瘦下來，否則我不會受到歡迎」）。建議至少接受1年到2年的治療。

8-3　飲食障礙症的風險因素和起因

　　飲食障礙症沒有單一的起因，它們反映了遺傳因素與環境因素之間複雜的交互作用。從素質－壓力的模式來看，基因促使某些人較易受環境壓力的影響，因此較易發展出不良的飲食態度及行為。

一、生物因素

（一）遺傳研究

　　發展出飲食障礙症的傾向會在家族中流傳。厭食症或暴食症病人的親屬也有偏高的發生率，在厭食症上高達11.4倍（相較於正常人們的親屬），在暴食症上達到3.7倍。雙胞胎研究也指出，厭食症和暴食症是可遺傳的障礙症。

（二）血清素

　　除了涉及強迫性、衝動性及情感障礙症外，血清系也具有調節食慾及進食行為的作用。因為許多罹患飲食障礙症的病人對於抗鬱劑（主要是在影響血清素）有良好反應，飲食障礙症可能牽涉到血清素系統的失衡。

二、社會文化因素

　　你一定看過便利商店的開放架上擺著一些印刷精美的時尚雜誌，如《Vogue》或《Cosmopolitan》，你會發現模特兒的身材正變得愈為苗條及瘦削，或成為所謂的紙片人。青少女正是這類雜誌貪婪的消費者，每個月都受到這種不切實際身體形象的轟炸。因此，媒體和同儕的影響力可能為飲食障礙症打造了基礎。

　　從1970年到1993年間，厭食症和暴食症的發生率顯著上升。雖然我們還不充分理解真正原因，但很可能是關於女性「理想身材」的標準已發生變動。過去被視為有魅力及誘人的身材（例如，瑪麗蓮・夢露）已不再受歡迎，而這時超級名模崔姬（Twiggy，以極為骨感而知名）正躍上時尚舞臺。最後，「保持苗條」的社會壓力可能在較高社經階級中特別強勢，因為大多數罹患厭食症的女性似乎來自這個階級。

三、個別的風險因素

　　不是每個人面臨「保持苗條」的社會文化壓力都會發展出飲食障礙症。因此，必然有另一些因素提升了個人的易罹性。遺傳因素可能實際上影響一些人格特質（如完美主義、強迫性、焦慮），這些特質使得一些人較可能以失調的飲食模式來回應文化壓力。

（一）完美主義（perfectionism）

　　完美主義被定義為追求無法達成的高標準，兼具不能容忍錯誤，它被認為是飲食障礙症的重要風險因素。這樣的人遠為可能贊同苗條的典範，無悔無怨地追求「完美軀體」。厭食症的女性已被發現在完美主義測驗上的得分偏高。很大比例的暴食症病人也被發現有過度完美主義的傾向。完美主義是一種持久的人格特質，它可能也具有遺傳基礎。

（二）負面的身體意象（negative body image）

　　在社會文化的壓力下，許多年輕女性在自己的肥胖程度上，產生侵入性及蔓延性的知覺偏差。這樣的偏差導致她們相信男性喜歡較為苗條的身材——相較於男性的實際觀點。

　　隨著營養的充分供給（高卡路里食物垂手可得），美國女性的平均體重自1960年代以來持續遞增，但文化上美麗偶像（如「美國小姐」的角逐者）的體重卻不斷下降。因此，許多女性對於自己身體普遍不滿意，而這是病態飲食的重要風險因素。

許多因素使得個人有飲食障礙症的重大風險，有一些是生物因素，另一些則是心理層面。

飲食障礙症的個別風險因素

1.性別

女性、青少年，以及同性戀和雙性戀男性相對上有較大風險。

2.完美主義

完美主義的特質，長久以來被視為重大風險因素。

3.內化苗條的典範

這種觀念是早期的促因，最後達到失調的飲食。

4.負面身體意象

身體不滿意是病態飲食的重要風險因素。

5.節食

大多數飲食障礙症病人都是起始於「正常」的節食。

6.負面情緒性

當個人承受壓力或感覺惡劣時，往往會從事暴食行為。

➕ 知識補充站

暴食症的治療

　　首先，抗鬱劑似乎降低了暴食的頻率，也有助於改善病人的心境和他們對於身材及體重的過度關注。

　　暴食症首選的療法是CBT，它的療效勝過藥物治療和人際心理治療（IPT）。CBT的行為成分是使得飲食模式正常化，包括進餐規劃及營養教育等。它的認知成分則在於改變那些啟動或維持「暴食—清除」循環的認知及行為，也就是質問病人典型呈現之功能不良的思考模式，如二分法的思想。CBT已清楚降低病人症狀的嚴重性。

　　最後，在嗜食症方面，因為它與憂鬱症有高度的共病（comorbidity），抗鬱劑有時被派上用場。另一些藥物也被用來減輕症狀，如食慾抑制劑和抗痙攣劑。在心理治療方面，IPT和指導式CBT在追蹤期間顯現不錯的效果。

8-4　肥胖的問題

在DSM中，肥胖（obesity）不被視為一種飲食障礙症或精神病況。但是，它的盛行率以驚人的速度爬升，它已快成為一種世界性的流行病。

一、肥胖的定義

肥胖是根據身體質量指數（body mass index, BMI）的統計值而被界定（參考右頁圖）。一般而言，當個人的BMI超過30就被界定為肥胖，超過40則是病態肥胖。從1980年到2002年，英國成年人肥胖的盛行率爬升3倍之多。在中國，學前兒童的肥胖率在1989年是1.5%，但只不過9年後就達到12.6%。在美國，最近的估計值指出，1/3的成年人是屬於肥胖。

肥胖是許多健康問題的重大風險因素，包括高膽固醇、高血壓、心臟病、關節疾病、糖尿病及癌症。此外，肥胖使得平均壽命減少5年到20年。這就莫怪WHO早已認定肥胖為全球前十大健康問題之一。

二、肥胖的風險因素和起因

（一）基因的角色

有些人對肥胖頗不以為然，他們語帶諷刺地表示，「只要少吃一點，多運動一些，控制體重有那麼困難嗎？」但這種說法不一定符合科學事實。

苗條似乎會在家族中流傳。在動物研究上，特殊品種的老鼠已被培育出來，他們即使被餵養高脂肪食物也不會變胖。雙胞胎研究也顯示，他們在綜合體重上有較高的相似性。因此，基因在肥胖的形成和在暴食傾向上扮演一定角色。

研究還發現，個人身體燃燒卡路里以維持基本功能的速率（稱為個人的靜止代謝率）有很高的可遺傳性。因此，有些人先天僅透過一般日常活動就能燃燒大量卡路里，另有些人則不能，這使得後者有發胖的較大風險。

（二）激素失衡

研究已發見，leptin是由脂肪細胞所製造的一種激素，它在血液中的濃度將會影響我們的食物攝取。在食慾方面，胃部會製造一種稱為grehlin的激素，它的濃度在進餐之前上升，在進食之後下降。這些激素所產生的生物驅力（drive）相當強而有力，我們的意志力往往很難與之匹敵。

（三）家庭影響力

家庭行為模式也在過度飲食和肥胖的發展上扮演一定角色。有些家庭傾向於提供高脂肪、高卡路里的食物，導致所有成員的肥胖，包括寵物。另外有些家庭則以飲食作為減緩苦惱或表示關愛的一種手段。

研究已發現，肥胖跟體內脂肪細胞的數量和大小有關。肥胖的人有顯著較多的脂肪細胞，當他們減重時，細胞的大小將會縮小，但數量還是維持不變，即脂肪細胞的總數從兒童期開始就保持固定。因此，如果過度餵食嬰幼兒，他們可能發育較多脂肪細胞，使得他們在成年期容易有體重困擾。

（四）肥胖的路線

在走向肥胖的路途中，很重要的一步是暴食行為。因此，我們有必要注意暴食的起因。個人所繼承的生物風險因素，通常在進入青少年期變得更為重要，但社會文化壓力也是在這個發育時期最為劇烈。青少年過重經常導致節食，而當意志力減退時，將會導致暴食行為。另一種暴食的路線，則是經由抑鬱和低自尊以發揮作用（見右頁圖）。

一、計算身體質量指數（BMI）的方法

如何計算身體質量指數

方法1：
$$\frac{體重（公斤）}{身高（公尺）^2} = BMI$$

方法2：
$$\frac{體重（磅）}{身高（英寸）^2} \times 703 = BMI$$

肥胖的標準：BMI

18.5 → 24.9　健康
25.0 → 29.9　過重
30.0 → 39.9　肥胖
40.0 →　　　 病態肥胖

二、肥胖的惡性循環——經由保持苗條的社會壓力

保持苗條的社會壓力

身體不滿意

節食

節食失敗

暴食行為

三、肥胖的惡性循環——經由抑鬱和低自尊而發揮作用

負面情緒（抑鬱、低自尊）

暴食行為

體重增加

疏遠於同伴受到排斥

＋知識補充站

肥胖的治療

　　在美國，減肥已是一項龐大的企業，各種新的減肥書籍、節食輔助器材、減肥藥及瘦身方案等，一直是重大商機所在。在心理治療方面，行為管理法採取正強化、自我監控及自我獎勵的手段，長期下來有適度成效。在調整生活型態上，主要涉及低卡路里飲食、運動及一些行為技術，這種漸進措施也帶來一些良好效果。極端的節食方法帶來戲劇化的體重減輕，但這是無效的，不能長久維持，在追蹤期間，還踰越了原先的體重。

　　減肥藥物主要分成兩個範疇，第一類是經由壓抑食慾以減少食物攝取，像sibutramine（Meridia）。第二類是使食物中的一些營養素（如脂肪）不會被完全吸收，如Orlistat（Xenical）。

　　最後，「胃繞道手術」則是針對病態肥胖之最有效的醫學手術。它包括幾種不同技術，像是減少胃部的貯存容量，或縮短小腸的長度。在手術之前，胃部能夠容納大約一夸脱的食物及飲料。在手術之後，胃部只能容納一只玻璃杯的食物量，暴食幾乎變得不可能。

第九章
情緒障礙症與自殺

9-1　情緒障礙症概論

　　大部分人偶爾都會情緒低落，但在情緒障礙症（mood disorders）中，個人心情失常的嚴重性和持續期間已很清楚是不適應的，經常導致社交、職業及另一些生活領域的重大困擾。

一、情緒障礙症的類型

　　情緒障礙症主要涉及兩種心境。躁狂（mania）是個人強烈且不切合實際之激動而欣快的感受。憂鬱（depression）則是個人極度哀傷而消沉的感受。躁狂和憂鬱的心情通常被視為位於「心境頻譜」的對立兩端，正常的心境則位於中間地帶。

　　當個人只經歷憂鬱發作時，這稱為單相憂鬱症（unipolar depressive disorders）。如果個人經歷躁狂發作和憂鬱發作兩者，就稱為雙相情緒及其相關障礙症（bipolar and related disorders）。

（一）鬱症發作（major depressive episode）的診斷

　　為了達成這項診斷，個人必須有顯著的憂鬱情緒或失去對愉悅活動的興趣（或兩者皆有），持續至少二個星期。此外，當事人還必須出現另幾項症狀，從認知症狀（如感到沒有價值、過度的罪惡感）到行為症狀（如疲倦或無精打采），以迄於身體症狀（如食慾或睡眠模式的改變）。

（二）躁狂發作（manic episode）的診斷

　　在這項診斷中，個人顯現極為高昂、奔放或易怒的心情，持續至少一個星期。此外，當事人在這段期間還需要出現另幾項症狀，從行為症狀（如大肆採購或輕率的性行為）到心理症狀（如思緒飛躍或注意力易被無關的外界刺激所吸引），以迄於身體症狀（如睡眠需求降低或激動的心理動作）。

　　但如果這些同樣症狀的程度較為輕微，為期至少4天的話，就被診斷為輕躁症發作（hypomanic episode）。輕躁症尚未重大影響社交和職業的功能，也不需要住院。

二、情緒障礙症的盛行率

　　情緒障礙症以驚人的頻率發生，它是思覺失調症發生率的15至20倍高，也幾乎接近所有焦慮症合計起來的發生率。鬱症（major depressive disorder）曾被描述為是「心理疾病上的普通感冒」，一是因為它的發生相當頻繁，另一則是因為幾乎每個人都曾在他們生活中經歷過鬱症的一些成分。

　　對鬱症的病人來說，他們症狀的嚴重性和持續時間各自不同，有些人發病只有幾個星期，且在他們生活史中只是單次發作。另有些人則有間歇或慢性的鬱症發作，為期許多年。根據流行病學的估計，大約21%的女性和13%的男性在他們生活中發生過正式診斷的鬱症。女性的發生率約為男性的2倍，這近似於大部分焦慮症的性別差異。這樣的差異出現在全球大部分國家中，少數例外是開發中和農業國家，諸如奈及利亞和伊朗。

　　另一類情緒障礙症是雙相情緒障礙症（bipolar disorder，出現躁症發作和鬱症發作兩者），它較少發生，一生流行率是大約1%，似乎沒有性別差異。

一、在DSM-5中，情緒障礙症被概分為「雙相情緒及其相關障礙症」和「憂鬱症」兩大類，它們各自再有許多分類。

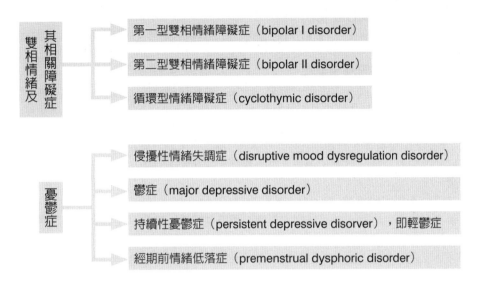

雙相情緒及其相關障礙症	→ 第一型雙相情緒障礙症（bipolar I disorder）
	→ 第二型雙相情緒障礙症（bipolar II disorder）
	→ 循環型情緒障礙症（cyclothymic disorder）

憂鬱症	→ 侵擾性情緒失調症（disruptive mood dysregulation disorder）
	→ 鬱症（major depressive disorder）
	→ 持續性憂鬱症（persistent depressive disorver），即輕鬱症
	→ 經期前情緒低落症（premenstrual dysphoric disorder）

二、鬱症的一些特徵

特徵	實例
低落心境	哀傷、消沉、絕望，幾乎對所有日常活動都失去興趣和愉悅
食慾	食慾降低或增加；體重顯著減輕或增加
睡眠	幾乎每天都失眠或嗜眠
活動力	行動遲緩，常常坐著發呆，有時候顯得激動
專注力	注意力降低，思考能力減退，容易忘記事情
罪惡感	覺得自己沒有價值，自我責備
自殺	經常有死亡想法，有自殺的意念或企圖

9-2　單相憂鬱症

一、另一些形式的憂鬱

憂鬱幾乎都是近期生活中的壓力所造成，但不是所有憂鬱狀態都會嚴重到被視為情緒障礙症。

（一）重大失落和哀悼過程

在經歷重大失落後（如喪親、破產、天災、重病或殘障），個人可能會有強烈哀傷、失眠、食慾不振和體重減輕等反應。在某些個案上，這樣壓力源可能導致重度憂鬱。但是對喪親來說，哀慟是一種自然的過程，屬於哀悼逝者的「正常反應」。因此，DSM-IV提議，在喪親（死別）後的前2個月，不適宜做出鬱症的診斷，即使所有症狀準則都符合。然而，這個「排除條款」卻在DSM-5中被完全刪掉，引起頗大爭議。

（二）產後心情低落（postpartum blues）

新生兒的誕生是令人額手稱慶的事情，但有些母親（偶爾是父親）卻出現產後憂鬱。然而，新近證據指出，這種狀態還稱不上憂鬱，只能說是「產後心情低落」。它的症狀包括多變的心境、容易哭泣、悲哀及易怒，經常夾雜一些快樂的感受，發生在高達50～70%的女性身上，在她們產後10天之內，通常會自行平息下來。

為什麼會出現產後心情低落？產後激素的重新調整，以及血清素和正腎上腺素功能的變動，可能扮演局部角色。當然，心理成分也牽涉在內，如果初為人母者缺乏社會支援，或不能適應其新的身分和責任的話，特別可能發生產後心情低落或憂鬱。

二、持續性憂鬱症（persistent depressive disorder）

DSM-5引入新的一類疾病，稱為持續性憂鬱症，它是DSM-IV中定義的慢性鬱症和輕鬱症（dysthymic disorder）兩者的合併現象。持續性憂鬱症的強度是輕度到中度，主要的標記是它的延續性。為了符合診斷，個人必須在整天的大部分時間覺得心情憂鬱，為期至少2年（兒童和青少年則為1年）。此外，個人在憂鬱時還要出現6項症狀（如失眠或嗜眠、自卑及專注力減退等）中至少2項。當事人可能有短暫正常心境的時期，但通常只持續幾天到幾個星期，最長不超過2個月。這些間歇的正常心境是辨別輕鬱症與鬱症的最重要特徵之一。

輕鬱症頗常發生，它的一生流行率是在2.5%到6%之間，平均存續期間是4至5年，但也可能達20年之久。輕鬱症通常好發於青少年期，超過50%是在21歲之前初發。它的復發率也很高。

三、鬱症（major depressive disorver）

鬱症的診斷準則需要個人展現更多的症狀，而且症狀更為持續，不能夾雜正常的心境——相較於輕鬱症。為了達成鬱症的診斷，個人必須處於鬱症發作，不曾有過躁症發作、輕躁症發作或混合發作。當事人必須感到顯著的憂鬱心情，或顯著失去對愉悅活動的興趣，在每天的大部分時間，幾乎每一天，為期至少連續2個星期。此外，當事人還必須在同一期間出現另一些症狀（如我們在前一單元的鬱症發作中所描述的），總計達到5項症狀以上。

一、產後憂鬱症較為少見，普遍出現的是產後心情低落，它可能是一些因素所造成：

心理因素	1.新手的母親缺乏家庭和社會的支援
	2.在適應她新的身分和責任上發生困難
	3.女性有憂鬱的個人史或家族史，導致對分娩壓力的過度敏感
生理因素	1.產後內分泌激素的重新調整
	2.血清素和正腎上腺素的運轉發生變動

二、新手母親的心情極為多變而容易哭泣，但還稱不上是憂鬱症，她是受擾於產後心情低落。

✚知識補充站

憂鬱發生在個人一生之中

　　單相憂鬱症最常出現在青少年後期到成年中期，但它實際上可在任何時間開始，從兒童早期直至老年期。據估計，大約1～3%的學齡兒童符合診斷準則，另有2%則展現輕鬱症。即使幼兒也會感受某種憂鬱（原稱為依戀性憂鬱），如果他們被延長分離於所依附對象的話，但在至少18個月大後才會出現。

　　青春期是人生中一個動盪的時期，憂鬱症的發生率驟然升高，大約15～20%的青少年在一些時候受擾於憂鬱，而且很可能在成年期再度發生。最後，鬱症和輕鬱症繼續出現在65歲之後的生活中，雖然發生率已顯著降低下來，但對較年長的成年人仍帶來很大困擾。

9-3　單相情緒障礙症的起因（一）

個人如何發展出單相情緒障礙症？我們將考慮生物、心理及社會文化因素的可能角色。

一、生物的起因

（一）**遺傳影響力**。家族研究已發現，當個人有臨床上診斷的單相憂鬱症時，他的血親在憂鬱症上的盛行率大約是一般人口的2倍到3倍高。雙胞胎研究顯示，當同卵雙胞胎之一罹患憂鬱症時，另一位有67%的機率也將會發生憂鬱症。但對異卵雙胞胎來說，這個數值只有20%。綜合來說，在憂鬱症的易罹性上，大約31～42%的變異數可歸之於遺傳影響力。但對於更為嚴重、早年初發或重複發作的憂鬱症而言，這個估計值實質上更高（達到70～80%）。

（二）**神經化學的因素**。自1960年代以來就有學者指出，憂鬱症可能是腦部神經細胞之神經傳導物質的微妙平衡受到破壞所致。事實上，各種生物治療法（如電痙攣治療和抗鬱劑）之所以發揮作用就是影響了突觸之神經傳導物質的濃度或活動。

在「單胺假說」中（monoamine hypothesis），憂鬱症被認為是由於正腎上腺素和血清素在腦部一些受納器基座的絕對或相對枯竭所致。在「多巴胺假說」中，多巴胺功能失調被認為至少在一些憂鬱症上扮演顯著角色。但這些理論都還不夠令人信服，各種神經傳導物質間顯然還存在複雜的交互作用。

（三）**免疫系統的失常**。在激素的角色上，最廣泛受到探討的是「下視丘─腦垂體─腎上腺」（HPA）的軸線，特別是放在壓力激素可體松上（cortisol）。研究已發現，因重度憂鬱而住院的病人中，60～80%病人血漿中的可體松濃度有偏高情形。

另一個與憂鬱有關的內分泌軸線是「下視丘─腦垂體─甲狀腺」，因為這個軸線的失調也牽涉到情感障礙。當甲狀腺機能減退時，個人經常變得憂鬱。

（四）**睡眠障礙**。每晚的睡眠歷經4次到6次的週期，每次週期以一定順序通過5個階段，階段1～4是非REM睡眠，階段5則為REM睡眠。REM睡眠的特色是快速眼動（rapid eye movements）和作夢。憂鬱症病人經常顯現多種睡眠困擾，從過早清醒、夜間斷續醒過來，以迄於難以入睡。這樣情形發生在80%的住院病人和50%的門診病人。

通常，進入第一個REM階段是在入睡後的75到85分鐘，但許多憂鬱症病人在入睡後不到60分鐘就進入REM階段，而且在前半夜也顯現較大量的REM睡眠。因為被縮減的是深沉睡眠（階段3和4）通常發生的時期，病人深度睡眠的數量也遠低於正常情形。因此，一是進入REM睡眠較短的潛伏期，另一是較少量的深度睡眠，這兩者通常預測憂鬱症的開始發作，而且延續到復原之後。

（五）**晝夜節律**。人類（及許多動物）在生理或行為上多以24小時為一個週期，呈現規律性變化，稱之為晝夜節律（circadian rhythm）。憂鬱症病人在多種晝夜節律上有失常現象。雖然我們還不清楚真正原因，但這種內在生理時鐘（biological clocks）的失調可能引起憂鬱症的一些臨床現象。這可能是起因於：(1)晝夜節律的大小或幅度變得遲鈍；及(2)各種晝夜節律之間原本齊步一致，現在卻變得失同步。

一、在正規夜晚睡眠中，各個階段的腦波圖（EEG）型態。

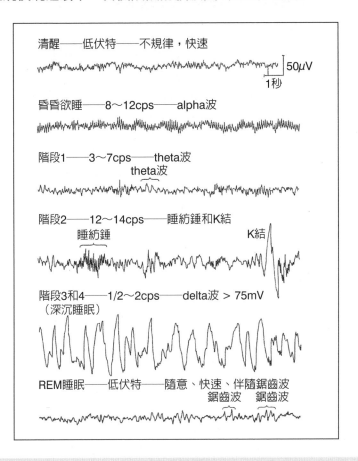

✚ 知識補充站

鬱症診斷上的一些特性

　　當從事鬱症的診斷時，通常需要註明這是否為單次發作（single）或多次發作（recurrent）。這表示鬱症發作經常是有時限的，如果不接受治療，它平均的持續期間是大約6到9個月，隨後就自發緩解。大約10～20%病人的症狀已超過2年仍未緩解，這時候就要做持續性憂鬱症的診斷。

　　雖然大部分鬱症發作會緩解下來，但它們通常也會在未來再度發作。據估計有40～50%的鬱症病人會再度發作，雖然再次發生前的間隔有很大變動。

　　有些人符合鬱症發作的基本準則，但也附帶一些症狀型式或特徵，這在從事診斷時需要加以註明。例如，當個人經歷多次鬱症發作而顯現季節型式時，就需要特別註記為季節型（seasonal pattern）。為了符合DSM-5的準則，個人必須在過去2年中出現過至少2次鬱症發作，而且發生在每年的同一時期（最常見是秋季或冬季）。此外，每年的同一時期（最常見是春季）也必須發生症狀的完全緩解。冬季發作型較常見之於住在高緯度（北半球的氣候）地方的人們，年輕人有較高的風險。

9-4　單相情緒障礙症的起因（二）

　　（六）**陽光與季節**。對於季節型憂鬱症病人來說，他們對於環境所供應光線的總數量易起反應，大多數病人在秋季和冬季變得憂鬱，但在春季和夏季就恢復正常。他們鬱症發作的特徵是：缺乏活力、嗜睡、過度進食、體重增加和偏好碳水化合物。他們的晝夜週期也有清楚失調情形，顯現稍弱於24小時的模式。研究已發現，光線治療（light therapy，即使是人工光線）對這類病人有良好效果，可能是因為重建了正常的生理節律。

二、心理的起因

　　心理因素（如壓力的生活事件）如何引起憂鬱症？壓力源發揮作用的方式之一是，經由它們對生化平衡、激素平衡及生物節律的影響。

　　（一）**壓力生活事件**

　　重度壓力的生活事件經常是單相憂鬱症的催化因素，特別是對年輕的女性來說。這些壓力事件中，最主要的包括：(1)失去所愛的人；(2)對重要親密關係的重大威脅（如分居或離婚）；(3)失業；(4)嚴重經濟困境（如破產）；及(5)重大疾病。例如，生離死別、蒙受羞辱及照顧失智親人等，都已被發現跟憂鬱發作有強烈關聯。

　　許多研究也指出，慢性壓力與憂鬱症之初次發作、維持及重複發作上的偏高風險有所關聯。所謂慢性是指已進行至少好幾個月的壓力，諸如貧窮、持久的婚姻不睦、醫療困擾，以及有失能的子女等。

　　（二）**憂鬱症的易罹因素**

　　個人的一些心理脆弱性容易招致憂鬱症，包括人格特質、對世界和對個人經驗的負面思考風格，童年生活逆境，以及缺乏社會支援。

1. 神經質（neuroticism）：個人性格中的神經質易於招致憂鬱狀態。當人們擁有高度的這種特質時，他們易於感受廣泛的負面心情，從哀傷、焦慮、罪疚以迄於敵意。神經質預測較多壓力生活事件的發生，這經常就導致憂鬱。

2. 認知素質（cognitive diathesis）：有些人持著負面的思考模式，他們傾向於把負面事件歸之於內在、穩定及全面的原因，他們將較易於變得憂鬱──相較於把同一事件歸之於外在、不穩定及特定原因的人們。

3. 童年逆境：早年環境中的一系列逆境可能造成憂鬱症的易罹性，諸如失去父母、家庭動盪不安、父母心理病態、身體虐待或性虐待，以及侵入、嚴厲及專制的父母管教。這些因素之所以發揮作用，可能是造成個人在成年期對壓力生活事件的過敏反應。當然，它們也經常養成個人較低的自尊、不安全的依附關係、不良的同伴關係及悲觀的歸因。

　　（三）**行為論的觀點**

　　行為論強調個人所受到正強化和懲罰產生的效應。當個人在重大失落後，沒有得到充分的正強化，甚至還受到許多懲罰時，就容易產生抑鬱情緒。隨著人們開始感到抑鬱，他們將經常從自認為有壓力的情境中退縮下來。這樣的逃避策略顯然也降低了他們獲得正強化的機會。因此，隨著抑鬱導致逃避，抑鬱通常將變得更為鞏固。此外，憂鬱的人傾向於低估正面回饋，而且高估負面回饋的重要性。

根據貝克的認知模式，早期的不愉快經驗，可能導致功能不良信念的形成，它們可能蟄伏多年，但如果在後來生活中被一些壓力源所激活的話，這些信念將會引發自動化思想，接著就產生各種憂鬱症狀，這更進一步燃起憂鬱的自動化思想。

```
        早期經驗
          ↓
    功能不良信念的形成
          ↓
        重大壓力源
          ↓
        信念被激活
          ↓
      負面的自動化思想
        ↺    ↻
        憂鬱症狀
    ┌───┬───┼───┬───┐
    行   動   情   認   身
    為   機   感   知   體
```

✚ 知識補充站

經期前情緒低落症（premenstrual dysphoric disorder）

經過多年的探討，附帶多方的爭議，DSM-5終於在「憂鬱症」的範疇中增加一個分類，稱為「經期前情緒低落症」。如果女性在過去一年的大部分經期中都出現一組症狀，就符合該障礙症的診斷。更具體而言，女性必須在月經開始的前一個星期中，出現4項症狀中的至少1項，然後在月經開始後的幾天內，這些症狀逐漸改善，而且在經期結束的那個星期中，症狀變得極輕微或消失。這4項症狀是：(1)明顯的情緒波動；(2)明顯的易怒或人際衝突增多；(3)明顯的抑鬱心境或自我貶抑的思想；或(4)明顯的焦慮、緊張或激動的感受。

此外，女性還必須有下列7項中的一些症狀，再加上前述症狀，總計達到5項。這7項症狀是：(1)對平常活動的興趣降低；(2)感到難以專注；(3)缺乏活力或容易疲倦；(4)明顯的食慾變化或過度進食；(5)嗜睡或失眠；(6)失控的感覺；及(7)身體症狀，如乳房觸痛或腫脹，關節或肌肉疼痛等。在這種憂鬱症中，激素顯然扮演重要角色。

9-5　單相情緒障礙症的起因（三）

（四）貝克的認知理論

貝克（Aaron Beck）是憂鬱症研究上的一位先驅，他認為在憂鬱狀態的發展上，認知症狀通常居先於心境症狀，而且引起了心境症狀。首先，個人從早期經驗中發展出對自己和對所處世界的基本信念，稱為認知基模（cognitive schemas）。但如果個人面臨一些負面經驗（如同伴的訕笑或老師的責備），他可能產生一些功能不良的信念，諸如「我是不可愛的」及「我表現不恰當」。

這些功能不良的信念（dysfunctional beliefs）可能潛伏多年，直到它們被當前的壓力源所激活，就製造了負面自動化思想（negative automatic thoughts）的模式。這樣的思想自然浮現，不為個人所覺察。在心理失常上，自動化思想通常是僵化、偏激或不具建設性的。例如，貝克認為，憂鬱病人擁有三種負面認知，稱為憂鬱的「認知三部曲」（cognitive triad），它們是：(1)對自己評價為無價值；(2)對世界感到無助；及(3)對未來感到無望。隨著個人以這種偏誤方式處理跟自己有關的負面訊息，長期下來自然引致憂鬱症的各種症狀。

（五）憂鬱症的無助理論

薛利格曼（Martin Seligman）的無助理論是源自在實驗室中對動物的觀察。他首先強迫狗接受疼痛而無法逃避的電擊，即不論狗做些什麼，始終被施加電擊。稍後，當這些狗被安置在牠們能夠控制電擊的情境中時，牠們顯得消極、無精打彩、食慾漸失、不作抵抗，似乎已放棄努力，學不會採取行動以改善自己的處境。薛利格曼稱這種現象為「學得性無助」（learned helplessness）。

薛氏認為，這就類似於在人類憂鬱症上所看到的負面認知心向（cognitive set）。當人們面臨壓力生活事件，但他們發覺自己對該事件無能為力，預期自己反正做些什麼都無濟於事時，他們因此就停止抗爭，放棄努力——就像在動物身上所看到的無助症候群。

無助理論也被用來解釋憂鬱症上的性別差異。因為女性在社會中的角色（相對的權力不平衡），她們較易於體驗對負面生活事件缺乏控制的感受。因此，考慮到女性有較高的神經質，再加上經歷較多不可控制的壓力，這就莫怪她們在憂鬱症上有較高的盛行率。當然，女性「傾向於反芻負面思想和負面心情」也是一項重大風險因素。對照之下，男性當心情低落時，較可能從事一些分心的活動，如看電影、打籃球或喝酒。這些反應風格被稱為憂鬱症的反芻理論（ruminative theory）。

（六）憂鬱症的人際效應

研究已發現，當人們社交孤立或缺乏社會支持時，他們較容易變得憂鬱。但是當至少擁有一位密友或心腹之交時，他們較能抗拒重大壓力的不良效應。此外，有些憂鬱症病人顯現社交技巧的缺損，他們似乎說話較為緩慢而單調，維持較少的眼神接觸，以及解決人際困擾的技巧也較差。

個人重要的信念或基模可能受制於認知扭曲，使得個人以偏差方式處理跟自己有關的訊息——負面的認知三部曲就這樣被維持下去。

二分法的思考
（dichotomous thinking）

個人認定某些事物一定要按照自己所想的那般發生，不然就代表失敗。例如，一位學生說：「除非我在考試上拿到A，否則就完全沒有意義」。這也稱為全有或全無（all-or-none）的推理。

選擇性摘錄
（selective abstraction）

個人從一系列事件中，只挑出某個觀念或事實，以支持自己的負面思考。例如，一位棒球選手有好幾次優異的打擊和內野守備，他卻把焦點放在一次失誤上，在腦海中徘徊不去，進而導出負面的結論，覺得消沉不振。

幾種常見的認知扭曲

武斷的推論
（arbitrary inference）

這是指所獲致的結論違反了證據或事實，它具有兩種類型。在「測心術」中（mind reading），個人認定他知道別人正如何看待他。例如，Sonia因為她的朋友Kay沒有陪她上街購物，她就歸結Kay已不再喜歡她。在「負面預測」中，個人相信某些不好的事情將要發生了，雖然沒有證據支持這點。

過度類推
（overgeneralization）

個人只根據一些負面事件就立下通則，經由過度類推而扭曲了他的思考。例如，一位初上高中的學生這麼想：「因為我第一次月考的代數成績很差，我看我的數學是完蛋了」。另一個例子是：「因為Alex和Thomas對我發脾氣，我的朋友們顯然不喜歡我，他們將不願意在任何事情上跟我共事了」。因此，個人在一些事件上的負面經驗被類推為通則，進而影響了未來行為。

＋ 知識補充站

心理動力論的觀點

根據心理動力的模式，源自童年的潛意識衝突和敵對感受在憂鬱症的發展上扮演關鍵角色。關於憂鬱人們所展現強烈的自我批評和罪惡感，佛洛依德留下深刻印象。他相信這種自我譴責的來源是憤怒，原先是指向另一個人，後來則內轉而針對自己。這種憤怒牽涉到童年一些特別強烈而依賴的關係，諸如父母─子女關係，但是個人的需求或期待在這種關係中沒有得到滿足。成年期的重大失落（不論是真正、想像或象徵的）重新活化敵對的感受，但現在是針對個人的自我（ego），進而製造了憂鬱症特色的自我譴責。

9-6　雙相情緒及其相關障礙症

　　雙相障礙症（bipolar disorder）不同於單相障礙症之處，在於它們出現躁症發作或輕躁症發作，幾乎總是居先或跟隨於鬱期。躁症發作的特色是極為高昂、欣快而奔放的心境，但有時候的主要心境是暴躁易怒，特別是當事人在某些方面感到挫敗時。

一、循環型情緒障礙症

　　根據DSM-5，如果個人在2年中有多次輕躁症的症狀，卻不符合輕躁症發作的準則，有過多次憂鬱症狀，卻不符合鬱症發作的準則，就可以被診斷為循環型情緒障礙症。因此，它是正格的雙相障礙症之較不嚴重的版本，缺乏一些極端的症狀。

　　在循環型情緒障礙症的鬱期（depressed phase），個人的表現就類似於輕鬱症（dysthymia）所看到的那些症狀。至於躁期（manic phase）則是輕躁症的一些症狀。在這兩個時期之間，當事人會以相對上適應的方式發揮功能，但不曾超過2個月沒有症狀。當個人發生這種障礙症時，他們有很高的風險在後來發展出正格的第一型或第二型雙相情緒障礙症。

二、第一型和第二型雙相情緒障礙症

　　雙相情緒障礙症是DSM-5上的正式診斷名稱，它通常被稱為躁鬱症（manic-depressive illness）。第一型障礙症（bipolar I disorder）不同於鬱症之處，在於它呈現躁期。在這樣的混合發作中（mixed episode），正式的躁症發作和鬱症發作持續至少一個星期，不論這些症狀是混合出現，或是每隔幾天就快速交替出現。

　　如果病人只展現躁狂症狀，仍能假定雙相障礙症的存在，而鬱症發作最終將會出現。雖然有些學者指出「單相躁症」的可能存在，但批評者認為，這樣的病人很可能有輕度憂鬱未被發現。

　　DSM-5也檢定出另一種雙相情緒障礙症，稱為第二型障礙症（bipolar II disorder），即病人並未經歷正格的躁症（或混合）發作，但發生過清楚的輕躁症發作和鬱症發作。第二型比起第一型稍微較常發生，兩者合併之下的一生流行率是大約2～3%。

　　雙相情緒障礙症平均發生在男性和女性身上，通常好發於青少年期和成年早期，初發的平均年齡是18到22歲。第一型和第二型通常是多次發作的障礙症，極少有人只經歷單次發作。在75%的個案上，躁症發作要不是立即居先於鬱症發作，要不就是立即跟隨於鬱症發作之後。在其他個案上，躁症發作和鬱症發作是被隔開，個人在間隔期間有相對上正常的運作。

三、雙相情緒障礙症的一些特性

　　在雙相障礙症病人中，有5～10%每年發生至少4次發作（不論是躁期或鬱期），這被稱為快速循環型（rapid cycling）。這類病人較可能是女性、有較早的平均初發年齡，以及從事較多次的自殺企圖。幸好，對大約50%的個案來說，快速循環是一種短暫的現象，在大約2年內就會逐漸消退。

　　綜合來說，雙相障礙症之「完全復原」的機率是不樂觀的，即使有多種心境穩定的藥物可被使用，諸如鋰鹽。這也就是說，雙相障礙症在接受治療後，仍有很高的復發率。

一、如何辨別第一型和第二型雙相情緒障礙症？

第一型障礙症	第二型障礙症
1. 第一型雙相情緒障礙症的最重要層面是呈現躁狂。 2. 第一型病人發生躁症發作和憂鬱時期，即使憂鬱時期並未達到鬱症發作的門檻，仍然給予該診斷。	1. 第二型病人發生輕躁時期，但他們的症狀低於正格躁症的門檻。 2. 第二型病人也發生憂鬱心情的時期，而且符合鬱症的標準。

二、當發生鬱症時，個人可能每天疲倦而無精打采，幾乎每天失眠或嗜眠，食慾不振而體重減輕，幾乎對所有活動失去興趣，專注力降低，有不恰當的罪惡感，以及反覆想到死亡或自殺。

✚ 知識補充站

躁症發作的一些後遺症

　　在躁症發作期間，當事人通常產生一種誇大的自尊感，或不切實際地相信自己擁有特殊的能力或權力。他們展現過度的樂觀，冒一些沒必要的風險，承諾一大堆事情，著手一大堆計畫，但最終又全部放棄。當躁狂心境消退後，當事人被留下來，試圖處理他們在激昂期間所造成的傷害和困境。因此，躁症發作幾乎總是讓位於鬱症發作。

　　在雙相障礙症中，情緒失調的期間和頻率因人而異。有些人經歷長期的正常生活功能，只被偶發而短暫的躁症發作或鬱症發作所打斷。但少數人毫不間斷地在「躁症─鬱症」連鎖中循環下去。在躁症期間，他們可能賭掉一生的積蓄，或贈送昂貴的禮物給陌生人，這樣的舉動在他們隨後進入鬱期時將會增添罪惡感。

9-7　雙相情緒障礙症的起因

在雙相障礙症的起因上，生物因素顯然居然優勢地位，心理因素的角色較少受到關注。

一、生物的起因

（一）遺傳的影響

當個人有雙相障礙症時，他的一等親中有8～10%也會有該疾病，相較於一般人口中只有1%。雙胞胎研究指出，同卵雙胞胎在雙相疾病上的一致率是大約60%，異卵雙胞胎則只有12%。綜合來說，在發展出雙相障礙症的傾向上，基因負責了80～90%的變異數。

（二）神經化學的因素

單相憂鬱症的「單胺假說」被援用來解釋雙相障礙症，即如果憂鬱症是正腎上腺素或血清素的不足所引起，那麼躁症或許是這些神經傳導物質過量所引起，但這方面仍缺乏決定性的證據。個人在躁期會有過動、浮誇及欣快的症狀，這可能與腦部幾個部位偏高的多巴胺能活動有關。例如，古柯鹼和安非他命有激發多巴胺的作用，它們也會引起類似躁狂的行為，鋰鹽降低多巴胺能的活動，所以具有抗躁的效果。因此，這些神經傳導物質的失衡是理解這種疾病的關鍵之一。

（三）激素的失調

在HPA軸線上，可體松濃度在雙相鬱期有升高情形，但在躁症發作期間並未升高。在下視丘—腦垂體—甲狀腺的軸線上，注射甲狀腺激素通常使得抗憂鬱藥物有更好效果，但卻可能在雙相病人身上誘發（或惡化）躁症發作。

（四）神經生理學的研究

PET掃描顯示，在憂鬱期間，流向左前額葉皮質的血液減少；在躁狂期間，血流在前額葉皮質的另一些部位增多。因此，腦活動型態在不同心境中發生轉移。

（五）睡眠與其他生物節律

在躁症發作期間，雙相病人傾向於睡得很少（似乎是自主的，不是因為失眠），而這是在躁期發作之前最常出現的症狀。在鬱症發作期間，病人則傾向於嗜眠。即使在兩次發作之間，病人也顯現實質的睡眠困擾，包括很頻繁的失眠。雙相障礙症有時候也顯現季節型態，就如單相憂鬱症那般，這說明季節性生物節律失調顯然牽涉在內。因為雙相病人似乎特別敏感於他們日常週期的任何變動，他們的生理時鐘需要被重新設定。

二、心理的起因

許多心理因素也被發現涉及雙相障礙症的病原，特別被檢定出來的是壓力生活事件、貧乏的社會支援、以及一些人格特質和認知風格。

（一）壓力生活事件

不但在促發雙相的鬱症發作上，壓力生活事件也在誘發躁症發作上占有一定角色。它們是如何運作而提升發作或復發的機率呢？一種可能的機制是：它們造成一些重要生物節律的失衡，特別是對躁症發作而言。

（二）另一些心理因素

低度的社會支持會影響雙相障礙症的進程，像是較多的鬱症復發。另有些研究指出，人格變項和認知變項在與壓力生活事件交互作用下，決定了復發的可能性。人格變項中最主要的當然是「神經質」維度。

雙相情緒障礙症起因一覽表

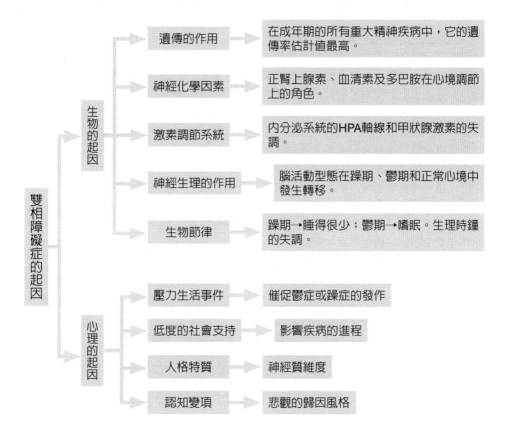

		遺傳的作用	在成年期的所有重大精神疾病中,它的遺傳率估計值最高。
		神經化學因素	正腎上腺素、血清素及多巴胺在心境調節上的角色。
雙相障礙症的起因	生物的起因	激素調節系統	內分泌系統的HPA軸線和甲狀腺激素的失調。
		神經生理的作用	腦活動型態在躁期、鬱期和正常心境中發生轉移。
		生物節律	躁期→睡得很少;鬱期→嗜眠。生理時鐘的失調。
	心理的起因	壓力生活事件	催促鬱症或躁症的發作
		低度的社會支持	影響疾病的進程
		人格特質	神經質維度
		認知變項	悲觀的歸因風格

✚ 知識補充站

舒曼與他的躁鬱症

　　無疑地,藝術界和文化界的許多傑出人物曾經受擾於雙相障礙症。但是,這些人物的思考(創作)歷程是否受到他們精神疾病的影響?

　　德國知名作曲家舒曼(Robert Schumann, 1810~1856)曾被診斷為躁鬱症,他的餘生是在精神病院度過,曾經企圖自殺,最後絕食而死。研究學者檢視他的一生創作,發現他在躁症發作的那些年度中,創作明顯較多的作品(平均12.3件),在鬱症發作的年度中產量很少(平均2.7件)。這似乎支持躁症與創造力之間的連結。但是,當同時也考慮作品的「素質」時,這樣的連結就瓦解了,即舒曼躁期作品的素質並沒有高於鬱期。總之,在審慎檢視歷史上的許多個案後,發現創造力與躁狂之間沒有太大連結。

9-8　單相和雙相障礙症的社會文化因素

一、憂鬱症狀的跨文化差異

憂鬱症發生在所有文化中，但它所採取的形式和它的盛行率有廣泛差異。例如，在中國和日本，憂鬱症的發生率偏低（相較於西方文化），而且缺少憂鬱症的許多心理成分。這些人反而傾向於展現一些身體徵候，如睡眠困擾、食慾不振、體重減輕，以及失去對性活動的興趣。但是，西方文化中常見的罪惡感、自殺意念、無價值感及自我譴責等心理成分，他們卻付之闕如。即使當這些「心理」症狀實際呈現時，當事人仍然認為身體症狀較具正當性，較適宜於揭露及討論，對心理症狀則隱而不宣。

這可能是因為亞洲文化視心理疾病為恥辱及不光榮；也是因為它們視心靈和身體為統一體，而缺乏對一般情緒的表露。另一個原因是，西方文化視個體為獨立而自主的，所以當挫敗發生時，它們傾向於採取內在的歸因，就容易引致罪惡感和自我譴責。儘管如此，隨著中國在工業化和都市化的過程中逐漸納入一些西方價值觀，憂鬱症的發生率在過去幾十年已大幅提升。

二、憂鬱症盛行率的跨文化差異

幾項流行病學研究已指出，憂鬱症的盛行率在不同國家中有很大變動（參考右圖）。例如，在臺灣，憂鬱症的一生流行率估計值是1.5%。至於在美國和黎巴嫩，它的估計值是17%到19%。在重複的自殺企圖上，西方文化也高於東方文化。初步的研究認為，不同文化可能涉及不同的重大心理風險變項（像是反芻、無助感及悲觀的歸因風格等因素），也可能涉及不同水平的壓力。

三、美國的人口統計差異

即使在同一國家中，如美國，社會文化因素在憂鬱症上的角色也清楚顯現。近期研究指出，歐洲裔美國人有最高的盛行率，拉丁裔次之，非洲裔美國人最低。但這些族裔在雙相障礙症上沒有顯著差異。

另一些研究則發現，憂鬱症的發生率跟社經地位呈現負相關，即較低社經地位有較高的發生率。這很可能是因為低SES導致較多逆境和生活壓力。至於在雙相障礙症上，近期審慎控制的研究並未發現它跟社經階級有所關聯。

另一組人在情緒障礙症上也有偏高的發生率，他們是一些在藝術方面有高度成就的人。許多證據已顯示，單相和雙相障礙症兩者（但特別是雙相），以驚人的頻率發生在詩人、作家、作曲家及藝術家（特別是畫家）身上。研究學者也援引一些資料，以說明這些人士的創作階段如何隨著他們疾病的躁期、輕躁期及鬱期而發生變動（參考右圖）。如何解釋這樣的關係？一種可能的假設是：躁症或輕躁症實際上促進了創作過程（即躁期為奔放不羈的思考歷程提供了背景），至於鬱症的強烈負面情緒體驗則為創作活動提供了素材。但另有研究指出，躁期或輕躁期的症狀，提升的只是當事人創作的動機和產量，而不是創造力。

一、憂鬱症在許多國家中的盛行率

國家		一生流行率（%）
臺灣	低	1.5
日本		2.8
韓國		3.1
波多黎各		4.6
冰島		5.0
德國		8.4
加拿大		9.3
紐西蘭		11.2
義大利		12.5
匈牙利		15.1
瑞士		16.2
法國		16.4
美國		17.1
黎巴嫩	高	19.3

二、雖然許多知名的作家、詩人及藝術家早已溘然長逝，很難取得正確的診斷，但幾項研究仍然設法蒐集這方面的資料和數據，它們清楚指出，這些人遠為可能（相較於一般人口）發生過單相或雙相情緒障礙症。

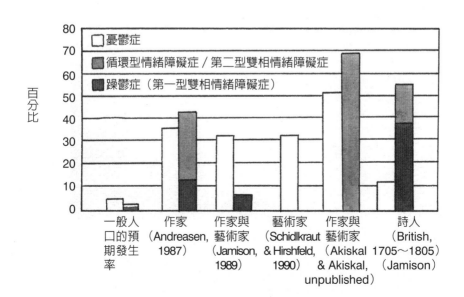

9-9　情緒障礙症的治療（一）

　　即使沒有接受正規的治療，大部分躁症和鬱症的病人會在一年之內復原，但通常只是短暫的。在美國各地，所有精神醫院的住院病人中，憂鬱症病人占據最多病床。在鬱症發作後的第一年內，只有40%的人尋求最起碼的治療，另60%則沒有尋求治療或受到不適當的醫療。

一、藥物治療（pharmacotherapy）

（一）抗鬱劑的發展

　　第一類抗鬱藥物是在1950年代開發出來，稱為單胺氧化酶抑制劑（MAOIs），但因為有潛在危險的副作用，今日已很少被使用，除非其他類的抗鬱劑都已失效。

　　隨後被開發出來的藥物，稱為三環抗鬱劑（tricyclic antidepressants），它們有促進正腎上腺素和血清素之神經傳遞作用，但只有大約50%的病人顯現臨床上顯著改善，再加上它有一些令人不舒服的副作用（口乾舌燥、便祕、性功能障礙及體重增加），導致許多病人過早停止服藥。

　　因此，醫師現在已選擇開立另一種處方，稱為「血清素回收抑制劑」（SSRI）。這類藥物的效果通常稍遜於三環類（特別是在重度憂鬱上）。但因SSRIs的副作用較少（仍有性高潮困難、對性活動的興趣降低及失眠等不良作用），較能為病人忍受，以及高劑量服用時較不具毒性，現今使用的抗鬱劑約80%都屬於SSRI。例如，百憂解（Prozac）便是屬於這類藥物。

（二）抗鬱劑的療程

　　抗鬱劑通常需要至少3到5個星期才能產生效果，如果超過6個星期仍然沒有改善的話，醫師就應該投用新的藥物。再者，如果沒有接受治療，鬱症發作的自然進程典型是6到9個月。因此，許多病人服藥3到4個月後，發現已有所好轉，然後就停止服藥。他們很可能會復發，這是因為內在的基礎病理實際上仍然存在，只是外顯症狀被壓制下來。因此，對於重複發作的病人來說，他們應該長期服藥，因為除了治療外，這些藥物通常也有預防的效果。

（三）鋰鹽（lithium）

　　鋰鹽和另一些相關藥物被稱為心境穩定劑（mood stabilizer），因為它們具有抗躁和抗鬱兩者的效果。鋰鹽現在被廣泛使用來治療躁症發作，大約3/4的病人顯現至少局部改善。但在治療雙相的鬱症上，鋰鹽沒有比傳統抗鬱劑更具效果。鋰鹽經常也有助於預防躁症與鬱症之間的循環，雙相病人被建議長期維持鋰劑治療。

　　鋰劑治療有一些不良副作用，諸如昏昏欲睡、認知減緩、體重增加、運動協調不良及胃腸不適。長期服用有時候會造成腎功能失常，偶爾導致永久的傷害。

二、另一些生物治療法

（一）電痙攣治療法（electroconvulsive therapy, ECT）

　　因為抗鬱藥物通常緩不濟急，當面對重度鬱症的病人，而且病人有立即和嚴重自殺風險時，ECT經常被派上用場。大部分病人需要6到12次療程後（每隔一天施行一次），才能獲致症狀完全緩解。

　　這種治療會引起痙攣，通常是在全身麻醉或服用肌肉鬆弛劑的情況下施加。它造成的立即副作用是意識混淆，雖然對認知也會有一些較持久的不良效應，諸如失憶和反應時間減慢。當ECT初步奏效後，通常會施加適量的抗鬱劑和心境穩定劑，以維持所達成的療效，直到憂鬱發作走完它的進程。最後，ECT在治療躁症發作上也很有效果。

一、情緒障礙症的治療一覽表

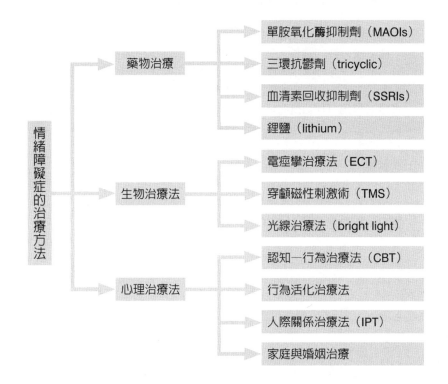

二、如何解釋單相憂鬱症的性別差異（女性的發生率約為男性的2倍）？

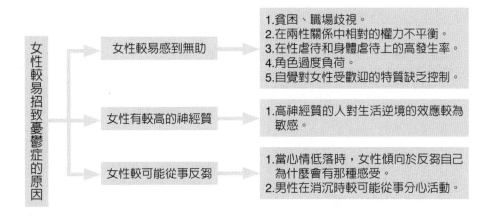

9-10　情緒障礙症的治療（二）

（二）穿顱磁性刺激術（TMS）

　　TMS是一種非侵入性的技術，它能對清醒病人的腦部施加焦點的刺激，不會引起病人的疼痛。幾項研究已顯示，重度憂鬱症病人在接受TMS治療幾星期後，病情明顯好轉，而又不會對認知和記憶產生不利影響。

（三）光線治療法（bright light therapy）

　　這種療法原先是用來治療季節型情緒障礙症，但它現在被發現在非季節型憂鬱症的治療上也頗具效果。

三、心理治療

　　自1970年代以來，幾種專門的心理治療法已被開發出來，它們的療效幾乎不遜於藥物治療。特別在結合藥物之下，它們顯著降低復發的可能性。

（一）認知─行為治療法（CBT）

　　它最初是由貝克及其同事們所開發出來，屬於一種短期的療法，只需10到20次療程。它在治療取向上強調「此時此地」（here-and-now），不重視童年經驗。

　　認知治療法包括一些高度結構化、系統化的步驟，以教導病人如何有系統地評估他們功能不良的信念和負面的自動化思想。然後，病人也被教導如何鑑定及糾正他們在訊息處理上的偏差或扭曲。最後則是揭露及挑戰這些內在易招致憂鬱的假設和信念。

　　認知治療法的有效性已受到許多研究加以佐證，它的效果至少同等於藥物治療，而且在預防復發上似乎更具優勢。

（二）行為活化治療（behavioral activation treatment）

　　這種技術是把焦點放在使得憂鬱症病人更為積極主動，更為參與於他們的環境和人際關係中。它包括為病人規劃日常活動、探索達致目標的一些替代行為，以及針對一些議題從事角色扮演。行為活化治療不側重於改變病人的認知，而是放在改變行為上。它的目標是提高正強化的程度，以減少病人的迴避行為和退縮行為。研究已發現，在中度到重度憂鬱病人的治療上，行為活化治療的效果相等於藥物治療，甚至還稍優於認知治療。但是，認知治療在追蹤期間有較良好效果。

（三）人際關係治療法（interpersonal therapy, IPT）

　　IPT把焦點放在病人當前的人際困擾上，協助病人理解及改變不適應的互動模式。在3年的追蹤期間，實施每個月一次的IPT，已發現大為降低憂鬱症的復發，其效果就跟維持服藥一般。

　　此外，IPT也已被修改用來治療雙相障礙症。它新添的技術稱為「人際與社交律動治療」，也就是教導病人認識人際事件如何影響他們的社交節奏和晝夜節律，然後使得這些律動規則化。這種治療似乎頗具前景，可用來輔助藥物治療。

（四）家庭與婚姻治療

　　因為不利的生活處境可能導致憂鬱症復發，或造成更長久的治療，因此，任何治療方案應該把家庭成員或婚姻配偶也囊括進來。這樣的介入是在降低家人的情緒表露和敵意，也是在提供關於如何應付躁症或鬱症發作的資訊。

在貝克的認知治療法中，它要求案主注意自己的惡劣心情，問問自己：
「我的腦袋中現在正在想些什麼？」然後盡快記錄下自己的負面自動化思
想。隨後，案主可以經由一系列提問來挑戰這些思想。

如何質疑負面自動化思想

1.有什麼證據指出它是真實的？或虛構的？

2.是否存在另一些合理解釋？

3.最壞情況會是什麼？我能否捱過？最好情
況會是什麼？最為切合實際的結果是什
麼？

4.我能夠為其做些什麼？

5.如果我相信該自動化思想，這會造成什麼
影響？如果我改變思想，又會有什麼效
應？

6.如果_____（好朋友的姓名）處於這樣處
境，也有這樣的思想，我會告訴他／她什
麼？

➕ 知識補充站

心靈關照的觀點

我們提過，即使沒有接受治療，大部分憂鬱病人也會從現存發作中復原過來。因此，當代也
有一些學者提出心靈關照（care of the soul）的觀點，他們認為像憂鬱和焦慮等心情不需要（也
不應該）被消除或「治癒」。這些心情是人性的一部分，它們需要被保存、關懷及照顧，就像
好朋友那般，跟它們和平共處。我們不應該視之為一種病態而加以排除，這只會造成它們更為
抗拒而壯大。反而我們應該停下來，細心陪伴這樣的心情，聆聽它們的心聲。它們往往會告訴
我們潛意識中深沉的智慧，讓我們了解生命是否已到轉彎之處，自己應該何去何從。

9-11　自殺（一）

　　雖然很多人是憂鬱症之外的原因而企圖自殺，但大約40～60%的自殺舉動是發生在憂鬱發作期間或復原階段。但很弔詭的是，這種舉動經常發生在當個人即將從鬱症發作的最深谷底走出來之際，即所謂的「黎明前的一刻最爲黑暗」。

　　在大部分西方國家中，自殺現在都已躋身死亡的十大首因之列。但因許多自殺被歸於意外事件或其他較「體面」的原因，實際發生率可能遠爲高些。自殺不但對當事人是一種悲劇，對於還存活的家人、朋友及同學來說，它也是生命中難以承受的重荷。

一、自殺的一些人口統計特徵

　　就美國來說，在自殺企圖（suicide attempts）方面，女性約爲男性的3倍多。大部分自殺企圖是發生在人際關係惡化或另一些重大生活壓力的脈絡中。但是在完成自殺（completed suicide）方面，男性約爲女性的4倍多。這樣的差異，大致上是因女性通常採取服藥（如安眠藥）過量的方式，男性的手段則較具致命性，特別是舉槍自盡。

　　自殺身亡的最高發生率出現在老年人（65歲以上）身上，這個年齡層的重大風險因素是離婚、喪偶或罹患慢性身體疾病，引致當事人鬱鬱寡歡。

　　在所有精神疾病中，重度和重複的情緒障礙症有最高的一生自殺風險，大約爲15%；思覺失調症病人有大約10～13%的風險；重度酒精依賴病人有3～4%的風險。對照之下，一般人口的平均風險是1.4%。此外，邊緣型和反社會型人格障礙症的病人在企圖自殺和完成自殺上，也有偏高的發生率。

　　長期以來，若干職業的從業人員被認爲有偏高的自殺率，這份名單包括擁有高度創造力或成就的科學家、健康專業人士（如醫師和心理師）、企業家、律師、作家、作曲家及藝術家。

二、年輕人的自殺

　　近幾十年來，很令人擔憂的一個社會問題是年輕人自然率的持續升高。對於15到24歲的人們來說，自殺是第三大首因（僅次於意外死亡和凶殺），占死亡總數的大約11%。每有一個人完成自殺，就有高達8到20個人是自殺未遂。一項大型調查指出，高中生自我報告的自殺企圖發生率（在過去一年內）高達8.5%，大約還有2倍的學生報告自己至少認眞考慮過這件事情。雖然大部分的這些企圖不太具致命性，也不需要就醫，但我們有必要嚴肅正視之，因爲在完成自殺的人們中，大約25～33%先前發生過自殺企圖。在青少年期，女孩自殺企圖的發生率大約爲男孩的2倍。

　　大學生的自殺率也很高，自殺是這個年齡層的第二大死因，大約10%的大學生在過去一年中認眞考慮過自殺。

（一）青少年自殺的一些風險因素

　　爲什麼自殺企圖和完成自殺的案例在青少年期突然湧現？很明顯的一個原因是，許多困擾的盛行率也在這個時期遞增，包括憂鬱、焦慮、酒精與藥物使用，以及操行問題。另一個重大因素是，經由媒體而接觸到自殺（特別是許多名人的自殺），這或許是因爲青少年易被誘發及挑動，容易產生模仿行爲——被稱爲自殺的傳染因素（contagion factor）。

從1930年到1990年，自殺率的變動情形。老年人的自殺率在過去60年來顯現下降趨勢，特別是男性老年人。另一方面，15到24歲年齡層的自殺率卻持續攀升。

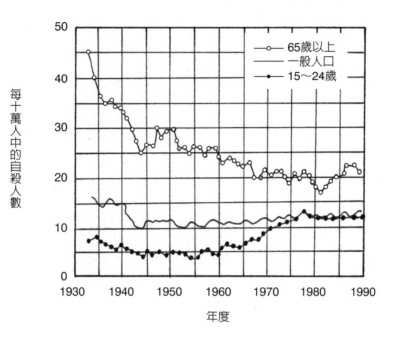

每十萬人中的自殺人數

年度

65歲以上
一般人口
15～24歲

＋知識補充站

學生自殺的徵兆

　　當學生的心境和行為發生重大變化時，這是可能自殺的重要徵兆。更具體而言，這種學生變得消沉而退縮、自尊明顯減退，而且不在乎個人衛生。他們可能也會出現衝動或魯莽的行為，包括自殘行為。他們往往對學業失去興趣、經常蹺課，整天都待在家裡或宿舍中。他們通常會對至少一個人表達自己的苦惱，其中含有隱約的自殺警訊。

　　對大部分自殺學生來說（不論男生或女生），主要的促發壓力源顯然是無法建立親密的人際關係或失去這樣的關係，失戀是特別關鍵的誘因。

　　雖然大部分學校都有心理輔導中心，但自殺的學生很少尋求專業援助。青年學生的自殺不是突然爆發而衝動的行為，他們通常已經歷一段時期的內心煎熬和外表苦惱，自殺只是作為最後階段。大多數人曾經跟他人談及自己的意圖，或曾經寫下自殺的意圖。因此，青年男女關於自殺的談話不能被等閒視之。自殺是一種偏激反應，特別發生在當青少年感到孤立無援時。我們應該對自殺意圖的任何徵兆保持敏感，以便提供及時的關懷和援助。

9-12　自殺（二）

三、自殺的一些心理社會因素

在自殺方面，最常被探討的一些人格特質是衝動性、攻擊性、悲觀及負面情感，它們似乎都增加了自殺的風險。再者，自殺經常牽涉一些負面事件，像是破產、入獄及各種人際危機。例如，在2007年的金融危機爆發後，美國、英國和香港的自殺率於2008～2010年間急遽升高。這些事件的共同性質是：它們導致個人失去對生命的意義感，或導致對未來的絕望感。這兩者可能引致一種心理狀態，即視自殺為唯一可能的出路。

自殺通常是起始於兒童期之一連串事件的終端產物。兒童期的不良成長背景包括：家人的心理病態、童年的虐待及家庭不穩定。這些早期經驗接著造成兒童（及日後成年人）較低的自尊、絕望感及拙劣的問題解決技巧。這方面經驗可能以非常負面方式影響個人的認知功能，這些認知缺損可能接著就促成與自殺行為的連結。

四、生物的起因

自殺有時候會在家族中流傳，這指出遺傳因素可能在自殺風險上扮演一定角色。例如，諾貝爾文學獎得主海明威（Ernest Hemingway, 1899～1961）是自殺死亡，他的孫女（也是一位知名模特兒和演員）在35年後的同一天，也奪走自己的性命。海明威家族在4代之中承受5起自殺案件。

雙胞胎研究指出，同卵雙胞胎的自殺一致率大約是異卵雙胞胎的3倍高。這種遺傳脆弱性可能與神經化學因素有關，即自殺受害人經常有偏低的血清素能活動，特別是暴力的自殺。不僅是在自殺受害人的驗屍研究中，而且在自殺倖存者的血液檢驗中，這些研究都發現，當事人的血清素濃度有偏低情形。

五、社會文化的因素

自殺率在不同社會中有很大變動。美國的發生率是每十萬人中大約11人。匈牙利是全世界自殺率最高的國家，達到每十萬人中的40多人，但隨著匈牙利的民主化，它的自殺率有下降趨勢。另一些高自殺率（超過每十萬人中20人）西方國家，包括瑞士、芬蘭、奧地利、瑞典、丹麥及德國。至於低自殺率（低於每十萬人中9人）國家，包括希臘、義大利、西班牙及英國。

據估計，自殺造成的全球死亡率是每十萬人中16到18人（WHO, 2009）。日本和中國也有偏高的自殺率。實際上，全世界自殺案件幾近30%是發生在中國和印度兩地。然而，在看待這些估計值上，我們應該考慮一項事實：各個國家在決定「死亡是否由於自殺所致」上，採取不一致的標準，這種差異可能造成了自殺率的表面差異。

關於自殺與死亡的宗教禁忌和社會態度，也是自殺率的重要決定因素。例如，天主教和伊斯蘭教都強烈譴責自殺行為，也不容許自殺者在教堂舉行葬禮。因此，這兩種信仰的國家之自殺率都偏低。事實上，大部分社會都已發展出對自殺的一些制裁手段，許多社會仍然視為是一種罪行（crime）或罪惡（sin）。

一、自殺的預防與介入

自殺的防治

心理疾病的治療

1. 以憂鬱症為例，通常是投以抗鬱劑或鋰劑。長期來說，鋰劑是特別有效的抗自殺藥劑，雖然不適用於急性情境。
2. 針對自殺預防的認知治療法。

危機介入

當人們打算自殺時，防範措施主要放在：
1. 跟當事人在短期中維持高指導性和支持性的接觸。
2. 協助當事人了解急性苦惱正減損他準確評估處境的能力，使得他看不清楚有處理問題的更好方式。
3. 協助當事人了解當前的苦惱和情緒動盪終究會成為過往雲煙。

針對高風險族群

針對老年人、青少年及自殺前科者規劃預防方案。
1. 讓老年人參與於協助他人的社交活動和人際關係中。
2. 扮演這樣的角色有助於減輕老年人的孤立感和無意義感——源自被迫退休、經濟困境、喪偶、慢性疾病，以及感到不被需要。

✚ 知識補充站

自殺的矛盾心理

自殺的思路經常是矛盾的，它們可被概分為三大類。首先，有些人（大部分是女性）不是真正想死，他們感到苦惱，只想要藉由自殺對別人傳送這樣訊息。他們的自殺企圖較是一些非致命性的手段，像是服用低劑量的安眠藥或輕度割腕。他們也會安排一些事情，使得他人總是會及時介入。

其次，少數人似乎一心尋死，他們的自殺很少有徵兆，通常採取較暴力的手段，像是舉槍自殺或從高樓躍下。

最後，還有些人對於死亡感到猶疑不決，他們傾向於將之交付命運。他們通常採取有危險性但較為緩和的手段，像是服用高劑量藥物。他們的思路是這樣的：「如果我死了，一切紛爭都會優息下來。但如果我被救活，那就是天意如此了。」

第十章
人格障礙症

10-1 人格障礙症概論

什麼是人格（personality）？人格也稱個性。但一般認為，人格在定義上有更多的內涵和外延。人格包括個人的一些先天素質，在受到家庭、學校教育及社會環境等影響下，個人逐步形成的一種特有身心組織，它是對個人氣質、思想、態度、興趣、價值、性向、體格及生理等多方面特徵的統稱。

一、五大因素模式（five-factor model）

今日，人格研究學者已普遍同意，有五個基本維度可作為描述人格特質的基礎（參考右圖）。這個模式提供了一套分類系統的輪廓，使你能夠具體描述你所認識的人們，捕捉他們在幾個重要維度上的差異性。

二、人格障礙症的臨床特徵

根據DSM-5的診斷準則，為了符合人格障礙症（personality disorders），個人的行為模式必須是廣延（pervasive）和缺乏彈性的（inflexible），它也是穩定（stable）和持久的（long duration）。此外，這些模式也必須表現在4種領域中的至少2種，它們是認知、情感、人際功能或衝動控制。這是人格障礙症的一般性定義，適用於所有十種人格障礙症。

通常，人格障礙症患者對他人生活引起的困擾，絕不亞於他們為自己生活製造的困擾。不論所發展的是怎樣的行為模式，這種模式預先決定了他們對每個新情境的反應，導致同樣不適應行為的反覆上演，這是因為他們無法從先前的錯誤中學到教訓。

人格障礙症不是源自對新近壓力源的不良反應，如在PTSD或鬱症的情形。反而，它們主要是源自個人逐漸養成之僵化及扭曲的人格型態（行為模式），造成個人持續地以不適應的方式知覺世界、思考世界及建立與世界的關係。

根據流行病學研究，發展出一種或多種人格障礙症的流行率是介於4.4%到14.8%之間。據估計，大約13%的人口在他們生活的某些時候，符合至少一種人格障礙症的準則。

三、人格障礙症的類型

人格障礙症的種類相當廣泛，所涉行為問題在形式和嚴重性上有很大差異。DSM-5繼續沿用DSM-IV，它根據各種人格障礙症在特徵上的相似性，將之組合為三大群。

A群：包括妄想型、孤僻型及思覺失調型。這些障礙症病人通常顯得奇特或怪異，他們的不尋常行為從不信任、多疑以迄於社交疏離。

B群：包括做作型、自戀型、反社會型及邊緣型。這類病人的共同傾向是戲劇化、情緒化或脫離常軌。

C群：包括畏避型、依賴型及強迫型。這類病人通常顯得焦慮或畏懼。

人格障礙症是在1980年於DSM-III中首度出現，然後繼續被沿用至今，但關於它們的正當性已引起許多爭議。主要問題之一是，各種障礙症在分類和組群上有太多重疊的特徵。另一個問題是，它們的診斷準則沒有被清楚地界定，若不是不夠精確，不然就是實際上不易遵循。這些都造成診斷的信度和效度相當低，即使已開發多種半結構式晤談表和自陳問卷。

一、近年來，不論是經由語意研究或因素分析，一種共識逐漸浮現，即有五個因素似乎最能良好描述人格結構的特徵，稱之為「五大因素模式」。

因素	每一維度的兩端
外向性（extraversion）	愛交談、充滿活力、果斷↔安靜、保守、羞怯
神經質（neuroticism）	穩定、沉著、滿足↔焦慮、不穩定、心情易變
開放性（openness to experience）	有創造力、理智、心胸開放↔純真、淺薄、無知
親和力（agreeableness）	同情心、親切、摯愛↔冷淡、好爭吵、殘忍
審慎度（conscientiousness）	自律、負責、謹慎↔漫不經心、輕率、不負責

二、自1980年登入DSM以來，人格障礙症就一直記碼在另一個軸向（axis），即第二軸向。這是因為它們被視為不同於標準的精神症候群（記碼在第一軸向），才做各自的分類。但是在DSM-5中，多軸向系統已被捨棄。人格障礙症現在被同列在精神疾病之下。

一般人格障礙症

準則1：這種行為模式表現於認知、情感、人際功能或衝動控制等領域中（至少兩種）。

準則2：這種模式在個人和社會情境中是廣延而缺乏彈性的。

準則3：這種模式引起臨床上顯著苦惱，或造成社交、職業、其他重要領域的功能減損。

準則4：這種模式是穩定而持久的，其發作至少可追溯到青春期或成年早期。

三、妄想型人格障礙症是屬於A群障礙症，當事人在下列描述中呈現至少4項：

1.普遍地懷疑自己被欺騙、利用或傷害。

2.沒有正當理由就懷疑朋友的忠誠和可信度。

3.不願意對他人吐露心事，因為害怕別人會拿來對付自己。

4.從他人善意的談論中，解讀出貶抑或威脅。

5.持續地積怨或懷恨，不能寬恕他人。

6.當自覺受到侮辱時，很容易惱怒及反擊。

7.無憑據地屢次懷疑配偶或性伴侶的忠貞。

10-2　A群人格障礙症

一、妄想型人格障礙症（paranoid personality disorder）

（一）症狀描述

這類人們對別人抱持普遍懷疑及不信任，造成許多人際障礙。對於自己的過錯或失敗，他們傾向於怪罪別人。他們長期地繃緊神經和保持警戒，以預防他人的詭計和欺騙。他們經常無故地懷疑朋友的忠誠，不願意對別人推心置腹。當別人有善意的舉動或評論時，他們卻往往解讀爲貶抑或威脅。他們經常心懷怨恨，無法寬恕自認爲的侮辱、輕蔑或怠慢。最後，他們無憑無據地屢次懷疑配偶或性伴侶的忠貞。總之，妄想型人格可視爲由「猜疑」和「敵意」兩種成分所組成。

但是，妄想型人格通常不是精神病患者（psychotic），即他們在大部分時間仍與現實有清楚的接觸，雖然在壓力期間可能發生短暫的精神病症狀。

（二）障礙症的起因

妄想型人格有適度的遺傳傾向，可能是經由繼承高度的對抗（低親和力）和高度的神經質（憤怒－敵意）。在心理起因上，父母的疏失或虐待被認爲扮演一部分角色。

二、孤僻型人格障礙症（schizoid personality disorder）

（一）症狀描述

這類人們通常不能建立社交關係，也對社交活動不表興趣。因此，他們傾向於沒有親近的朋友或知己。他們無法表達自己的感受，經常被他人視爲冷淡而疏遠，但他們也對他人的讚美或批評顯得漠不關心。他們總像是獨行俠，偏好獨居和孤單的工作。很少有活動讓他們感到樂趣，包括性活動，所以他們很少結婚。

總之，他們就是缺少情緒感應，很少感受強烈的情緒（不論正面或負面），總是顯得冷漠。從五大因素模式來看，他們顯現極高的內向（特別是在溫暖和群居上偏低），在開放性和成就爭取上也極低。

（二）障礙症的起因

就像妄想型人格，孤僻型人格也甚少受到研究之注意。認知理論家指出，孤僻型人們的行爲是源自不適應的內在基模，導致他們視自己爲自給自足的獨行俠，且視他人爲干擾。他們的核心信念是：「我基本上是孤單的」或「人際關係是紊亂的」。然而，我們不知道這種功能不良的信念爲什麼會（及如何）發展出來。

三、思覺失調型人格障礙症（schizotypal）

（一）症狀描述

這類人們也極爲內向，有廣延的社交及人際的困擾。但除此之外，他們還有認知及知覺的扭曲，以及在傳達思想和行爲上顯得乖僻（eccentric）。雖然仍維持與現實的接觸，但他們通常有怪異的信念或神奇的思想。實際上，他們經常相信自己擁有魔幻的力量，也能施行一些神奇的儀式。另一些偏常行爲包括關係意念、怪誕的談話、不合宜的情感及妄想的信念。

（二）障礙症的起因

這種障礙症在一般人口中的流行率是大約2～3%，它具有中度的可繼承性，而且跟思覺失調症有值得注意的生物關聯。事實上，這種障礙症似乎是思覺失調症頻譜的一部分，它經常發生在思覺失調症病人的近親身上。再者，如果青少年有思覺失調型人格障礙症（經常與偏高的壓力生活事件和偏低的家庭社經地位有關），他們有很高的風險會在成年期發展出正式的思覺失調症。

一、各種人格障礙症摘述

人格障礙症	特徵	盛行率	性別差異
A群：當事人的行為顯得奇特或怪異			
妄想型 （paranoid）	對他人的普遍猜疑及不信任；把自己的過錯和失敗怪罪於他人。	0.5～2.5%	男 > 女
孤僻型 （schizoid）	缺損的社交關係；不盼望、也不享受親密關係。	< 1%	男 > 女
思覺失調型 （schizotypal）	怪異的思考及談話；認知或知覺的扭曲；廣泛的社交和人際障礙。	3%	男 > 女
B群：當事人的行為顯得戲劇化、情緒化或脫離常軌			
做作型 （histrionic）	過度情緒化；尋求他人的注意；不合宜的性行為或誘惑行為。	2～3%	男 = 女
自戀型 （narcissistic）	誇大自己的重要性；過度需要被讚美；缺乏對他人的同理心。	< 1%	男 > 女
邊緣型 （borderline）	人際關係不穩定；衝動、急劇的心情轉換；自殘或自殺的企圖。	2%	男 = 女
反社會型 （antisocial）	不知尊重他人的權益；違反社會規範；欺騙成性；缺乏良心譴責。	1%（女性） 3%（男性）	男 > 女
C群：當事人的行為顯得焦慮或畏懼			
畏避型 （avoidant）	因為害怕被拒絕而迴避人際接觸；害羞；看待自己為社交笨拙。	0.5～1%	男 = 女
依賴型 （dependent）	害怕分離；獨處時感到不舒服；為了維持關係而願意委曲求全。	2%	男 = 女
強迫型 （obsessive-compulsive）	過度關注秩序、規則及細節；完美主義；過度良心；僵化而頑固。	1%	男 > 女 （2：1）

二、自戀型人格障礙症是屬於B群障礙症，當事人在下列描述中呈現至少 5項：

1.誇大自己的重要性。

2.沉迷於成功、權力、才華或美貌的幻想中。

3.相信自己是「特殊」而獨特的。

4.需要過度的讚美。

5.強調頭銜，自命特權，不合理地期待自己有特殊待遇。

6.傾向於在人際關係上剝削別人。

7.缺乏同理心。

8.經常妒忌別人，或認為別人正妒忌自己。

9.顯現自大、傲慢的行為或態度。

10-3　B群人格障礙症

一、做作型人格障礙症（histrionic personality disorder）

（一）症狀描述

這類人們的兩大特徵是：過度情緒化和尋求他人的注意。當不是身為眾人注意焦點時，他們感到不舒服。因為渴望刺激和注意，他們的外觀和行為通常相當做作、誇張而情緒化，也可能有性挑逗和性誘惑的行為。他們的談話顯得空泛而浮誇，情緒的表達膚淺而且快速轉換。他們經常被視為自我中心、虛榮、過度反應及不真誠。

（二）障礙症的起因

這種障礙症在一般人口中的流行率是2～3%，較常發生在女性身上。認知理論家強調不適應的基模，當事人把絕大部分生活重心放在注意需求（need for attention）上，以其驗證自己的價值。他們的核心信念包括：「除非我能令人著迷，否則我一無是處」和「當人們不再對我感興趣時，他們將會離棄我」。

二、自戀型人格障礙症（narcissistic）

（一）症狀描述

這類人們的兩大特徵是：誇大的行為模式和缺乏同理心。他們傾向於高估自己的才能和成就，相信自己是特殊而獨特的，只有另一些高水準人士才知道賞識，他們應該只跟這些人士交往。他們沉迷於對自己權力、卓越或美貌的不羈幻想中，迫切需要他人的讚美。他們自命不凡，不合理地期待自己擁有特權或優惠待遇。

有些學者指出，除了誇大型自戀（grandiose），還可以鑑定出另一種脆弱型自戀（vulnerable）。脆弱型人們有非常易碎而不穩定的自尊。他們外表上顯得傲慢、自負及優越，其實是在掩飾內心的羞恥和對批評的過度敏感。

自戀型人格的另一個核心特質是：他們不願意或無法採取他人的觀點，即他們缺乏同理心的能力。當別人不能迎合他們的要求時，他們傾向於過度批評及報復。自戀型人格較常見於男性，據估計，發生率大約是1%的人口。

（二）障礙症的起因

幾項研究指出，誇大型自戀可能與父母管教上的過高評價有關。脆弱型自戀則與童年的情緒、身體及性虐待有關，父母的管教風格通常是侵入性、控制性及冷落的。

三、邊緣型人格障礙症（borderline, BPD）

（一）症狀描述

這類人們的特徵是衝動性，以及在人際關係、自我形象和心境上的不穩定性。他們傾向於把朋友或愛人過度理想化，但不久就結束於痛苦的失望及幻滅中。他們的心情經常急劇變換，不合宜地憤怒及失控（如肢體衝突）。

他們往往從事一些衝動行為，像是濫賭、大肆揮霍、性關係雜亂及魯莽駕駛等。他們有反覆的自殺行為、自殺威脅或自殘行為（如割腕）。他們有時也會有幻覺、妄想意念或解離症狀。只有大約1～2%的人口可能符合BPD的診斷。

（二）障礙症的起因

遺傳因素在BPD的發展上扮演重大角色，可能是因為「衝動性」和「情感不穩定性」的人格特質本身就是部分可傳承的。在生物基礎上，BPD病人的血清素能活動偏低，這使得他們難以對衝動行為（如自殘）踩煞車。在心理因素方面，病人經常報告在童年有許多負面或甚至創傷事件，包括虐待（情緒、身體或性虐待）和疏失，以及分離和失親。

邊緣型人格障礙症的病人，經常從事一些自毀行為，包括反覆割腕、燒傷自己及其他自我傷殘行為，這種行為似乎有助於緩解焦慮或煩躁。他們的自殺企圖不純粹是操縱性的，大約8%的人可能最終完成自殺。

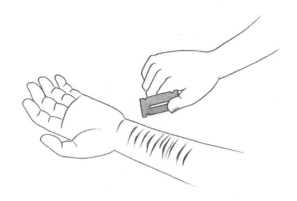

➕ 知識補充站

邊緣型人格障礙症的治療

在所有人格障礙症中，BPD的治療最受到注意，這是因為它的嚴重性，也是因為它與自殺的高度風險有關。

在生物治療方面，抗憂鬱藥物（特別是SSRI類）被認為最安全有效，有助於緩解衝動性的症狀，包括衝動攻擊和自殘行為。此外，許多病人也被施加低劑量的抗精神病藥物，它們的療效較為廣泛。最後，心境穩定藥物也有助於減低憤怒、自殺、情感不穩定及衝動行為。綜合來說，藥物只具有輕度的療效。

在心理治療方面，Linehan所開發的認知─行為治療法現在已被廣泛採用，稱為辯證行為治療法（dialectical behavior therapy, DBT）。DBT背後的理論是：有些人先天具有情緒上容易神經質（心情起伏不定）的性格，再跟「失去效能」的家庭環境交互作用之下，就導致情緒失調和自我傷害的行為。案主在DBT中接受四種技巧訓練：(1)全神貫注（即活在當下）；(2)情緒調適；(3)苦惱容忍力；及(4)人際有效性。DBT是採取個別治療和團體治療雙管齊下的方式，為期至少12個月。它已被顯示比起「例行處置」更具效果，包括在降低自我傷害行為上、在減少住院天數上，以及在減少物質濫用上。

另一種新式心理動力治療法也已開發出來，針對BBD病人稍做調整。它比起傳統療法遠具有指導性，主要目標是在於增強這些人脆弱的自我（ego）。病人原始的防衛機制是「分裂」，這導致他們「非黑即白」和「全有或全無」的思考。治療的重要目標之一是協助病人看到這些極端之間的灰色地帶，整合為較具有層次的觀點。

10-4　C群人格障礙症

一、畏避型人格障礙症（avoidant personality disorder）

（一）症狀描述

這類人們顯現極度的社交內向性，感覺自己不能勝任或不夠格，而且對於負面評價過度敏感。他們不願意涉足社交場合，害怕會被批評或拒絕。因此，儘管他們渴望感情，卻經常是孤單而無聊的。他們看待自己為社交笨拙，不願意冒險從事任何新的活動，始終顯得過度拘謹而膽怯。

同樣是獨行俠，孤僻型與畏避型之間的關鍵差異是：前者是疏遠、冷淡及對批評漠不關心的，至於後者則是羞怯、不安及對批評過度敏感的。孤僻型不渴望社交關係，也缺乏這樣能力；但畏避型渴望人際接觸，只是害怕被拒絕而迴避之。

（二）障礙症的起因

畏避型人格可能源自先天「抑制性」的氣質，使得嬰兒和幼童在新奇情境中顯得羞怯而抑制。此外，畏避型障礙症有偏高的內向性和神經質，這兩種人格特質有中度的可傳承性。這種抑制性的氣質通常就擔當素質（diathesis），如果有些兒童再經歷父母的情緒虐待、拒絕或羞辱的話，可能就導致畏避型人格障礙症。

二、依賴型人格障礙症（dependent）

（一）症狀描述。
這類人們極度需要被照顧，造成他們依靠和順從的行為。當單獨一人時，他們感到不舒服或無助。為了獲得他人的關照及支持，他們願意委屈求全，不敢發表自己的不同意見。他們的生活以他人為中心打轉，當缺乏大量的建議和安撫時，他們很難從事日常決定。隨著一段親密關係的結束，他們急切尋求另一段關係。這種障礙症發生在1～2%的人口，較常見於女性。

（二）障礙症的起因。
依賴型人格特質有適度的遺傳作用力。此外，神經質和親和力的特質在這種障礙症中偏高，它們也具有遺傳成分。當兒童有依賴和憂慮的素質時，如果父母管教又是權威和過度保護的話，特別有發展出這種障礙症的高度風險。

三、強迫型人格障礙症（obsessive-compulsive, OCPD）

（一）症狀描述。
這類人們的特徵是完美主義、過度關注於維持秩序，以及心理和人際的控制。他們過度重視細節和規則，反而對遠大的畫面失焦。他們過度埋首於工作，不願意放鬆下來或單純為了樂趣而做一些事情。當涉及道德、倫理或價值觀時，他們顯得過度良心而沒有通融餘地。在人際層面上，他們相當僵化、固執及無情，不肯把工作託付或授權他人。他們的完美主義經常妨礙計畫的完成。但需要注意的是，他們不具有真正的強迫意念或強迫儀式，這是OCPD不同於強迫症之處。

（二）障礙症的起因。
從五大因素模式來看，強迫型人格擁有極高的良心，這導致他們極度專注於工作、完美主義及過度的控制行為。他們也有偏高的自信和偏低的順從，這些人格特質都顯現適度的遺傳作用力。

同樣是獨來獨往的人，畏避型人格是害羞、不安全及對批評過度敏感的；孤僻型人格則是冷淡、疏離及毫不在乎批評的。

✚ 知識補充站

人格障礙症的治療

　　人格障礙症普遍地很難治療，因為就定義上來看，它們本來就是一些持久、廣延而缺乏彈性的行為模式。在許多個案上，病人是在他人的堅持下才加入治療，他們不認為自己有什麼問題。

　　對來自A群和B群的病人來說，他們通常很難建立和維持良好關係，包括跟治療師。特別是B群病人，他們可能把自己關係中的發洩行為帶進治療情境中，使得療程不得不中斷。這就說明為何會有37%的人格障礙症病人過早退出治療。

　　此外，治療技術通常需要針對特定的人格障礙症稍作修正及調整。例如，傳統個別心理治療傾向於鼓勵病人的依賴，但有些病人（如依賴型、做作型和邊緣型）原本就過度依賴，這將會造成反效果。再者，C群病人（如依賴型和畏避型）對於自認為的任何批評過度敏感，治療師有必要特別提防這點。

　　最後，認知理論家指出，這些障礙症大致上是一些不適應的基模所造成，進而導致當事人的判斷偏差和認知失誤。認知治療涉及採用一些技術以監控自動化思想、挑戰謬誤的邏輯及指派行為作業，這些步驟有助於矯正病人功能不良的信念。

10-5　反社會型人格障礙症

一、反社會型人格障礙症（antisocial, ASPD）的症狀描述

這類人們持續地經由欺騙、攻擊或反社會行為以侵犯他人權益，普遍缺乏良心苛責或對任何人的忠誠。他們傾向於是衝動、易怒及侵略的，不肯承擔責任。這種行為模式必須從15歲後就一直發生，且在15歲之前，當事人必須有行為規範障礙症（conduct disorder）的症狀。

二、ASPD的一些特性

反社會型人格障礙症是DSM中的稱謂，它長期以來在文獻中被稱為「精神病態」（psychopathy）或「社會病態」（sociopathy）。這類病人常被稱為「空心之人」，他們欠缺同理心，人際關係是膚淺而表面的。他們反覆地與社會發生衝突，因而有很高比例被逮捕、拘禁及嚴重入獄——因為偷竊、施暴、詐欺、舞弊、偽造文書及積欠債務等。他們做事衝動，不能預先規劃。他們只活在現在，也只為現在而活，不會考慮過去或未來。ASPD的流行率在男性是大約3%，女性則大約1%。

三、ASPD的起因

（一）遺傳作用

根據雙胞胎和領養的研究，反社會或犯罪行為有中度的可傳承性，雖然環境影響力也扮演同等重要的角色。近期研究顯示，ASPD與另一些外化障礙症（像是酒精依賴、藥物濫用和行為規範障礙症）都具有強烈共通的遺傳素質，但環境因素在決定當事人發展出哪種障礙症上更為重要。

（二）低度恐懼假說和制約作用

研究已指出，反社會型人格擁有偏低的基本焦慮，而且對恐懼顯現不足的制約學習。因此，他們被認為無法獲得許多制約反應，但這些反應在正常的被動迴避處罰（passive avoidance of punishment）、良心發展以及社會化過程上，則是至關緊要的。

（三）父母的管教

除了遺傳因素和情緒缺失，反社會型人格遲緩的良心發展和高度的攻擊行為也受到不當父母管教之影響，包括失親，父母的拒絕、虐待及疏失，以及反覆無常的紀律。

（四）ASPD的預測指標

兒童期（特別是男孩）所展現反社會行為（撒謊、偷竊、打架、逃學及結交不良少年等）的數量，是預測成年期（18歲以上）ASPD診斷的最佳指標。如果兒童在6歲前被診斷有對立反抗症（oppositional defiant disorder），隨後在9歲後被診斷有行為規範障礙症的話，他們有最高風險在成年期發展出ASPD。此外，注意力不足／過動症經常也是ASPD的前兆。

（五）社會文化因素

跨文化研究已顯示，ASPD發生在廣泛文化中，包括許多尚未工業化的國家。但是，ASPD的實際表明和盛行率受到文化因素的影響。例如，在一些文化中（如中國），反社會型人格從事攻擊和暴力行為的頻率遠為偏低。

我們也可以沿著個人主義—集體主義的維度來劃分各種文化。個人主義社會相對上強調競爭性、自信心及獨立自主，集體主義社會則重視奉獻與順從、接納權威及人際關係穩定性。個人主義社會較易助長反社會型人格的一些行為特徵，這就說明了美國的ASPD盛行率為何會遠高於台灣，大約是「1.5～4.0% vs. 0.1～0.2%」。

在這個整合模式中,每個情境變項都可能涉及男孩的反社會行為,這接著
建立起與成年期反社會行為的關聯。

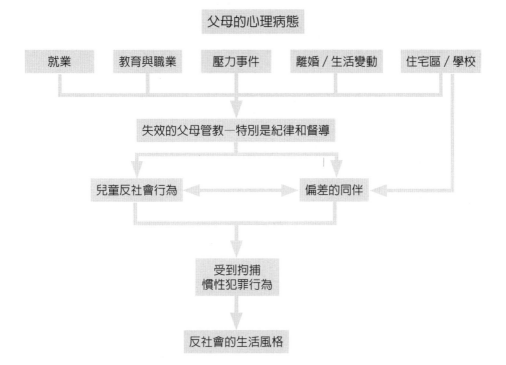

第十一章
物質相關障礙症

11-1 物質相關障礙症概論

　　從遠古時代，人類就知道服用各式藥物以改變他們對現實的知覺。在今日，全世界各地人們服用各種藥物，他們的目的不外乎尋求娛樂、放鬆自己、應付壓力、避免面對當前不愉快的現實、在社交情境中使自己感到舒適些，或者為了體驗不一樣的意識狀態。

　　在DSM-5中，物質相關障礙症（substance-related disorder）被分成兩組，一是物質使用障礙症（物質依賴和物質濫用），另一是物質誘發的障礙症（如物質中毒、物質戒斷、物質誘發的譫妄等）。

一、精神促動物質（psychoactive substances）

　　有一些物質會經由中樞神經系統而影響個體的心理功能，稱為精神促動物質，它們包括酒精、尼古丁、咖啡因、巴比妥酸鹽、安非他命、海洛因及大麻等。其中一些物質具有醫療用途，也在精神疾病的治療上被派上用場。但水能載舟，亦能覆舟，當它們被不當或過量使用時，就會造成個體的心身失衡。

　　精神促動藥物基本上是一些化學物質，它們經由短暫改變意識狀態而影響個體的心理歷程和行為。一旦進入腦部，這些化學物質使自己貼附在突觸受納器上，進而阻斷或促發一些反應。透過這種方式，它們深刻改變大腦的通訊系統，從而影響知覺、記憶、心境及行為。

二、物質濫用與依賴（substance abuse and dependence）

　　物質濫用通常涉及過度使用某一物質，因而造成：(1)有潛在危險性的行為，諸如在意識模糊的情況下駕駛；或(2)儘管已引起社交、心理、職業或健康困擾，個人仍然繼續使用。

　　物質依賴包括一些較為嚴重的物質使用障礙症，通常牽涉到顯著的生理需求，個人需要增加物質的使用量，才能達到所想要的效果。物質依賴通常從兩方面加以認定，一是個人出現對藥物的耐藥性，另一是當藥物不再供應時產生戒斷症狀。

三、耐藥性與戒斷症狀（tolerance and withdrawal symptoms）

　　隨著個人持續服用特定藥物，他將會產生耐藥性，也就是需要更大的劑量才能達到同樣的效果。生理依賴（physiological dependence）是指身體逐漸調適和依賴某一物質的過程，部分是因為該藥物的頻繁呈現，導致所對應之神經傳導物質的不足或枯竭。

　　耐藥性和生理依賴造成的後果是藥物成癮（drug addiction）。當個人藥物成癮時，他隨時需要有該藥物在他的身體內，而當該藥物不再呈現時，他將會受苦於戒斷症狀，諸如發抖、盜汗、反胃及四肢抽搐等。

　　最後，不論是否成癮，當個人發現藥物使用是如此令人想望而愉悅時，他會發展出對藥物的渴望（craving），這種狀況稱為心理依賴（psychological dependence）。幾乎任何藥物都可能引起心理依賴。

　　藥物依賴的結果是，個人的生活方式逐漸繞著藥物使用打轉，使得生活功能大為受限或缺損。此外，為了維持用藥的習慣，所需花費相當驚人，這往往使得成癮者走上搶劫、賣淫或販毒之路。最初只是藥物在小小突觸上的化學作用，後來竟演變為嚴重的個人和社會問題。

物質相關障礙症包含十大類藥物，這些藥物直接活化大腦的酬償系統（reward system），使得正常活動受到忽略。此外，DSM-5增添「嗜賭症」的分類，說明賭博行為就類似於藥物濫用，它所產生的一些行為症狀足堪比擬於物質使用障礙症。

物質相關障礙症

- 酒精相關障礙症（alcohol-related disorders）
- 咖啡因相關障礙症（caffeine-related disorders）
- 大麻相關障礙症（cannabis-related）
- 迷幻藥相關障礙症（hallucinogen-related）
- 吸入劑相關障礙症（inhalant-related）
- 鴉片相關障礙症（opioid-related）
- 鎮靜、安眠或抗焦慮藥相關障礙症（sedative-, hypnotic-, or anxiolytic-related）
- 興奮劑相關障礙症（stimulant-related）
- 菸草相關障礙症（tobacco-related）
- 其他（或未知）物質相關障礙症〔other (or unknown) substance-related〕
- 嗜賭症（gambling disorder）──非物質相關障礙症

＋知識補充站

物質相關障礙症的一些名詞解釋

- 精神促動藥物：指含有化學成分的藥物，它們進入腦部後，將會影響個人的知覺、意識、心境及行為。
- 藥物依賴：近年來，精神醫學界較常使用藥物依賴，以其替代「成癮」。簡單來說，它是指個人身心對繼續服藥產生一種強烈而不可抑制的慾望，可被劃分為心理依賴和生理依賴兩個層面。
- 藥耐性：指個體在持續、長期服用某一藥物後，將需要愈來愈大的劑量才能達到預期效果。耐藥性起因於身體的生物化學變化，進而影響了身體對該藥物的代謝率和排除率。
- 戒斷症狀：指個人對某一藥物產生生理依賴後，當該藥物被減量或撤除時，個人所經歷之痛苦的身體症狀。

11-2　酒精相關障礙症（一）

「我們舉起酒杯互相祝福健康，卻是敗壞了我們的身體」。酒精是最先被古代人類廣泛使用的精神促動物質之一。在酒精的作用之下，有些人變得天眞、喧嘩、友善及愛說話；另有些人變得辱罵、凌虐而有暴力傾向；還有些人則變得沉默而意志消沉。在低劑量下，酒精使人放鬆下來，略微增進成年人的反應速度。但是，身體只能經由緩慢速率分解酒精。因此，短期間內大量飲酒將會造成中樞神經系統的過度負荷。

一、酒精濫用與依賴的一些人口統計資料

因爲過度使用酒精對個人（及其家人和朋友）帶來的衝擊，酒精濫用與依賴，在許多社會中是一個重大問題，也是最具破壞性的精神疾病之一。

以美國來說，18歲以上的人口中，50%的人會例行喝酒，只有21%是終生滴酒不沾者。過度酒精使用的潛在不良效應幾乎不勝枚舉。重度飲酒與一些現象有關，像是容易受傷、婚姻不睦，以及兩性關係暴力。酒精依賴者的平均壽命比起一般人少了大約12年；他們有很高比例會發生器質損傷，包括腦部萎縮，特別是那些狂喝濫飲的人。

每年因爲車禍而死亡的案件中，超過40%與酒精濫用有關。酒精濫用也與40～50%的殺人案件有關，與40%的暴力傷害案件有關，以及與超過50%的強暴案件有關。

在過去，大部分問題飲酒者（problem drinkers）是男性，男性成爲問題飲酒者的頻率約爲女性的5倍（依據1990年的資料）。但最近（2010年）的流行病學研究指出，男女間的差距已逐漸縮減，這說明女性的飲酒文化正在發生轉變。

二、酒精相關障礙症的臨床描述

關於酒精對腦部的生理效應，我們已獲致不少進展。首先，如一句名諺所言，「酒精撩起了性慾，卻降低了性表現」。其次，不少酒精濫用者也會發生記憶喪失（blackout），也就是當血液中的酒精濃度偏高時，儘管他們仍能進行合理的交談或從事一般活動，但第二天卻沒留下記憶的痕跡。對重度酗酒者來說，即使中度飲酒也可能引起記憶流失。最後，許多飲酒者在隔天會有宿醉（hangover）現象，也就是產生頭痛、反胃及疲乏等症狀，至今尚不知如何妥善矯治。

（一）酒精對腦部的影響

在較低層面上，酒精活化大腦的「愉悅區域」，進而釋放腦內啡。在較高層面上，酒精抑制「glutamate」（一種興奮性神經傳導物質）的功能，從而減緩腦部一些部位的活動。總之，在酒精作用下，個人判斷力受損、自我控制力降低、運動顯得不協調。但是，飲酒者體驗一種溫暖、奔放及幸福的感受。在這樣心情下，不愉快的現實被遮蔽起來，而飲酒者的自尊感和勝任感大爲提升。

當血液中的酒精含量達到0.08%時，個人就被認爲酒醉，已不適合開車。這時候的肌肉協調、說話及視力都已受損，而思想歷程開始混淆。當酒精含量達到大約0.5%時，整個神經平衡會傾覆過來，當事人失去知覺（昏迷）。個人失去意識（因此不再能繼續飲酒）顯然具有保護作用，因爲超過0.55%通常就具有致命性。

一、酒精使用障礙症：個人出現不適應的酒精使用型態，導致臨床上重大苦惱或損害，表明在下列一些事項中。

診斷的準則

> 當事人所飲用酒精的數量或期間已超過自己的意願。

> 當事人持續想要戒除或控制酒精使用，卻不成功。

> 當事人花費大量時間於取得酒精（或從它的效應恢復過來）所必要的活動。

> 對飲用酒精有強烈的渴望。

> 反覆的酒精使用，因而無法履行一些重要的生活義務。

> 儘管酒精已引起持續或反覆的社會及人際困擾，仍然繼續使用。

> 為了酒精使用，當事人放棄或減少重要的社會、職業或娛樂活動。

> 反覆在危險的場合中飲用酒精（例如，開車）。

> 儘管知道酒精已引起一些持久的身體或心理問題，仍然繼續使用。

> 當事人已產生耐藥性。

> 當事人已出現戒斷症狀。

二、關於酒精的一些錯誤觀念

虛構	事實
酒精是一種興奮劑	酒精既是興奮劑，也是抑制劑
酒精有助於睡得較熟	酒精可能干擾深沉睡眠
喝啤酒不太會酒醉	兩罐（360cc）啤酒含有多於30cc的純酒精
喝混酒較容易酒醉	決定酒醉的是血液中的酒精濃度
不像海洛因那般，酒精不太會成癮	酒精具有強烈的成癮性
喝幾杯咖啡或茶就能「清醒過來」	咖啡或茶無助於抵消酒精的效應
只要「意志堅強」，不必擔心會成為酒鬼	酒精的誘惑力可能打敗「最堅強的意志」
運動或洗冷水澡有助於加速酒精的代謝	徒勞無益

11-3　酒精相關障礙症（二）

（二）慣性酒精使用對身體的影響

我們所攝取的酒精中，大約5～10%是經由呼吸、排尿及流汗所排除，其他則由身體加以吸收。酒精代謝的工作是由肝臟執行，但長期的過度負荷可能爲肝臟帶來不能逆轉的傷害。事實上，大約15～30%的重度飲酒者會發生肝硬化。

酒精也是高卡路里的物質。因此，酒精攝取減低飲酒者的食慾。但因酒精不具有營養價值，過度飲食者可能發生營養不良，這無法經由服用維生素加以補充。

（三）酒精濫用與依賴對心理社會的影響

過度飲酒者經常也會受擾於長期疲乏、過敏及抑鬱。最初酒精似乎提供了一處避風港，免於面對不能忍受的現實，特別是在急性壓力期間。但過度使用酒精最終會產生反效果，它會造成拙劣的推論、不良的判斷及漸進的人格退化。當事人的舉止顯得粗魯而不妥當，怠忽個人職守，個人外觀失去自尊，忽視家庭和子女，以及普遍變得神經質、易怒而不願意討論自己的問題。

三、酒精濫用與依賴的生物起因

酒精成癮的發展是一種複雜的歷程，牽涉許多因素，除了精神促動物質的生化特性外，體質的脆弱性和環境的助長作用也扮演一定角色。

（一）遺傳脆弱性

遺傳素質在酒精濫用的發展上占有重要角色。一項超過40年的追蹤研究指出，幾近1/3的酒精中毒者，至少雙親之一也有酒精困擾。

酒精濫用問題傾向於在家族中流傳。研究已顯示，酒精中毒者的子女有發展出酒精困擾的高風險。領養研究已發現，當酒精中毒者的子女在生活早期就被健全家庭所領養時，他們在20多歲時，仍有偏高的風險發生酒精困擾——相較於非酒精中毒者的子女被健全家庭所領養。因此。主要是生身父母是否爲酒精中毒者（而較不是被酒精中毒的父母所養育），這提高子女成爲酒精中毒者的風險。

（二）環境的影響

雖然許多證據顯示，遺傳因素牽涉到酒精中毒的病原，但遺傳本身不能解釋所有酒精問題。社會環境仍被認爲有強大影響力，像是在取得酒精的便利性上，以及在提供飲酒的動機上。在我們社會中，幾乎每個人都在某種程度上暴露於酒精，大部分是經由同儕壓力、父母榜樣和廣告宣傳。這種成長環境促進對酒精的初始使用和延續使用。

然而，研究也顯示，精神促動藥物含有內發的獎賞性質，藥物激發腦部的愉快中樞，發展出自己的酬償系統。

四、酒精濫用與依賴的心理起因

除了生理依賴，酒精濫用者也會發展出心理依賴，這是如何學得的呢？

（一）父母輔導的失職

當父母是重度酒精或藥物濫用者時，他們的子女自身也容易發展出物質濫用問題。顯然，負面的角色楷模和不良的家庭功能，使得兒童在邁開人生步伐上舉步維艱。在青少年時，父母的管教技巧和父母對子女動向的掌握是兩個重要指標，預測青少年是否加盟於用藥的同儕。

一、精神促動藥物的醫療用途

藥物	醫療用途	生理依賴
• 迷幻藥		
LSD	沒有	不明
PCP	獸醫用的麻醉劑	高度
大麻	化學治療引起的反胃	中度
• 鴉片劑		
嗎啡	止痛劑	高度
海洛因	沒有	高度
• 鎮靜劑		
巴比妥酸鹽	鎮靜劑、安眠藥、抗痙攣劑	中度—高度
benzodiazepines	抗焦慮劑、鎮靜劑、安眠藥	低度—中度
GHB	昏睡症的治療	不明
酒精	防腐劑	中度
• 興奮劑		
安非他命	過動症、昏睡症、體重控制	高度
古柯鹼	局部麻醉劑	高度
尼古丁	供戒菸用的口香糖或貼片	低度—高度
咖啡因	體重控制、急性呼吸衰竭的興奮劑	不明

✚ 知識補充站

為什麼亞洲人的酒精中毒發生率偏低？

　　研究已發現，一些種族（特別是亞洲人和美國原住民）對酒精有異常的生理反應，稱為「酒精發紅反應」（alcohol flush reaction）。這些人在飲酒後會出現過敏反應，包括皮膚泛紅、血壓下降、心悸及噁心。這種生理反應發生在半數亞洲人身上，起因於一種突變的酵素（酶），因而在代謝過程中不能分解肝臟中的酒精分子。雖然文化因素顯然也扮演一定角色，但亞洲族群較低的酒精中毒發生率，可能與酒精發紅反應引起的身體不適有關。

11-4 酒精相關障礙症（三）

（二）緊張減除理論（tension-reduction）

一些研究指出，典型的酒精濫用者對自己生活感到不滿意，他們不能或不願意忍受緊張和壓力。這表示酒徒喝酒是為了放鬆。根據這個觀點，任何人只要發現酒精有助於減低緊張，就有濫用酒精的危險性，即使沒有特別高壓的生活處境。

（三）社交效能的期待

另一些研究指出，認知期待可能在飲酒行為的啟動和維持上扮演重要角色。許多人（特別是青少年）期待酒精使用將會降低緊張和焦慮，以及提升性慾望和生活愉悅。根據這個相互影響（reciprocal-influence）模式，青少年開始飲酒是因為期待酒精將會增加他們的受歡迎程度，進而被同儕所接納。

五、社會文化的因素

在西方文明中，酒精使用是社交生活中很普及的成分。許多社交活動是以飲酒為號召，甚至在一般餐飲中，酒精也是必備飲料之一，這就難怪法國擁有全世界最高的酒精中毒發生率，達到人口的大約15%。

對照之下，因為宗教的戒律，回教徒和摩門教徒被禁止飲酒，至於正統的猶太人則僅限於在宗教儀式中使用酒精。因此，這些族群的酒精中毒發生率極低。總之，除了生物和心理的因素，社會文化因素（如宗教約束和社會習俗）也在酒精濫用與依賴的發生率上扮演一定角色。

六、酒精相關障礙症的治療

（一）藥物治療

在急性中毒的個案上，初步焦點是放在解毒上，也就是排除體內的酒精物質，隨後是處理戒斷症狀，最後則是身體復健的醫療措施——通常需要在醫院中施行。

戒酒硫（disulfiram，商品名稱是Antabuse）可用來預防酒徒再度走上飲酒之路，它使得乙醛在血液中累積起來，從而產生各種不愉快的體驗，諸如頭暈、噁心、嘔吐、盜汗及抽搐性頭痛。但是，這種嚇阻式治療不能當作唯一的處置，它的價值僅在打斷酒精濫用的循環，然後讓有效的心理治療在這段期間迅速介入。

（二）心理治療

除了個別的心理治療，在酒精問題上，團體治療、環境干預、行為治療以及AA途徑也被廣泛援用。

1. 團體治療：團體治療在許多臨床困擾上頗具效果，特別是物質相關障礙症。在團體之對質式的交談中，酒精濫用者經常被迫面對他們的問題，但這樣的對質，有助於他們看到應付自己處境之新的可能性。在某些情況下，當事人的配偶、甚至子女，也會被邀請加入團體治療會談。

2. 環境干預：酒精濫用者經常疏遠於家人和朋友，也經常失業或工作岌岌可危。因此，他們通常是孤單、不受諒解，也缺乏人際支持。所以環境支援是很重要的成分。

3. 行為治療和認知—行為治療：在行為治療方面，嫌惡制約作用（aversive conditioning）有時候被派上用場，它涉及安排一些有害的刺激（如電擊或催吐劑）與酒精攝取配對呈現，以便抑制飲酒行為。

   在認知—行為治療方面，最常採用的是「技巧訓練程序」，它建立在一些技術上，諸如教導關於酒精的特定知識、培養在一些情境中的因應技巧、矯正不當的認知和預期、學習壓力管理技巧，以及提供生活技巧的訓練。

匿名戒酒會提倡完全戒酒，而不是控制式飲酒。AA接受有飲酒問題的青少年和成年人，完全免費、不保留紀錄或個案史、不參加政治活動，以及不加盟任何宗教派別。為了確保匿名性，會員只稱名，不稱姓。

✚ 知識補充站

匿名戒酒會（Alcoholics Anonymous）

匿名戒酒會（AA）是治療酒精中毒的一種自助團體（self-help groups），它最先是在1935年由Dr. Bob和Bill W.兩位男子在俄亥俄州所創立。依據自身復原的經驗，他們開始協助其他酒精中毒者。從那時起，AA在美國已成長至超過52,000個團體。此外，加拿大有幾近5,000個AA團體，其他許多國家也有超過45,000個團體。

在AA的聚會中，有一部分是致力於社交活動，但大部分還是用在討論會員的酗酒問題上，通常那些已不再飲酒的會員會親身作證，對他們戒酒前後的生活做個對照。但應該指出的是，AA採用「酒精中毒者」的用語以指稱兩者，一是目前正過度飲酒的當事人，另一則是已不再飲酒、但必須繼續戒酒的當事人。這也就是說，根據AA的理念，個人終生是酒精中毒者，不論他目前是否飲酒；個人從不曾「治癒」酒精中毒，而只是「處於復原中」。

為了解除個人責任的負荷，AA協助會員接受：「酒精中毒是比他們自身更強大的力量」。今後，他們不必再視自己為意志薄弱或缺乏道德力量；反而他們只要認為自己發生一種不幸，即他們不能喝酒。然後，經由相互援助和度過危機的會員之安撫，許多酒精中毒者獲致對自己問題的洞察力、嶄新的決心、更高的自我強度，以及更有效的因應技術。當然，個人繼續參加團體有助於預防飲酒的復發。

11-5　鴉片及其衍生物

　　鴉片劑（opiate）是由罌粟花未成熟果實的汁液提煉而成的藥物，含有大約18種已知爲生物鹼的化學物質。鴉片在藥理上具有麻醉和止痛兩種特性，它的衍生物包括嗎啡（morphine）、海洛因（heroin）及可待因（codeine，經常被用在咳嗽糖漿中）。

一、嗎啡和海洛因的生理效應

　　海洛因最常經由吸食或靜脈注射而被引入體內，它的立即效應是一陣陣的欣快感，持續60秒左右，許多成癮者將之比擬爲性高潮。再接下來則是恍惚（飄飄然）的感受，成癮者通常處於昏昏欲睡而退縮的狀態，身體需求（包括對食物和性的需求）顯著降低，放鬆而欣快（euphoria）的感受瀰漫全身。這些效應持續4到6個小時，成癮者隨之進入負面階段，產生對更多藥物的渴望。

　　經過一段時期，使用者發現他們已在生理上依賴該藥物；當不再服用時，他們感到全身不對勁。此外，使用者逐漸建立對該藥物的耐藥性，以至於漸進需要更大劑量才能達到預期的效果。當鴉片成癮者不能在大約8小時內再注射一劑藥物時，就會開始發生戒斷症狀。

　　戒除海洛因通常是極度折磨的經驗，初期症狀包括流鼻水、流眼淚、流汗、呼吸加速而坐立不安。隨著時間經過，發冷和發熱交替出現，伴隨過度流汗、嘔吐、腹瀉、腹部絞痛、背部和四肢疼痛、重度頭痛、顯著顫抖及失眠。在這種劇烈身體不適的情況下，當事人拒絕食物和水分，經常造成脫水和體重減輕。當事人偶爾也會有譫妄、幻覺及躁動等症狀。嚴重之際，還可能發生心血管衰竭，造成死亡。

　　幸好，戒斷症狀通常在第三天或第四天會減退下來，然後到了第七天或第八天就消失了。隨著症狀退去，當事人恢復正常的飲食和飲水，體重也迅速回復。在戒斷症狀平息後，原先的耐藥性也減低下來；因此，如果再服用先前的高劑量，可能有過量服藥的危險──造成昏迷或死亡。

二、嗎啡和海洛因的社會效應

　　隨著海洛因成癮，當事人的生活逐漸繞著「藥物」打轉，這經常導致社會上的不適應行爲，當事人最終被迫說謊、偷竊、搶劫、賣淫及結交不良朋友，只爲了維持藥物的供應。

　　除了降低倫理和道德的約束外，個人的健康也會逐漸惡化，像是免疫系統受到破壞，或招致一些器官傷害。但不良健康和人格退化不一定是直接起因於藥理的效應，反而通常是爲了獲得每天所需劑量，因此付出金錢、適當飲食、社會地位及自尊的代價。

三、生理成癮的神經基礎

　　研究已找出麻醉藥物在腦部的受納器基座（receptor sites），它們是一些特化的神經細胞，以供特定精神促動藥物的嵌入，就像鑰匙插入專屬的鎖孔。這種藥物與腦細胞的互動，使得藥物產生作用，進而導致成癮。

　　人體的腦部和腦下垂體也會製造一些鴉片似的物質，稱爲腦內啡（endorphins），它們在身體受傷時，具有止痛作用。一些研究學者推斷，腦內啡在藥物成癮上扮演一定角色，但至今還沒有定論。

海洛因通常是經由吸食、皮下注射及靜脈注射等方式被引進身體內部。它是一種危險而高度成癮的物質。此外，使用未經消毒的設備也可能導致各種問題，包括肝炎引致的肝臟損害和AIDS病毒的感染。

11-6　古柯鹼和安非他命

　　鴉片屬於麻醉劑，它抑制（減緩）中樞神經系統的作用。至於古柯鹼和安非他命則是興奮劑，它們激發（加速）CNS的作用。

一、古柯鹼（cocaine）

　　古柯鹼是從古柯（coca）的葉子提煉出的生物鹼，當被吸食或注射後，它促發一種欣快狀態，持續4到6個小時，使用者感到精神昂揚、體力旺盛而充滿信心。但藥效退去後，個人發生頭痛、昏眩及焦躁不安。當古柯鹼被長期濫用時，個人可能出現急性中毒的精神病症狀，包括驚恐的視幻覺、聽幻覺及觸幻覺。

　　但不同於鴉片，古柯鹼刺激大腦皮質，造成失眠和激動，而且加強性活動的感受。古柯鹼濫用也會產生耐藥性和生理依賴。事實上，DSM-5描述一種新的障礙症，稱為「古柯鹼戒斷」，它包括心情惡劣、疲倦、失眠或嗜睡，以及不愉快夢境等症狀。隨著長期使用，許多人失去對性的興趣，甚至產生性功能障礙。

二、古柯鹼濫用的治療

　　古柯鹼依賴的治療，大致上依循兩條路線，一是藥物治療（如拿淬松——naltrexone）以減低生理渴求，另一是心理治療以確保當事人將會遵從醫囑。研究已發現，幾項因素與較差的預後有關：(1)濫用的嚴重程度；(2)不良的心理功能；及(3)同時也有酒精中毒問題。

三、安非他命（amphetamines）

　　最早的安非他命是在1927年被首度合成。在二次大戰期間，它普遍被士兵用來消除疲勞。在民間，它逐漸被夜間工作者、長途卡車司機、應付考試的學生，以及追求表現的運動員所廣泛使用。

　　今日，安非他命有時候在醫療上被派上用場，像是抑制食慾以控制體重、醫療猝發性睡眠症（narcolepsy），以及治療過動兒童。令人好奇的是，安非他命對許多過動兒童具有鎮靜效果，而不是興奮效果。然而，至今為止，安非他命最普遍的還是被年輕人當作娛樂使用，追求它所引起的快感。

　　安非他命絕不是額外心理能量或身體能量的神奇來源，它們只是更大量消耗使用者自身的資源，達到極為疲乏的地步。安非他命具有心理和生理的成癮性，身體很快就建立起對它們的耐藥性。當超過處方的劑量時，安非他命會造成血壓升高、瞳孔放大、盜汗、顫抖、容易激動、失去食慾、混淆及失眠。長期濫用安非他命可能引起腦部損傷和一些心理病態。自殺、殺人、傷害及各種暴力舉動也經常與安非他命濫用有關。

四、安非他命濫用的治療

　　雖然戒除安非他命通常是安全的，但仍需注意生理依賴的問題。在長期而過量使用安非他命後，突然戒斷可能導致腹部絞痛、噁心、腹瀉及甚至痙攣。此外，這經常也會造成疲倦及消沉的感受，在48至72個小時中達到高峰，維持強度1到2天，然後在幾天之中逐漸減輕。輕度的消沉和倦怠的感受，可能持續幾個星期、甚至幾個月。如果發生過腦傷，當事人可能會有一些殘餘症狀，像是專注力、學習能力及記憶力的受損。

一、經常涉及藥物濫用的精神促動藥物

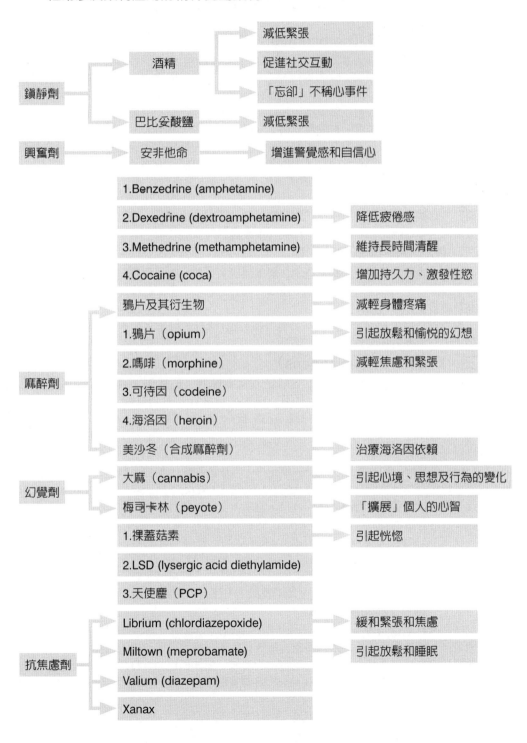

11-7　巴比妥酸鹽和幻覺劑

一、巴比妥酸鹽（barbiturates）的效應

巴比妥酸鹽屬於強力鎮靜劑（sedatives），在1930年代被研發出來。它們具有合法的醫療用途，也是頗為危險的藥物，經常造成高度的生理依賴和心理依賴，也與致命的過度劑量有關。

巴比妥酸鹽一度被醫生廣泛採用，以使得病人安靜下來和引發睡眠。它們產生效果是因為減緩CNS的作用（有點像酒精）。攝取後不久，當事人感到放鬆下來，張力似乎消失了，再接著是身體和智能的倦怠，昏昏欲睡而最終入眠。強烈劑量幾乎立即引發睡眠，過度劑量則有致命性（因為造成腦部呼吸中樞的麻痺）。

除了生理和心理的依賴，過度使用巴比妥酸鹽也會導致耐藥性。它們也可能造成腦傷和人格退化。但大部分產生依賴的人是中年人和老年人，他們以之作為「安眠藥」。有些人會合併使用巴比妥酸鹽和酒精（或安非他命），以達成更恍惚的狀態，但這經常會造成死亡，因為每一種藥物會激發另一種的效應。

二、巴比妥酸鹽濫用的治療

巴比妥酸鹽的戒斷症狀較為危險、嚴重而持久，病人變得焦躁而憂慮，手部和臉部發生震顫。另一些症狀包括失眠、虛弱、噁心、嘔吐、腹部絞痛、心跳加速、血壓升高及體重減輕。

對高劑量病人來說，戒斷症狀可能持續長達1個月，但通常在第一個星期後就會減輕下來——經由逐漸施加較低的劑量。

三、幻覺劑（hallucinogens）

一般認為，幻覺劑會讓人產生幻覺。但事實上，幻覺劑不會「創造」感官意象，而是扭曲意象，使得個人以不一樣和不尋常方式看到或聽到一些事物。這個分類中的主要藥物是LSD（麥角酸二乙醯胺）、梅司卡林（mescaline）及裸蓋菇素（psilocybin）。

（一）LSD

LSD是最強力的幻覺劑，它是一種化學上合成的物質，無嗅、無色及無味，只需不到一粒鹽的劑量就能造成中毒。大約在1950年，LSD為了研究目的而被引進美國，但迄今尚未被證實具有醫療用途。今日，它基本上只是作為一種「消遣」藥物，但隱含許多心理危險性。

在攝取LSD後，個人通常會經歷大約8個小時的感官知覺的變化、心情搖擺不定，以及失去自我感和現實感。LSD的體驗不一定是愉快的，它可能頗具創傷性。扭曲的物體和聲音、錯亂的顏色及不尋常的思想可能帶來心理威脅。在一些個案上，當事人進入「不良旅程」（bad trips），他們實際上引燃自己或從高處躍下。

（二）梅司卡林和裸蓋菇素

梅司卡林是衍自仙人掌頂端一種小型、圓盤狀的產物（龍舌蘭花蕾）。裸蓋菇素則取自一種墨西哥蘑菇。這兩種藥物都具有改變心智和引致幻覺的特性。它們的主要效應是使得當事人轉入「不尋常現實」的領域。但如同LSD，沒有證據顯示它們能夠「擴展意識」（expand consciousness）或創造新觀念；反而，它們主要是改變或扭曲經驗。

巴比妥酸鹽屬於鎮靜劑，DSM-5中列有「鎮靜、安眠或抗焦慮藥中毒」的分類。

診斷準則

1. 最近服用鎮靜劑、安眠藥或抗焦慮劑。
2. 服用鎮靜、安眠或抗焦慮藥物後很快產生臨床上顯著的不適應行為或心理變化，諸如不適當的性行為或攻擊行為、心情易變及判斷力減損。
3. 服藥後不久出現下列一些症狀：

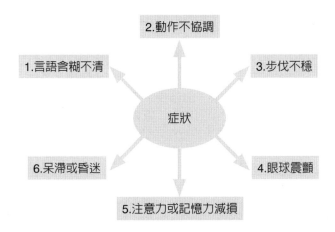

＋ 知識補充站

迷幻藥（Ecstasy）

迷幻藥（或MDMA）既是幻劑覺，也是興奮劑，它在夜店和轟趴中深受年輕人的歡迎（即俗稱的搖頭丸）。MDMA最初是在1914年由製藥公司默克（Merck）取得專利權，打算作為減肥藥。但有鑑於它的不良副作用，該公司最後決定不推出市場。至今它的醫療用途仍未受到支持，但它已被視為「危險」藥物，列為第一級管制藥物，只能透過非法管道取得。

迷幻藥在化學上類似去氧麻黃鹼（methamphetamine），也類似幻覺劑梅司卡林，它產生的效果則類似另一些興奮劑的作用。在服用大約20分鐘後，當事人體驗一種快感（rush），繼之是平靜、有活力及幸福的感受。迷幻藥的效應可以持續幾個小時，當事人經常也報告出現強烈色彩和聲音的經驗，以及輕度的幻覺。MDMA是一種會成癮的物質，雖然不如古柯鹼那般強烈。長期使用經常伴隨一些不利後果，諸如噁心、盜汗、牙關緊閉、肌肉抽搐、視力模糊及幻覺。

11-8　大麻

大麻（marijuana）是從大麻植物的綠葉和開花頂部提取出來，這種植物生長在世界各地的溫暖氣候中。雖然大麻可被視為一種輕幻覺劑，但是它的效應在性質、強度及持續時間上都顯著不同於另一些藥物的作用，像是LSD、梅司卡林及其他重幻覺劑。

大麻在遠古時代就被人類所採用，例如，它被中國皇帝神農氏列在《本草綱目》中（herbal compendiums），大約是西元前2737年的著述。但是，大麻使用在今日已是平常的事情，它是現今最常被使用的非法藥物。隨著美國幾個州加以合法化，大麻使用在未來將會更為增加——雖然根據美國司法規章，它仍然是非法的。

一、大麻的效應

大麻的效應有很大變動，視許多因素而定，像是藥物的品質和劑量、使用者的個性和心境、過去用藥的經驗、社會背景，以及使用者的期待。通常，當大麻被吸入後，當事人產生一種輕度的欣快感，隨後是幸福感增強、知覺敏度提升，個人舒適地放鬆下來，經常伴隨飄浮或浮動的感覺。隨著感官輸入被強化，個人的內部時鐘（internal clock）似乎也受到影響，也就是時間感覺被延伸或扭曲。因此，只持續幾秒的事件可能被認為跨越更長間距。此外，許多人報告，性活動的愉快體驗大為增強。當被吸入後，大麻很快就被吸收，它的效應在幾秒鐘到幾分鐘內湧現，但很少持續超過2至3個小時。

但大麻也可能導致不愉快體驗。例如，如果個人正處於不快樂、生氣、猜疑或驚嚇的心境下，吸食大麻可能使得這些感受被擴大。此外，當高劑量使用時，大麻也可能引起強烈的焦慮和憂慮，以及產生妄想、幻覺及其他精神病似的症狀。

大麻的短期生理效應包括心跳適度加快、反應時間變慢、瞳孔輕微縮小、眼睛充血而發癢、口乾舌燥，以及食慾增進。再者，大麻引起記憶功能不良和訊息處理緩慢。持久的高劑量服用，傾向於導致個人懶洋洋、無精打采及消極被動。長期而重度使用大麻，也會降低自我的控制。

二、大麻濫用的治療

大麻經常被拿來比擬海洛因，但這兩種藥物不論在耐藥性或生理依賴上都有很大差別。大麻不會造成生理依賴，所以間歇使用不太會產生戒斷症狀。然而，大麻會導致心理依賴，當個人焦慮或緊張時，他可能感受對藥物的強烈渴求。事實上，許多大麻使用者在戒除時會產生一些戒斷似的症狀，諸如神經質、緊張、睡眠困擾及食慾變動。

在處理大麻依賴上，藥物治療一般派不上用場。然而，近期研究採用busiprone，發現它的成效稍微優於安慰劑。

心理治療法在減少大麻使用上有良好的效果（特別是針對成年人），主要是採取復發預防（relapse prevention）和支持團體（support group）的途徑。

一、DSM-5列有「大麻中毒」（cannabis intoxication）

診斷準則

1. 最近使用大麻。
2. 使用大麻後很快產生臨床上顯著的不適應行為或心理變化，諸如動作協調損害、欣快感、焦慮、感覺時間變慢、判斷力減損及社交退縮。
3. 使用大麻後出現下列一些症狀：

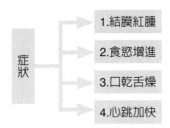

症狀
1. 結膜紅腫
2. 食慾增進
3. 口乾舌燥
4. 心跳加快

二、物質使用與物質濫用只在一線之間，個人稍有不慎就可能越線。精神促動藥物改變腦部化學作用，引致生理或心理的成癮。成癮是一種疾病或性格缺陷？

✚ 知識補充站

大麻的醫療用途

　　雖然根據1970年的「管制物質法案」，大麻被列為第一級管制藥物，而美國食品暨藥物管理署也強烈反對大麻的合法化，但各界勢力正在擴寬大麻的使用和便利性。近些年來，大麻已被分發給一些醫療狀況的病人，諸如癌症、AIDS、青光眼、多發性硬發症、偏頭痛及癲癇，以便減輕病人的疼痛或反胃。許多擁護者指出，就如同參加其他形式的藥物治療，大麻也具有醫療用途，而且不會對治療結果有不利影響。大麻不會治癒任何疾病，它只是減輕疼痛。

　　但因為大麻的不良效應，許多人擔憂它可能會充當「入門藥物」，使得個人進一步使用更具成癮性和更為危險的非法物質。此外，大麻的醫療用途往往只是一個幌子，它的方便取得已在許多非醫療用途上造成重大社會問題。大麻是否應該被視為合法的藥物治療？這方面爭議還會延續下去。

11-9　咖啡因和尼古丁

　　DSM-5包含另兩種物質成癮，但它們可被合法取得，也被廣泛使用。因為這樣的習慣極為頑強，它們造成許多重大身心困擾。

一、咖啡因（caffeine）

　　咖啡因的化學成分在我們日常使用的許多飲料和食物中都可發現到，諸如咖啡、茶、可樂及巧克力。雖然咖啡因攝取在當代社會中已是社交慣例，但過度攝取仍會造成困擾。咖啡因的負面效應牽涉中毒，而不是戒斷。不像酒精或尼古丁成癮，戒斷咖啡因不會產生嚴重症狀，除了輕度頭痛外。

　　如DSM-5所描述，咖啡因相關障礙症包括一些症狀，像是心神不定、神經質、激動、失眠、肌肉抽搐及胃腸不適。至於怎樣數量的咖啡因才會造成中毒，顯然因人而異。

二、尼古丁（nicotine）

　　尼古丁是一種生物鹼，它是菸草中主要的活化成分。菸草使用在一般人口中是一個重大問題。美國12歲以上的人們中，估計有七千萬人使用某種形式的菸草，大約占該人口的28.4%。然而，估計仍有63%的女性和53%的男性不曾吸菸。

　　尼古丁依賴幾乎總是起始於青少年期，然後延續到成年的生活，養成一種難以戒除而危害健康的習慣。

　　近期的研究指出，尼古丁成癮可能是由腦部鄰近耳朵的一個部位所控制，稱為「insula」。當中風病人的這個部位受到損傷時，他們報告對香菸的渴求也消失了。這說明insula可能是吸菸成癮的重要中樞。

　　如同DSM-5所界定的，在個人已發展出對尼古丁的生理依賴後，如果停止或減少含有尼古丁物質的攝取，個人將會出現「菸草戒斷」（tobacco withdrawal），它的診斷準則如右頁所列。這些戒斷症狀通常延續幾天到幾個星期，視尼古丁成癮程度而定。有些人報告在戒菸的幾個月後，仍對尼古丁抱持渴望。

三、尼古丁戒斷的治療

　　過去40年來，許多治療方案已被開發以協助癮君子戒菸。這些方案採取許多不同途徑，它們包括：(1)社會支持團體；(2)各種藥物媒介，以漸進方式取代吸菸行為，諸如戒菸用的糖果、口香糖或貼劑；(3)自我導向的轉變，提供當事人在改變自己行為上所需的指導；及(4)專業的治療，諸如行為治療法或認知─行為治療法。當然，有些人單純依靠意志力加以抵抗。

　　有鑑於吸菸對健康的危害，衛生機構經常採取一些措施，像是限制銷售對象、限定吸菸地點及提高香菸價格等，但通常效果不彰。因為多種因素（視覺、嗅覺、生理及社交等）誘發對香菸的需求，許多癮君子發現戒癮是一條漫長的路。

　　一般而言，戒菸計畫平均只有20～25%的成功率，特別是復發率偏高。最近，使用bupropion（Zyban）藥物以預防復發似乎有良好成果。但是一旦停藥的話，復發率就又近似於另一些治療。無論如何，最高的戒菸率還是發生在一些住院病人身上，癌症病人的成功率是63%，心血管疾病患者是57%，肺部疾病患者是46%。顯然，癮君子最終還是在重大疾病面前低頭了。

一、咖啡因和尼古丁是屬於興奮劑，雖然它們不會造成廣泛的自我破壞問題，但仍然讓社會付出重大的醫療成本。這是基於幾個原因：

咖啡因和尼古丁的一些特性

- 因為大部分人從生活早期就暴露於這些藥物中，也因為它們被廣泛使用，所以它們容易被濫用及成癮。

- 這些藥物幾乎唾手可得，再由於同僚壓力，青少年很難避免使用它們。

- 這些藥物具有成癮特性，使用它們會誘發進一步使用，終至成為日常生活中的必需品。

- 因為這些藥物的成癮性，也因為它們如此深植於社會脈絡中，一般很難加以戒除。

- 大部分人試圖「杜絕習慣」時，發現戒斷症狀相當棘手，經常產生很大挫折感。

二、DSM-5列有「菸草戒斷障礙症」

診斷準則

1. 每天使用尼古丁，為期至少好幾個星期。
2. 突然停止或減少尼古丁攝取後，個人出現下列一些症狀：

戒斷症狀

1. 渴求尼古丁
2. 躁動易怒、挫折或生氣
3. 焦慮、失眠
4. 難以集中注意力
5. 心神不寧，坐立不安
6. 心跳減慢
7. 食慾增加或體重上升

11-10　嗜賭症

不是所有成癮障礙症都涉及使用含有化學成分的物質，許多人對一些活動成癮，這種情況可能跟重度酒癮一樣會威脅生命，也跟藥物濫用一樣會對心理和社會帶來損害。

一、嗜賭症（gambling disorder）的症狀描述

雖然病態賭博（pathological gambling）不涉及化學成癮物質，但因爲它作爲核心的人格因素，仍被視爲一種成癮障礙症。就像物質濫用障礙症，病態賭博所涉行爲是由短期獲益所維持，但長期下來破壞了個人的生活。它也被稱爲強迫賭博（compulsiv），是一種漸進性的障礙症，導致個人持續或不時地失去對賭博的控制、沉迷於從賭博獲得金錢，以及儘管產生不良後果仍然繼續賭博。

據估計，病態賭徒大約占成年人口的1～2%，男性和女性的發生率大致相等，但酒精濫用者顯然有偏高的風險。

二、嗜賭症的一些特性

病態賭博似乎是一種學得的行爲模式，極不容易被消除。有些研究指出，戒除賭博的難易與賭博行爲的持續期間和發生頻率有關。然而，許多人成爲病態賭徒，是因他們在首次賭博時就贏得一大筆錢——機率本身就能解釋有一定比例的人會有這種「新手的好運」。個人在這個初步階段所獲得的強化，可能是後來病態賭博的一個重要因素。因爲每個人都會偶爾贏錢，間歇強化（intermittent reinforcement，操作制約中最強力的強化程式）的原理可以解釋賭徒儘管輸了很多錢，卻仍會繼續賭博。

爲了投注他們的賭博，病態賭徒經常花光儲蓄、疏忽家人、拖欠帳單，以及向親朋好友借錢。最後，他們往往挪用公款、開芭樂票或訴諸其他不法手段以獲得金錢。他們傾向於是叛逆而不願依循傳統的一群人，似乎不完全理解社會的道德規範。他們承認知道自己客觀上贏面不大，但他們覺得這些機率不適用於他們。他們經常有不可動搖的感覺：「今晚，我將會大顯身手」。他們通常也犯了蒙地卡羅謬誤（Monte Carlo fallacy），也就是在連輸了好幾次後，總認爲這一次就輪到自己翻本了。當別人指出賭博有違善良習俗時，他們認爲自己是採取「精算的風險」來建立有利可圖的事業。因此，他們常因別人的不了解而感到孤單或忿恨。

後來的研究也描述病態賭徒典型上是不成熟、叛逆、尋求興奮、迷信，以及基本上是反社會及強迫性的。病態賭博經常跟一些障礙症連同發生，特別是酒精濫用、古柯鹼依賴和衝動控制障礙症。

三、嗜賭症的起因

病態賭博顯現衝動驅使的行爲，它的起因相當複雜。有些研究指出，早期創傷可能促成強迫賭博的發展。雖然學習無疑地在人格因素的發展上扮演重要角色，但近期研究顯示，腦部涉及動機、酬償及決策的一些機制，可能影響了人格的基礎衝動性。在青少年期，腦部所發生的一些重要神經發育事件與動機、衝動行爲有關。近期研究也指出，遺傳因素可能在發展出病態賭博習慣上扮演部分角色。

一、DSM-5新增「嗜賭症」的分類

診斷準則

1. 持續而反覆的不當賭博行為，導致臨床上顯著苦惱或減損，表明在下列一些事項中。
2. 賭博行為不能適當解釋為是躁症發作所引起。

不當賭博行為

1. 需要增加金錢的數量，才能達成所想要的興奮。

2. 當試圖減少或戒除賭博時，感到心神不寧或焦躁。

3. 多次想要戒除或控制賭博，卻不成功。

4. 當感到苦惱時，經常從事賭博。

5. 心神被賭博有關的活動所盤據。

6. 在賭輸後，經常會另找一天重返以企圖討回。

7. 說謊以隱瞞涉入賭博的程度。

8. 為了賭博，已危害或失去重要關係、工作或教育機會。

9. 依靠他人提供金援以解除經濟困境。

➕ 知識補充站

嗜賭症的治療

　　病態賭徒的治療頗為類似另一些成癮症的治療。最廣延的治療途徑是認知—行為治療法，儘管退出率相當高，但完成治療的人顯現實質的改善，86%在一年的追蹤期，被認為「不再是」病態賭徒。然而，近期研究指出很高的復發率。

　　有些病態賭徒求助於匿名戒賭會（Gambler's Anonymous, GA）。這個組織是以匿名戒酒會（AA）為範本，經由團體討論形式分享彼此經驗，以便控制他們的賭博行為。GA團體已在美國較大城市紛紛成立，但它的效果還不是很彰顯。

　　在治療病態賭博上，較為正面的結果是出現在針對家庭關係問題而採取對策的治療中。

　　隨著賭博法令的放寬和網路賭博的興起，病態賭博的案例將會實質上增加。有鑑於病態賭徒極為抗拒治療，開發更有效的預防和治療方案，實為當務之急。

第十二章
性偏差、性虐待與性功能障礙

12-1　同性戀

　　同性戀不是一種性偏差（sexual variant），但它有助於我們認識一些性觀念的演進。個人建立起性認同（sexual identity）的任務之一是發覺自己的性取向（sexual orientation），也就是個人對同性或異性之性伴侶的偏好。性取向存在於一個連續光譜上，但社會通常把人們描述為主要是異性戀取向、同性戀取向、或雙性戀取向。

　　根據從美國、法國或英國謹慎挑選的大型樣本所進行的調查，成年人同性行為的發生率在2%到6%之間，純粹男同性戀的發生率是2.4%，純粹女同性戀則不到1%。這些數值正確嗎？只要同性戀行為仍受到社會烙印或汙名化，我們就不可能取得完全準確的估計值。

一、同性戀的遺傳因素

　　一些研究顯示，儘管承受了被要求採取傳統性別角色的普遍壓力，許多男女同性戀者在他們還年幼時，就表達了強烈的跨性別興趣（參考右頁表）。儘管如此，許多男女同性戀者在童年時，仍有典型的性別行為。

　　在雙胞胎研究方面，同卵雙胞胎比起異卵雙胞胎在同性戀上有顯著較高的一致率（參考右頁表），這指出性取向可能部分是遺傳上決定的。

　　腦部造影研究（採用MRI和PET）指出，異性戀男性和同性戀女性擁有不對稱的腦部，即大腦的右半球稍微大些。至於異性戀女性和同性戀男性兩者則擁有對稱的大腦半球。

二、同性戀者的心理特質

　　頗為不同於社會刻板印象把男同性戀者（gay）視為女性化的人們，而把女同性戀者（lesbian）視為男性化的人們，男女同性戀者就跟異性戀者一樣，他們擁有同樣廣泛的各種心理特質和社交屬性。即使是專業的心理學家，他們也無從辨別同性戀受試者與異性戀受試者在心理測驗結果上有什麼差別。

三、同性戀的環境因素

　　怎樣的環境因素將會促成個人的同性戀傾向實際上表現出來？我們迄今仍不清楚。傳統的精神分析論指出，男同性戀是源於擁有一位跋扈母親和一位軟弱的父親，但這並未得到太多證據支持。還有些人主張，同性戀者是受到較年長人們的引誘，而採取同性戀的生活方式，這同樣未獲得證據的支持。

　　另一種頗有前景的假設是，產前的激素作用產生重要影響。例如，男性化的女性比起一般女性，較可能採取同性戀或雙性戀的取向，這說明產前高濃度的雄性激素可能至少使得某些女性傾向於成為同性戀。

　　在一項大規模的調查中，同性戀者被發問他們是在什麼年齡開始察覺自己的性取向。男同性戀者報告的平均年齡是9.6歲，女同性戀者是10.9歲。男性報告在14.9歲時發生同一性別的性接觸，女性則是16.7歲。這說明許多人早在青春期之前就認定了自己的性取向。

　　一般人會問，是什麼造成同性戀？但他們其實也可以這樣問，是什麼造成異性戀？當我們知道如何解釋異性戀時？我們大概也就清楚同性戀是如何發生。

一、兒童期之符合性別和不符合性別的行為

1.當還是兒童時,你喜歡男孩的活動(像是棒球或足球)嗎?	
男同性戀者—32%	女同性戀者—85%
男異性戀者—89%	女異性戀者—57%
2.當還是兒童時,你喜歡女孩的活動(像是跳房子或扮家家酒)嗎?	
男同性戀者—46%	女同性戀者—33%
男異性戀者—12%	女異性戀者—82%
3.當還是兒童時,你是否穿過異性的服飾而裝扮成異性?	
男同性戀者—32%	女同性戀者—49%
男異性戀者—10%	女異性戀者—7%

二、同性戀的雙胞胎研究。這些數據說明,遺傳會影響同性戀傾向,但遠低於百分之百的一致率指出,環境影響力也在發揮作用。

	同卵雙胞胎	異卵雙胞胎
如果男性雙胞胎中有一位是同性戀者或雙性戀者,那麼另一位也是如此的百分比	52%	22%
如果女性雙胞胎中有一位是同性戀者或雙性戀者,那麼另一位也是如此的百分比	48%	16%

✚ 知識補充站

關於同性戀觀點的變遷

　　如果你閱讀1970年之前關於同性戀的醫學和心理學文獻,你會發現同性戀人士被視為精神病患。但這還算是寬容,更早的觀點是視同性戀人士為罪犯,需要被下獄監禁。

　　1950年代左右,「視同性戀為心理疾病」的觀點開始受到挑戰。金賽博士發現,同性戀行為遠比先前認為的更為普遍。1960年代見證了急進同性戀解放運動的興起,同性戀人士不再容忍被視為次等公民對待。

　　到了1970年代,許多精神科醫師和心理學家(他們自身也是同性戀)在心理衛生專業內發出聲浪,要求同性戀應從DSM-II(1968)中除名。經過兩年激烈的爭辯後,美國精神醫學會(APA)在1974年舉行會員投票,最後以5,854票對3,810票,把同性戀排除於DSM-II之外。

　　今日,同性戀已不被視為心理疾病,它只是個人一種正常的性取向(sexual orientation),或一種另類的生活風格。

12-2　性偏好症（一）

　　當人們有性偏好（paraphilias）時，他們呈現重複而強烈之性激起的幻想、衝動或行為，通常涉及(1)無生命的物體；(2)自己或自己伴侶的痛苦或羞辱；或(3)兒童或其他未表同意的人們。

　　這裡需要注意的是：首先，有些性偏好（特別是戀童癖）被廣泛認為是病態，即使當事人沒有感受苦惱。其次，有些性偏好（如戀物癖）可能兼容心理健康和愉快。因此，DSM-5在性偏好與性偏好症（paraphilic disorder）間做出區分。性偏好是指不尋常的性興趣，但不必然造成當事人或他人的傷害。只有當這些興趣引起傷害時，它們才成為性偏好症。

　　雖然許多正常人在生活中也會發生一些輕微形式的性偏好，但性偏好者的特色是堅持性和排他性，也就是他的性慾集中於所涉舉動或物體上，否則通常不易達到性高潮。

　　至今缺乏關於各種性偏好之盛行率的資料，顯然是因人們通常不情願透露這樣的偏差行為。DSM-5檢定出八種性偏好症，我們以下稍加介紹。

一、戀物癖（fetishistic disorder）

　　在戀物癖中，當事人使用一些無生命物件或通常不具色情的身體部位（如足踝）以達到性滿足。戀物癖者所愛戀物件，包括耳朵、頭髮、手臂、鞋子及香水等。當事人使用這些物件的模式有很大變動，但通常涉及在親吻、撫摸、品嘗或嗅聞物件的同時從事手淫。在正常情況下，戀物癖不會干擾他人的權利。

　　許多男性對於女性隨身物件產生強烈的性著迷（像是胸罩、束腰帶、褲襪及高跟鞋），但是大部分並不符合戀物癖的診斷準則，因為隨身物件不是他們性歡愉所必要或強烈偏好之物。但這說明了「戀物似的偏好」在男性中有很高的發生率。戀物癖經常發生在「性被虐—性施虐」活動的背景中，但很少見於性侵犯者。

　　為了獲得所需的物件，戀物癖者可能從事偷竊、竊盜或甚至暴力傷害。他們最常偷取的物件是女性內衣褲。在這種情況下，犯罪舉動的興奮和懸疑本身就構成了性刺激，所偷取的物件本身已不具重要性。

　　戀物癖很少發生在女性身上。關於它的起因，許多學者強調經典制約和社會學習的重要性。顯然，女性內衣褲經由它與性和女性肉體的親近關係而產生情慾色彩。

二、異裝症（transvestic disorder）

　　根據DSM-5，當異性戀男子經由男扮女裝（cross-dressing）以獲得性興奮或性滿足時，就可能被診斷為異裝症。雖然一些同性戀男子偶爾會男扮女裝，但他們這樣做通常不是為了性愉悅，因此不能算是異裝癖。

　　異裝癖通常初發於青少年期，它涉及在穿戴女性服飾或內衣褲的同時從事手淫。研究學者指出，這類男性經由想像自己是女性而達成性興奮，他們並非被外界的女性所吸引，反而是被自己內在的女性所吸引。就像戀物癖，異裝癖不會對他人造成公然傷害，除非伴隨非法舉動，像是竊盜或破壞財物。

「性偏好」原先被稱為「性倒錯」，但為了避免社會烙印而改名。在DSM-5中，性偏好症包含八個分類，為了達成診斷，這樣的性偏好（呈現在幻想、衝動或行為上）必須引起當事人臨床上顯著苦惱，或造成在社交、職業或其他重要領域功能的減損。

性偏好症

1.窺視症（voyeuristic discorder）

實際偷窺不知情女性的裸體、脫衣，或情侶正在從事的性活動

2.暴露症（exhibitionistic disorder）

涉及在不疑有他的陌生人面前暴露自己的生殖器

3.摩擦症（frotteuristic disorder）

在未經同意下，以性器官碰觸或摩擦另一個人的身體

4.性被虐症（sexual masochism disorder）

採取一些實際作為，以使自己受到羞辱、痛打或綁縛而引致痛苦

5.性施虐症（sexual sadism disorder）

採取實際行動，施加心理或身體的痛苦於受害人

6.戀童症（pedophilic disorder）

涉及跟青春期前的兒童進行性活動

7.戀物症（fetishistic disorder）

使用無生命的物件以獲得性滿足

8.異裝症（transvestic disorder）

藉由跨性別裝扮以獲得性滿足

12-3　性偏好症（二）

　　一項研究對1000多位經常男扮女裝的男子進行調查，發現絕大多數（87%）是異性戀者，83%有過婚姻，而60%在調查時仍然維持婚姻。許多人設法保持自己扮裝的祕密，但通常會被妻子發現。有些妻子表示接納，另有些則極度困擾。

三、窺視症（voyeuristic disorder）

　　當個人經由偷看不知情女性的裸體，或偷看情侶從事性活動以達到自己性滿足時，就可能被診斷為窺視症（為期6個月以上）。這樣的人主要是年輕男性，他們在偷窺的同時經常會從事手淫。窺視癖或許是最常見的非法性活動。

　　這種行為模式是如何發展出來？首先，對異性戀男子來說，觀看誘人的女體本來就具有性刺激性。其次，性活動傳統上總是籠罩著隱私性和神祕感，這更增添對它的好奇心。第三，如果男子擁有這樣的好奇心，但又對於他與異性的關係感到害羞和不勝任的話，窺視提供了替代途徑，不但滿足他的好奇心，也在某種程度上滿足他的性需求，還能避免實際接近女性可能發生的傷害。最後，窺視活動經常也提供了補償性的權力感，就像是在暗中支配不知情的受害人。

　　今日，關於色情電影和雜誌的法律極為寬容，它們已消除對於性行為的大量神祕感，也為窺視者提供性滿足的替代來源。然而，我們仍不清楚它們的實際影響，因為從來沒有這方面良好的流行病學資料被提出。

　　雖然窺視者可能在行為上變得魯莽，因而被發現或甚至逮捕，否則他們一般而言不會有其他嚴重的犯罪行為或反社會行為。事實上。許多人或許都擁有一些窺視的傾向，但因為現實考量或道德態度（尊重他人的隱私權）而壓抑下來。

四、暴露症（exhibitionistic disorder）

　　當個人有反覆而強烈的性衝動、幻想或行為，經由在不適當環境中和未徵得別人（通常是陌生人）同意下，對他人暴露自己的生殖器，就可能被診斷為暴露症。暴露可能發生在僻靜的地方，如公園；或發生在較為公開的場所，如教堂、戲院或公車上。有些暴露狂（flasher）是開車接近學校或巴士站，在汽車中暴露下體，然後快閃離開。這樣案件典型的受害人是陌生的年輕或中年女性，雖然兒童和青少年也可能被鎖定為目標。

　　暴露症通常初發於青少年期或成年早期，它經常跟窺視症一同發生。據估計，高達20%的女性曾是暴露狂或窺視癖的受害對象。在一些案例上，暴露下體會伴隨暗示性的姿勢或手淫，但通常只有暴露而已。極少數的暴露狂會有攻擊行動，或甚至強制的性犯罪。儘管很少有侵害行為，但暴露本身已造成受害人的情緒煩亂，因此，暴露狂經常以妨害風化罪被起訴。

五、摩擦症（frotteuristic disorder）

　　個人在未經同意下，以性器碰觸或摩擦另一個人的身體，藉以達到性興奮，就可能被診斷為摩擦症。當然，在雙方同意的情形下，摩擦在性活動中可能是一件引以為樂的事情，它只是發生在不當的時空背景中。

男子的暴露行為經常造成觀看對象的情緒苦惱。這樣舉動具有侵犯的性質，它很明顯地違反了善良風俗。

12-4　性偏好症（三）

對於需要搭乘擁擠的巴士或地鐵上下班的女性乘客來說，她們經常是摩擦舉動的受害對象。有些人推斷，摩擦癖者有偏高的風險會從事更嚴重的性侵犯，但至今沒有證據支持這個觀點。

六、性施虐症（sexual sadism disorder）

當個人有重複而強烈之性方面的幻想、衝動或行為，涉及對另一個人施加心理或身體的痛苦，以達成自己的性興奮時，就可能被診斷為性施虐症。施虐幻想的主題通常包括支配、控制及羞辱。事實上，許多情侶會從事輕度的施虐和被虐，作為性愛前奏的一部分。因此，我們有必要辨別兩者，一是偶爾對施虐─被虐行為的興趣，另一則是性倒錯的施虐。調查已經發現，大約5～15%的男女會偶爾享受自願的施虐或被虐活動。

施虐者所採取的手段相當多樣化，從綑綁、鞭打、拳打腳踢、咬傷，以迄於割傷或燒傷。至於強度也相當多變，從幻想到重度傷殘，以及甚至殺害。在某些個案上，施虐活動最終導致實際的性關係；在其他個案上，單從施虐儀式本身就能獲得充分的性滿足。

七、性被虐症（sexual masochism disorder）

根據DSM-5，為了達成性被虐症的診斷，個人必須重複出現強烈之性方面的幻想、衝動或行為，內容涉及自己被羞辱、被痛打、被綑綁或其他會引致痛苦的舉動。

在雙方同意的施虐─被虐關係中，它涉及一位支配、施虐的「主人」和一位順從、被虐的「奴隸」，這不論在異性戀或同性戀關係中都不算少見。但這樣的被虐者通常不願意跟真正的性施虐者合作，他們會設定自己願意受到傷害或羞辱的程度。性被虐症的發生率顯然高於性施虐症，而且平均發生在男性和女性身上。

一種特別危險的受虐形式，稱為自體窒息式性愛（autoerotic asphyxia），涉及自我勒頸而達到缺氧的地步。雖然一些小說家推測，限縮血液流到腦部將會增強性高潮，但沒有證據支持這個觀點。窒息式性愛也可能發生在兩個人之間的施虐─被虐活動中。

八、戀童症（pedophilic disorder）

根據DSM-5，當成年人對於跟青春期前兒童的性活動有重複、強烈的性衝動或幻想時，就可能被診斷為戀童症。這裡，「兒童」是指一般來說年齡為13歲或更年幼者。雖然有些人建議，應該以身體成熟度加以界定。

戀童癖經常涉及撫摸或玩弄兒童的生殖器，至於插入肛門或陰道的性行為則極為少見。幾乎所有戀童癖者都是男性，而大約2/3的受害人是女孩，通常是介於8歲到11歲之間。大部分戀童癖者偏好女孩，但每4人中，即有1位偏好男孩。

從動機上來看，許多戀童癖者顯得害羞而內向，但仍然渴望能支配或掌握另一個人。有些人也會理想化兒童期的一些特性，諸如天真、無條件的愛或單純。戀童癖通常起始於青少年期，然後持續個人一生。許多人從事跟兒童或少年有關的工作，以便他們有廣泛的機會接近兒童。相較於成年的強暴犯，戀童癖更為可能在兒童時受過性虐待或身體虐待──雖然還不清楚這項關聯的意義。

DSM-5中也列有「其他特定的性偏好症」，它包括一些極為少見的性偏好症，用來傳達一些特殊狀況。

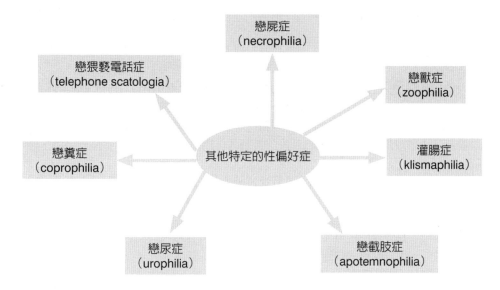

＋知識補充站

性偏好症的治療

　　過去三、四十年來，關於性偏好症的治療已有顯著進展，但是主要問題是，大部分患者不會因自己的行為而尋求治療，只有在被逮捕及入獄後才會接受治療。因此，他們願意改變的動機通常是渴望被假釋，不是單純地渴望改變自己行為。

　　性偏好症的治療涉及幾個途徑，首先是嫌惡治療法，也就是性偏好刺激（如青春期前女孩的裸體圖片）與嫌惡事件（如被迫吸入惡臭的氣味或在手臂上施加電擊）被配對呈現，以使戀童症患者對誘惑性刺激產生嫌惡反應。

　　其次，社交技巧訓練經常被派上用場，以協助性偏好症患者學會如何較適宜地與女性進行互動。

　　最後，有些患者被提供認知重建（cognitive restructuring）。例如，暴露症患者經常對責任做錯誤的認定：「她一直看著我，好像她期待這些事情發生」；貶抑受害人：「再怎麼說，她只是一個妓女」；以及輕忽行為的後果：「我沒有碰觸她，這怎麼能說是傷害」。因此，認知重建有助於排除這些認知扭曲。

12-5　性別不安

在DSM-5中，原先的「性別認同障礙症」（gender identity disorder）被改名為「性別不安」（gender dysphoria），以表明中立的立場。性別不安也較為符合維度的取向（不安的程度可能各不相同），而且在同一個人身上可能起伏不定。它可在兩個不同生活階段被診斷，即兒童性別不安，以及青少年和成人性別不安。

一、兒童性別不安（gender dysphoria in children）的症狀描述

性別不安的男孩明顯執迷於傳統上女性的活動。他們偏好女性化的穿著打扮，對於女孩們的活動引以為樂，諸如玩洋娃娃和扮家家酒。他們通常避開粗魯打鬥的遊戲，表達自己渴望成為女孩。這樣的男孩經常被同伴稱為「娘娘腔」（sissy）而加以排擠。

性別不安的女孩不情願父母為她們做傳統女性的裝扮，她們偏好男孩的服飾和短髮。她們對洋娃娃不太感興趣，倒是對運動較有興趣。雖然單純的「野丫頭」（tomboy）經常也擁有這樣的特質，但性別不安女孩的不同之處是，她們渴望成為男孩，或渴望長大後成為男人。這樣女孩受到她們同伴較良好的對待（相較於性別不安的男孩），因為女孩的跨性別行為較能被容忍。

二、兒童性別不安的一些特性

在臨床背景中，性別不安男孩的數量遠多於女孩，其比例約為5：1。這可能反映父母較為關切男孩的女性化行為（相較於女孩的男性化行為）。

當性別不安男孩長大成年後，最常發生的是成為同性戀，而不是變性慾（transsexualism）。在一項前瞻性研究中，44位極為女性化的男孩接受調查，只有1位在18歲時尋求變性手術。大約3/4成為同性戀或雙性戀男子，而且對自己的生理性別感到滿意。另一項前瞻性研究以性別不安女孩（3歲到12歲）為對象，發現抵達成年早期時（平均23歲），32%懷有同性戀或雙性戀的幻想，而24%從事同性戀或雙性戀的行為。

三、性別不安是一種精神疾病嗎？

考慮到許多這樣的兒童通常在成年期有良好適應，他們身為兒童時是否應該被視為精神疾病？有些人主張，這種兒童不應被視為「失調」，因為他們感到不適的主要來源是社會，即社會不能容忍他們的跨性別行為。但另有些人主張，這些兒童對於自己生理性別與心理性別之間差距所感到的苦惱和不快，已足以被稱為精神疾病。此外，這些兒童經常受到他們同儕的不良對待，也跟他們父母有緊張的關係，即使他們的跨性別行為沒有傷害任何人。

社會文化因素方面，在南太平洋的薩摩亞群島，極為女性化的男性不會受到社會烙印，它不是一種恥辱或汙點。這種男子被認為是第三性（third gender），既不是男性，也不是女性。男孩的女性化行為通常被他們家庭和文化所接受。長大成年後，這些人在性方面受吸引於其他男性，通常跟異性戀男子發生性關係。他們普遍不記得兒童期不順從性別的行為曾經引起自己苦惱。因此，有些人堅持，兒童期性別不安不應該出現在DSM-5中。

為了理論上中立，DSM-IV的性別認同障礙症在DSM-5中改稱為性別不安。

診斷基準

1. 個人所表現的性別與生理性別間顯著不協調，如下列一些症狀所表明。
2. 這些狀況引起當事人臨床上顯著苦惱，或造成在社交、學業或其他重要領域功能的減損。

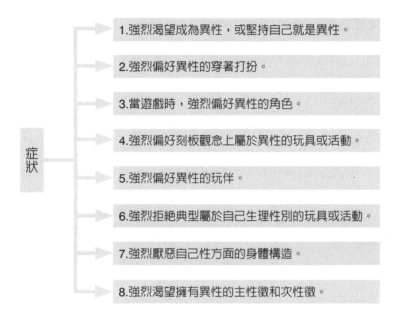

症狀

1. 強烈渴望成為異性，或堅持自己就是異性。

2. 強烈偏好異性的穿著打扮。

3. 當遊戲時，強烈偏好異性的角色。

4. 強烈偏好刻板觀念上屬於異性的玩具或活動。

5. 強烈偏好異性的玩伴。

6. 強烈拒絕典型屬於自己生理性別的玩具或活動。

7. 強烈厭惡自己性方面的身體構造。

8. 強烈渴望擁有異性的主性徵和次性徵。

✚ 知識補充站

性別不安的治療

　　對於性別不安的兒童和青少年來說，他們通常是由父母帶來接受心理治療。治療師一般從兩方面著手，一是處理兒童對自己生理性別的不適，另一是減緩兒童與父母以及與同儕間的緊張關係。

　　在改善同儕關係和親子關係方面，治療師試著教導這類兒童如何減少跨性別行為，特別是在可能引起人際困擾的情境中。性別不安典型是以心理動力論的方式處理，也就是檢視個人的內心衝突。幸好，大部分性別不安的兒童不會成為性別不安全的成人。他們的困擾通常在兒童期會減緩下來。

12-6　性功能障礙概論

性功能障礙（sexual dysfunctions）指涉兩方面事情，一是對性滿足的慾望（desire）有所缺損，另一是達成性滿足的能力（ability）有所缺損。當然，這樣的缺損在程度上有很大變動。但不論伴侶中哪一方發生性功能障礙，雙方在性享受上都會受到不利影響。在一些個案上，性功能障礙主要是心理歷程或人際因素所引起。在另一些個案上，身體是主要原因，包括服藥產生的副作用。最後，性功能障礙發生在異性戀伴侶和同性戀伴侶兩者身上。

一、性反應週期（sexual response cycle）

根據Masters和Johnson的觀察，人類的性反應可被劃分為四個階段：

1. 慾望期（desire phase）：包括對性活動的各式幻想，或渴望發生性活動。
2. 興奮期和高原期（excitement and plateau phase）：它的特色是主觀的愉悅感，伴隨一些生理變化，包括男性的陰莖勃起，女性的陰道潤滑和陰蒂膨脹。在繼之的高原期中，個人達到極高的激發水平；心跳、呼吸和血壓快速升高；腺體的分泌量大增；全身隨意肌和不隨意肌的張力增強。它的持續期間可從幾分鐘到超過1個小時。
3. 高潮期（orgasm phase）：男女兩性感受一種非常強烈的快感，這種歡愉感是源自從性緊張狀態中驟然解放出來。它的特色是性器官發生一種有節奏的收縮，在男性身上，這稱為射精（ejaculation），即精液的一種「爆發」狀態。在女性身上，高潮可能有兩種來源，一是來自對陰蒂的有效刺激，另一是對陰道壁的有效刺激。
4. 消退期（resolution phase）：身體逐漸回復正常狀態，血壓和心跳也緩和下來。在一次性高潮後，大多數男性進入一種不反應期（refractory period），男性的陰莖在這段期間不能充分勃起，因此不可能發生另一次高潮，可能從幾分鐘到幾個小時。但只要有持續的激發，有些女性在很短期間內能夠經歷連續幾次性高潮。

根據DSM-5，性功能障礙可能發生在前三個階段的任一階段中。

二、性功能障礙的盛行率

性功能障礙多常發生？關於這個敏感話題，我們不易施行大規模的研究。儘管如此，美國的一項調查發現，性困擾相當普遍，43%的女性和31%的男性報告在前一年中發生過至少一種性困擾。對女性來說，性困擾的發生率隨著年齡而遞減；但男性卻隨著年齡而遞增。已婚男女和較高教育水準的人們有較低的發生率。

具體來說，女性最常報告的困擾為缺乏性慾望（22%）和性興奮障礙（14%）。對男性來說，最常報告的困擾是太早達到高潮（21%）、勃起功能障礙（5%）及缺乏性興趣（5%）。這表示有相當高比例的人們在其生活的一些時候曾發生性功能障礙。近期一項研究以全世界29個國家的人民為對象，雖然各國的盛行率存在一些差異，但所得結果的相似之處，遠大於不同之處。東亞和東南亞國家則報告稍高的性困擾發生率。

一、人類性反應的階段

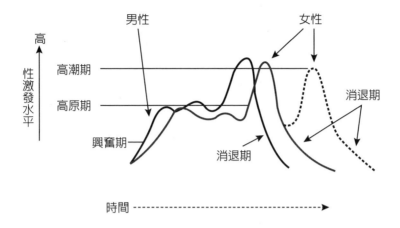

二、許多性騷擾事件是源自有所牴觸的性劇本。

✚ 知識補充站

約會強暴（date rape）

性劇本（sexual scripts）是指個人從社會所學得之性方面應對進退的腳本，它也包括你對性伴侶的期待。但是當這些劇本未被認肯，不經討論，或失去同步化時，經常在男女間製造紛爭。

關於約會強暴的研究顯示，男女的性劇本在關於象徵性抵抗（token resistance）的發生率上，存在重大落差。象徵性抵抗是指女性基於矜持心理，會適度抗拒進一步的性要求，儘管她們原先就打算同意。極少女性（大約5%）報告自己會採取象徵性抵抗，但大約60%的男性表示，他們遇過（至少一次）象徵性抵抗。

這可能是許多約會強暴的起因。有些男性相信象徵性抵抗是性遊戲的一部分；女性這麼做是避免自己被視為隨便且濫交，因此不必理會她們的抗議。男性絕對有必要認識，女性事實上報告自己很少玩這種遊戲，她們的抵抗是真實的，「不要」就是「不要」。

12-7　男性的性功能障礙

一、男性性慾低落障礙症

　　當個人對性活動的幻想和慾望持續地不足或缺乏，且為期至少6個月時，就可能被診斷為性慾低落障礙症（hypoactive sexual desire disorder）。在達成這項診斷上，臨床人員也應評估當事人困擾的進程（終生型或後天型）和可能的起因（一般型或情境型）。

　　在美國的一項大型調查中，相較於最年輕的年齡組（18～29歲），最年長的年齡組（50～59歲）發生性慾低落的比例，約為前者的3倍高。性慾低落有一些指標因素，包括每日飲酒、壓力、未婚身分及差勁的體能。

（一）治療

　　如果當事人的睪固酮（睪丸所分泌的一種雄性激素）濃度明顯偏低，睪固酮注射有一定效果。但對其他男性來說，心理因素在性慾低落上，則居較重要地位（相較於激素），心理治療似乎較為有效。

二、勃起障礙症（erectile disorder）

　　當個人不能達成或維持適當勃起以完成整個性活動時，這在以往稱為陽萎（impotence，或性無能），現在則稱為勃起障礙症。終生型勃起障礙極為少見，但所有年齡的大部分男性，都偶爾發生過一些勃起不足（未達所需的硬度）的經驗。根據一項調查，大約7%的18～19歲男性和18%的50～59歲男性報告有勃起障礙症。

（一）心理因素

　　有些學者指出，勃起功能障礙主要是對於性表現的焦慮所造成。另有學者指出，關鍵是在於認知分心（cognitive distractions），即個人對於自己性表現的負面思想分散其注意力，這些負面思想，如：「我將無法充分勃起」或「她將會認為我不能勝任」。個人太專注於負面思想，因此妨礙了性興奮。

（二）生理因素

　　在服用一些抗鬱劑後（特別是SSRIs），高達90%的男性會有勃起困擾，而這是病人不願繼續服藥的主要原因之一。此外，勃起困擾也是老化（aging）常見的結果。一項大型研究發現，在57到85歲的年齡組中，37%報告有明顯的勃起困難，而且隨著年齡遞增。然而，完全而持久的勃起障礙在60歲之前相當少見。有些男女在80和90多歲時，仍能享受性交活動。

　　為什麼老年人容易有勃起障礙？最常見的起因是血管疾病，它造成陰莖的血流量減少，或陰莖留存血液的能力降低。因此，動脈硬化、高血壓及糖尿病等容易造成血管病變的疾病，經常也會導致勃起障礙。吸菸、肥胖及酒精濫用等生活風格因素，同樣也涉及勃起困擾。

（三）治療

　　各種治療法已被派上用場，通常是在認知─行為治療法已失敗後。它們包括：(1)促進勃起的藥物，像是Viagra、Levitra和Cialis；(2)注射平滑肌鬆弛劑至陰莖勃起室中（海綿體）；(3)安裝真空唧筒。

　　1998年，革命性的藥品威而鋼（及隨後的犀利士）被引進全世界市場，引起大量注意。威而鋼的作用是使得氧化氮（陰莖勃起的主要神經傳導物質）更充分供應。威而鋼屬於口服劑型，在性活動前至少30到60分鐘服用。但不同於一些迷思，威而鋼不會增進性慾，也不會促成自發的勃起；只有當個人存在一些性慾望時，它才會促進勃起。

根據DSM-5，男性的性功能障礙可被劃分為四類：

類型	定義
性慾低落障礙症	對性活動的幻想和慾望持續地不足或缺乏。所謂的不足是由臨床人員判定，在考慮當事人的年齡和生活背景等情況下。
勃起障礙症	不能達成或維持適當勃起以完成整個性活動，或勃起硬度顯著減退。
早洩（early ejaculation）	在跟伴侶的性活動中，在陰道插入後的大約1分鐘內，或在個人希望的時機之前，就發生射精行為。
遲洩（delayed ejaculation）	在跟伴侶的性活動中，個人顯著的射精拖延，或顯著的極少射精或沒有射精。

＋知識補充站

早洩（early ejaculation）

　　早洩是指在極低性刺激下，個人就發生高潮和射精。它可能發生在陰莖插入之前、之際或不久後（1分鐘內），而且早於個人希望的時機。早洩經常造成伴侶無法達到滿足，也引起當事人的極度困窘。當發生這種困擾時，男性通常會嘗試降低自己的性興奮，像是經由避免刺激、經由自我分心（self-distracting），以及經由心理上採取「旁觀者」的角色。

　　在早洩的界定上，有必要考慮年齡因素，一般所謂年輕人是「快槍俠」（quick trigger），這是有一定道理。實際上，大約半數年輕人抱怨有過早洩情形（正式的診斷需要持續至少6個月）。當然，早洩最可能發生在長期禁慾之後。

　　關於早洩，DSM-5界定三種嚴重程度，它們是：(1)輕度，插入陰道後30秒到1分鐘射精；(2)中度，插入陰道後15秒到30秒射精；及(3)重度，性行為之前或才剛開始，或插入陰道後15秒內射精。

　　在治療方面，早洩被認為是心理作用引起的，可以採用行為治療加以矯治，諸如「暫停和緊握」（pause-and-squeeze）的技術。它需要個人在性活動中監視自己的性興奮情形。當發現興奮足夠強烈，而即將可能射精時，個人就暫停下來，然後握緊自己陰莖的頂部一陣子，直到即將射精的感覺消退下來。這樣的程序可在性交過程中重複多次，直至個人感到滿意。

　　當行為治療不能奏效時，一些阻擋血清素回收的抗鬱劑可被派上用場，它們已被發現能夠顯著延長早洩男性的射精潛伏期。

12-8　女性的性功能障礙

一、女性性興趣／興奮障礙症（female sexual interest/arousal disorder）

　　研究已顯示，當女性的性慾望低落時，她們傾向於在性活動中也出現低度的性興奮，反之亦然。因此，在DSM-5中，它把原先的「性慾望低落」和「性興奮障礙」結合為「女性性興趣／興奮障礙症」。此外，DSM-IV原列有「性嫌惡疾患」，它在DSM-5中已被排除。

（一）症狀描述

　　當然，人們對於性活動頻率的偏好有很大變動。因此，何謂「性慾望低落」？主要是由臨床人員在考慮各種影響性功能因素下而判定的。當發生憂鬱症或焦慮症時，許多人感到性慾望低落。此外，生理因素也扮演一定角色。例如，男女雙方的性慾望都部分地取決於睪固酮。因此，性慾望困擾隨著年齡遞增，部分可歸因於睪固酮濃度的減退。

　　但心理因素被認為扮演更重要的角色，包括對雙方關係的不滿意、日常的困擾和煩惱、意見不合和衝突，以及氣氛不佳等。

　　女性的性興奮障礙原先被稱為性冷感（frigidity），多少帶有輕蔑之意，它對應於男性的勃起障礙症（也被稱為性無能）。它主要的身體徵狀是在性刺激期間，女性的外陰部和陰道無法產生特有的膨脹和潤滑。這種狀況使得性交相當不舒服，也不可能發生高潮。

　　性興奮障礙可能有多方面原因，包括：(1)早期的性創傷；(2)對於性的「邪惡面」發生扭曲的社會化歷程；(3)不喜歡當前伴侶的性表現；及(4)不能配合伴侶的性活動劇本。至於生物起因方面：它可能包括：(1)為了焦慮和憂鬱而服用SSRIs；(2)發生一些醫學疾病（如脊髓損傷、癌症治療、糖尿病等）；及(3)雌性激素濃度的減退（發生在停經期間和之後）。

（二）治療

　　雖然自遠古以來，人類就致力於尋求各式藥物以增進性慾望，但至今還沒找到有效的春藥（aphrodisiacs）。此外，關於性慾望低落，至今也沒有已建立地位的心理治療。治療師通常把重點放在教育、溝通訓練、認知重建及性幻想訓練上。

　　在性興奮障礙的治療上，所採用的技術通常類似於增進性慾望所使用的技術。陰道潤滑劑被廣泛使用，它能有效地掩飾及處置這種障礙症的症狀。但潤滑劑本身不能增進生殖器的血流量。Viagra、Levitra及Cialis也被派上用場，但它們的效果遠不如在男性身上的作用。女性的性慾望和性興奮，很可能更為取決於雙方關係的滿意及心情——相較於男性。

二、骨盆性器疼痛／插入障礙症（genito-pelvic pain/penetration disorder）

（一）症狀描述

　　DSM-IV原列有「陰道痙攣」（vaginismus）和「性交痛」（dyspareunia），它們現在都被收編在這個分類中。在這種障礙症中，當性交插入時，個人的外陰道或骨盆發生疼痛或肌肉緊縮，伴隨明顯的恐懼或焦慮。

　　這種障礙症較是器質性的，而較不是心理起因。至於身體起因的一些實例，包括：(1)陰道或內部生殖器官之急性或慢性的感染及發炎；(2)隨著老化而發生的陰道萎縮；(3)陰道撕裂留下的傷疤；或(4)性興奮不足。

（二）治療

　　認知—行為的治療在某些個案上有良好效果。它運用的技術包括：(1)教導性知識；(2)鑑定及修正不適應的認知；(3)逐步的陰道擴張練習；及(4)漸進的肌肉放鬆。這些方法普遍地具有成效。

一、根據DSM-5，女性的性功能障礙可被劃分為三類：

類型	定義
性興趣／興奮障礙症	對性活動和性幻想失去興趣；不主動邀約，也對伴侶的邀約不感興趣；在性活動中，失去激動和愉悅的感受；對任何內在或外在的色情暗示失去興趣及興奮。
女性高潮障礙症	性高潮顯著的延遲或缺乏；性高潮感受的強度顯著降低。
骨盆性器疼痛／插入障礙症	在陰道性交時，顯著的外陰道或骨盆疼痛；在陰道插入之前、之際或之後，對可能發生的外陰道或骨盆疼痛感到顯著恐懼或焦慮；在試圖陰道插入時，骨盆肌肉顯著的繃緊和緊縮。

二、性功能障礙可能發生在性反應週期的慾望期、興奮期或高潮期。

✚ 知識補充站

女性高潮障礙症（female orgasmic disorder）

女性高潮功能障礙的診斷相當複雜，這是因為它牽涉到一些因素：(1)高潮的主觀性質有廣泛變異；(2)即使同一位女性，也會隨不同時間而變動；及(3)性刺激的樣式也扮演一定角色。

根據DSM-5，如果女性在正常的性興奮期之後，卻出現性高潮的延遲或缺乏，就可能被診斷為高潮障礙症。在這些女性中，如果沒有對陰蒂做一些補充刺激，許多女性在性交期間照例無法產生高潮；但因這種情況相當普遍，它通常不被視為功能障礙。對少數女性來說，只有經由對陰蒂施加直接的機械刺激（如強力的手指或嘴巴的撫弄，或使用電動按摩器），她們才能達到高潮。更少數女性則在任何已知刺激情況下都無法產生高潮，這被稱為終生型（lifelong type）高潮功能障礙。

研究已發現，這種障礙症在21～24歲的年齡層有最高的發生率，然後就減退下來。其他研究則估計，大約每3或4位女性中，就有1位報告在過去1年中曾發生過顯著的高潮困難。

有時候，沒有高潮的女性會假裝達到高潮，以使她的伴侶感到完全勝任。但女性偽裝愈久，她就愈可能感到混淆及挫折；此外，她可能對她的伴侶感到慣怒，因為對方如此不敏感於她的真實感受及需求，這接下來只會增加她的性困擾。

第十三章
思覺失調症及其他精神病症

13-1　思覺失調症（一）

　　思覺失調症（schizophrenia）是一種嚴重形式的精神病態。病人的人格失去統合，思維和知覺發生扭曲，而且情緒極為平淡。但思覺失調症的真正標記是「失去與現實的接觸」，被稱為精神病（psychosis）。我們一般所謂的「瘋子」、「精神錯亂」或「神經病」，真正指的是思覺失調症。

　　從DSM-III-R到DSM-IV，「schizophrenia」的中文都譯為「精神分裂症」。但為了避免汙名化，臺灣家屬團體和精神醫療專業人員於2012年倡導更名為「思覺失調症」。在新版的DSM-5中文版中，臺灣精神醫學會已正式採用這個譯名。

一、盛行率和初發年齡

　　在個人一生中，發展出思覺失調症的風險是大約0.7%。這表示每140位今天出生的人們中，就有1位當活到至少55歲時，將會發展出思覺失調症。當然，這只是平均的一生風險，並不表示每個人的機會都同等。

　　絕大多數的思覺失調症個案起始於青少年後期和成年早期，它初發的尖峰期是從18到30歲。雖然偶爾也見於兒童，但這很少見。此外，中年之後才初發也不是典型情況。

　　男性和女性在這種疾病上的比值是1.4：1。這表示每3位男性發展出思覺失調症的話，只有2位女性如此。此外，男性也傾向於發生較嚴重形式的思覺失調症。

二、思覺失調症的臨床症狀

（一）妄想（delusion）

　　妄想是指個人堅定抱持的錯誤信念，儘管它很清楚地不符合事實。這樣的人堅信一些事情，但同一社會的其他人卻斥為無稽之談。因此，妄想牽涉的是思想「內容」（content）的障礙。許多人也懷有一些妄想，但不一定有思覺失調症。然而，妄想在思覺失調症中是常見現象，發生在超過90%的病人身上。這些妄想包括：病人相信自己是不平凡人物；相信別人都在說自己壞話；或相信別人都想要迫害他等等。有時候，妄想不僅是一些孤立的信念，它們也會被編織成一套複雜的妄想系統。

（二）幻覺（hallucination）

　　幻覺是指在缺乏任何外界刺激的情況下所產生的知覺經驗。它不同於錯覺（illusion），錯覺是指對實際上存在刺激的錯誤知覺；錯覺不是心理異常，它是正常現象。在思覺失調症中，幻覺可能發生在任何感官通管，但最常發生的是聽幻覺。根據一項跨國的調查，75%病人報告有聽幻覺；39%報告有視幻覺；至於嗅幻覺、觸幻覺和味幻覺則較為少見，只有1～7%。

　　病人往往會把幻覺編入他們的妄想中，在某些個案中，病人甚至奉行他們的幻覺，依照聲音的指示實際作為。當病人認為自己社會地位低下時，他們傾向於把該聲音知覺為有權勢的人物，並據以採取行動。

（三）混亂的言語和行為

　　妄想反映的是思想「內容」的失常，至於混亂的言語（disorganized speech），反映的則是思想「形式」（form）的失常。病人不能清楚說明自己的意思，儘管他們的談話似乎符合語義和語法的規則。許多學者把這種情形稱為聯想「脫軌」、聯想「鬆散」或聯想「不連貫」。這經常使得聆聽者一頭霧水，摸不著頭緒。

一、在DSM-5中，思覺失調症的診斷準則極為類似於ICD（「國際疾病分類」，在歐洲和世界其他地區被使用的診斷系統）使用的準則。它需要出現下列5項症狀中的至少2項：

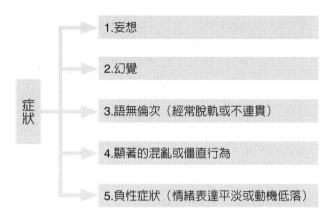

症狀

1.妄想

2.幻覺

3.語無倫次（經常脫軌或不連貫）

4.顯著的混亂或僵直行為

5.負性症狀（情緒表達平淡或動機低落）

二、在思覺失調症中，「妄想」是指病人所持之不實或不合理的信念，儘管面對清楚的反面證據，病人依然堅信不疑。

常見的一些類型的妄想

1.思想廣播：個人認為自己的思想正被任意地廣播給他人知道。

2.思想插入：個人認為自己的思想好像不屬於自己，而是被一些外界作用力插入自己頭腦中。

3.思想消除：個人認為自己的思想已被一些外界作用力所掠奪。

4.思想監控：個人認為自己的思想、感情或行動正受到外界作用力的監視及控制。

5.關聯妄想：一些中性的環境事件被認為對個人具有特殊的關係，例如，電視節目主持人的談話都是衝著自己而來。

13-2　思覺失調症（二）

　　在混亂的行爲方面，病人缺乏目標導向的活動，日常生活功能受到損害，包括工作、人際關係及自我照顧等領域。當趨於嚴重時，當事人不再能維持最起碼的個人衛生、極度忽視自己的安全、或從事一些荒誕的打扮（大熱天穿著外套及圍巾）。

　　更爲顯著的行爲障礙是僵直（catatonia），病人實際上缺乏任何動作及言語，處於茫然的狀態。在另一些時候，病人維持一種不尋常的姿勢，從幾分鐘到甚至幾個小時，似乎不會感到不適。

　　（四）正性和負性症狀：從早期以來，思覺失調症的臨床症狀就被劃分爲兩大類。第一類是正性症狀（positive symptoms），也就是一般人沒呈現但病人呈現的症狀，如妄想、幻覺及怪異行爲。第二類是負性症狀（negative symptoms），也就是一般人呈現但病人沒呈現的症狀，如情緒平淡、社交退縮及失去意志力。

　　雖然大部分病人在病程中都會展現正性和負性症狀兩者，但負性症狀占優勢的話，指出較不良的預後。

三、思覺失調症的亞型（subtypes）

　　因爲思覺失調症具有廣泛的多種症狀，有些學者認爲，它不是一種單一障礙症，而且一群障礙症的組合。因此，DSM-IV認定它的幾種亞型，其中最主要的是：(1)妄想型：主要特徵是針對特定主題產生複雜而有系統的妄想；(2)混亂型：主要特徵是語無倫次、錯亂的行爲，以及平淡或不合宜的情感；及(3)僵直型：主要特徵是顯著的動作徵狀，極度激昂或僵呆。

　　但這樣的分類似乎無助於我們洞察思覺失調症的病原和治療，因此，這些亞型在DSM-5中已被撤除。

四、其他精神病症（other psychotic disorders）

　　（一）情感思覺失調症（schizoaffective disorder）：這種診斷是指當事人除了有思覺失調的症狀外，他同時也有情緒障礙症的症狀（鬱症或躁症）。一般而言，這種障礙症的預後（prognosis）也是居於思覺失調症與情緒障礙症的中間地帶。

　　（二）類思覺失調症（schizophreniform disorder）：這種診斷是保留給一些類似思覺失調症的精神病，持續至少1個月，但沒有持續超過6個月，因此還不符合思覺失調症的診斷。

　　（三）短暫精神病症（brief psychotic disorder）：這種診斷涉及精神病症狀的突然發作，或出現胡言亂語或錯亂的行爲。它的發作期通常只持續幾天，然後當事人就完全回復先前的功能水準，可能再也不會有另一次發作。短暫精神病症經常是壓力所引起，偶爾也發生在懷孕期或產後1個月內。

　　（四）妄想症（delusional disorder）：就像思覺失調症，這類病人也抱持一些信念，卻被他們周遭的人們認爲是不實和荒誕的。但不同之處是，除了妄想及其產生的影響外，這類病人在其他方面是相當正常的，沒有顯現奇特或怪異的行爲，也未發生重大功能減損。

　　根據DSM-5，當病人的妄想涉及特定主題時，需要做特別的註明。這些主題包括：(1)愛戀妄想型（erotomania type）：妄想另一個人（通常是地位較高的人）一廂情願地深愛著自己；(2)誇大妄想型（grandiose）：妄想自己擁有偉大才能、權力、見識或身分；(3)嫉妒妄想型（jealous）：妄想自己的性伴侶不忠實；(4)迫害妄想型（persecutory）：妄想自己被謀害、欺騙、監視、跟蹤、下毒或毀謗；(5)身體妄想型（somatic）：妄想主題牽涉到身體的功能和感覺；(6)混合妄想型（mixed）：即上述一些主題的綜合。

一、當個人發生僵直症（catatonia）時，可能長時間維持同一種姿勢（通常是奇特的姿勢），從好幾分鐘到幾個小時。

二、思覺失調症的正性和負性症狀

正性症狀	負性症狀
幻覺	情緒平淡
妄想	言語貧乏
聯想脫軌	缺乏感情
怪異行為	缺乏意志 缺乏動機

三、根據DSM-5，「思覺失調類群及其他精神病症」可被劃分為下列幾個診斷分類：

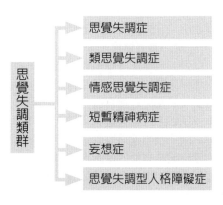

13-3　思覺失調症的風險和起因（一）

什麼引起思覺失調症，至今仍然沒有簡易的答案。不同的探討模式指向不同的起因、不同的發展途徑，以及不同的治療方式。大致上，思覺失調症是遺傳基因、生物化學、腦部功能、心理社會及文化等因素相互影響的結果。

一、遺傳因素

長久以來，研究學者們就注意到，思覺失調症傾向於在家族中流傳。這也就是說，如果一個人罹患思覺失調症，那麼遺傳上與其相關的人，將會比無關的人較可能也罹患思覺失調症。右頁圖表摘述了各種血緣關係可能促成人們罹患思覺失調症的風險高低。你可以看到，隨著血緣關係愈密切，罹病的風險就愈高。例如，當雙親都罹患思覺失調症時，其子女罹病風險是46%——相較之下，一般人口的罹病率只有1%。當只有雙親之一罹病時，他們子女的風險驟降為13%。當然，我們不能對家族研究作那麼直接而單純的解讀，我們還需要訴諸雙胞胎研究和領養研究。

（一）雙胞胎研究

研究已指出，同卵雙胞胎在思覺失調症上的一致率，顯著高於異卵雙胞胎（或一般兄弟姊妹）的一致率，前者約為後者的3倍高。我們知道，同卵雙胞胎擁有100%的共同基因，如果思覺失調症完全是一種遺傳疾病的話，他們的一致率應該是100%才對。但至今的研究從未發現一致率接近過100%，這表示雖然基因扮演一定角色，但環境條件也是必要的。

（二）領養研究

因為雙胞胎研究無法把遺傳影響和環境影響真正隔開，我們需要借助領養研究。這種策略是首先找到從早年就被領養而後來發展出思覺失調症的病人，然後比較他們的血緣親戚和領養親戚罹病情形。如果病人跟血緣親戚有較高的一致率（高於病人跟領養親戚的一致率），這就說明遺傳有較大影響；反之則是支持環境的起因。

在丹麥所執行的一項這類領養研究中，發現105位血緣親戚中，13.3%也有思覺失調症，至於224位領養父母中，只有1.3%也有思覺失調症。

（三）領養家庭的素質

在丹麥的研究中，它沒有對領養家庭的素質施加評鑑。但另一項在芬蘭的研究，則把這點增添到它的研究設計中。它首先考察家庭環境的素質，然後檢視在「功能良好vs.功能不良」家庭中長大兒童的發展情形。如所預期的，家庭環境的不利程度預測被領養兒童日後的困擾。但是，只有那些不僅有高遺傳風險，也在功能不良家庭長大的兒童，才會實際發展出思覺失調症。如果兒童有高遺傳風險，但在功能良好的家庭中長大，他們並不會比低遺傳風險兒童更常發生思覺失調症。

總之，這些發現指出，如果我們沒有遺傳風險，各種環境因素對我們的影響不大；但如果我們有高遺傳風險，我們遠為容易受到不利環境因素的影響。但它們也指出一種可能性，即良性的環境因素有助於保護有遺傳風險的人們，使他們免於發展出思覺失調症。因此，芬蘭領養研究提供良好的證據，指出「素質—壓力」模式也適用於思覺失調症的起因。

一、這個圖表指出，當個人罹患思覺失調症時，他的各種血緣親戚也會罹病的平均風險。這些資料是從在西歐所執行的40項研究（家族和雙胞胎研究）蒐集而來。

與思覺失調症病人的關係

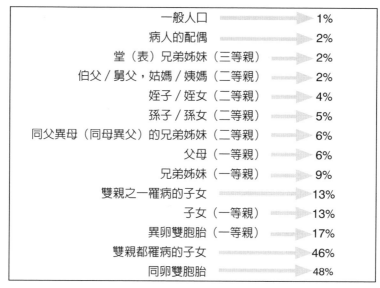

一般人口	1%
病人的配偶	2%
堂（表）兄弟姊妹（三等親）	2%
伯父／舅父，姑媽／姨媽（二等親）	2%
姪子／姪女（二等親）	4%
孫子／孫女（二等親）	5%
同父異母（同母異父）的兄弟姊妹（二等親）	6%
父母（一等親）	6%
兄弟姊妹（一等親）	9%
雙親之一罹病的子女	13%
子女（一等親）	13%
異卵雙胞胎（一等親）	17%
雙親都罹病的子女	46%
同卵雙胞胎	48%

罹患思覺失調症的一生風險（%）

◎共同的基因：三等親12.5%；二等親25%；一等親50%；同卵雙胞胎100%

二、思覺失調症的素質—壓力模式

1. 有遺傳風險的兒童 ＋ 功能不良的家庭環境 ＝ 罹病的高風險

2. 有遺傳風險的兒童 ＋ 功能良好的家庭環境 ＝ 罹病的低風險

✚ 知識補充站

雙胞胎研究與領養研究

　　為了決定遺傳對人格的影響，研究人員需要採用領養研究與雙胞胎研究。領養研究（adoption study）是首先求取兒童的特質（如好社交或羞怯）與其生身父母的特質之間相關程度，然後再跟兒童與其養父母之間相關程度進行比較。另外，為了使遺傳效應與環境效應被區隔開來，我們可以找來許多對雙胞胎，有些雙胞胎是在同一家庭中共同長大，另有些則是分開長大。這就組成了四組受試者；同卵雙胞胎（他們共有100%的相同基因）共同養大、同卵雙胞胎分開養大、異卵雙胞胎（平均而言，他們共有50%的相同基因）共同養大、以及異卵雙胞胎分開養大。首先針對每種人格特質求取各組的相關，然後再比較四組之間相關。我們依據數學公式就能夠決定每種特質各有多少百分比是得自遺傳，或是出於環境影響力。同樣原理也適用於精神疾病之遺傳成分與環境影響的研究上。

13-4　思覺失調症的風險和起因（二）

（四）分子遺傳學（molecular genetics）

　　研究學者已不再認為，思覺失調症將能以某一染色體上單一突變基因加以解釋。反而，在大部分個案上，思覺失調症涉及許多基因，它們共同作用而促成疾病的易罹性。

　　這方面研究正試圖鑑定哪些基因涉及思覺失調。目前，最受到注意的是第1、2、6、8、13及22號染色體。例如，COMT基因位於第22號染色體上，它涉及多巴胺的代謝。如稍後將提到，多巴胺長久以來被認為涉入精神病（缺損的現實驗證）。

二、產前的因素

　　研究已發現，經由妨礙正常的腦部發育，一些環境事件可能在有遺傳風險的當事人身上引起或誘發思覺失調症。

（一）病毒感染

　　當婦女在懷孕期第4到第7個月發生感冒的話，她們子女似乎有思覺失調症的偏高風險。這可能是母親對抗病毒的抗體（antibody）穿透了胎盤，因而以某種方式破壞了胎兒的神經發育。

（二）懷孕期和分娩期的併發症

　　許多分娩期的併發症似乎與思覺失調症有關，諸如胎位不正、過長陣痛或臍帶繞頸。這可能是因為影響了新生兒的氧氣供應。

（三）產前的營養不良

　　歷史事件指出，當母親在饑荒期懷孕的話，她們的子女有偏高風險在日後發展出思覺失調症。胎兒的營養不足似乎是原因所在。但究竟是綜合的營養不良，抑或是缺乏特定營養成分（如葉酸或鐵質）所致，至今仍不清楚。

三、神經發育的觀點

　　大部分學者已接受，思覺失調症是一種神經發育的疾病，即腦部發育在非常早期受到擾亂。思覺失調症的風險可能起始於一些基因的存在，如果被「開啟」，它們有破壞神經系統之正常發育的潛在性。當在產前期暴露於環境的侵害，可能啟動了這些基因，造成失常的腦部發育。然而，這種傷害通常直到腦部進入成熟期才會浮現出來，也就是發生在青少年後期和成年早期。

　　究竟發生什麼差錯？研究學者認為是細胞遷移（cell migration）受到破壞，使得一些神經細胞無法抵達預定地點，因而影響大腦的內部連結。細胞遷移已知發生在胎兒進入第4到第7個月時。

四、腦結構異常

（一）腦容量流失

　　腦室（brain ventricles）是位於腦部深處，充滿腦脊髓液的空腔。思覺失調症病人被發現有腦室擴大的現象，特別是男性。然而，擴大的腦室只出現在少數病人身上，而且另一些疾病也可能發生這種現象，諸如阿茲海默症、亨丁頓病以及慢性酒精中毒。

　　大腦在正常情形下占有頭顱內整個空間，因此，擴大的腦室表示鄰近的一些腦組織發生萎縮或容量減少。此外，MRI腦部掃描也顯示，病人腦部灰質（gray matter）的容量隨著時間顯著減少。這些研究說明，除了是一種神經發育的疾病外，思覺失調症也是一種神經進行的疾病（neuroprogressive），即腦組織隨著時間而流失。

一、一對28歲男性同卵雙胞胎的MRI掃描圖。這對雙胞胎中，罹患思覺失調症的一位（右側）出現腦室擴大的情形；另一位（左側）沒有罹病，他的腦室大小維持正常。

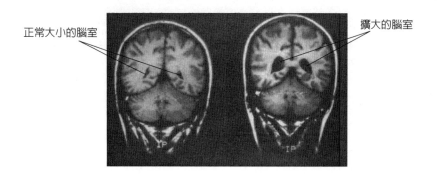

正常大小的腦室　　　　　　　　　　　　　　　　　　　　擴大的腦室

二、關於思覺失調症的病原，沒有單一因素能夠充分加以解釋。「先天vs.後天」的二分法不僅造成誤導，也失之簡易。反而，它是遺傳因素與環境因素間複雜交互作用的結果。

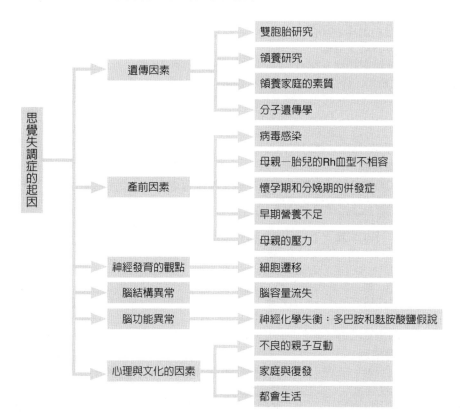

13-5　思覺失調症的風險和起因（三）

五、腦功能異常

　　長久以來，研究學者就普遍主張，重大精神疾病是起因於腦部的「化學失衡」。在思覺失調症的研究上，最具吸引力的主張是多巴胺假說（dopamine hypothesis），這是因為早期的抗精神病藥物（如chlorpromazine）似乎都具有阻斷多巴胺受納器的作用。多巴胺是一種類似正腎上腺素的兒茶酚胺，具有神經傳導的作用，它在運動控制系統和邊緣系統的活動上扮演重要角色。

　　根據多巴胺假說，思覺失調症與多巴胺能神經元的「過度活動」（造成多巴胺的過量）有關。這種情況可能經由幾種途徑而發生：(1)經由增加多巴胺的合成或製造；(2)經由釋放更多多巴胺到突觸中；(3)經由降低多巴胺在突觸中被代謝或分解的速度；及(4)經由阻斷神經元的回收。但因為不太受到證據的支持，近期的研究轉為探討病人是否有特別濃密的多巴胺受納器，或是否受納器特別敏感（或兩者皆是）。採用PET掃描，這方面研究似乎有良好進展。

　　除了多巴胺，另一些神經傳導物質被認為也涉及思覺失調症。例如，麩胺酸鹽假說（glutamate）現在正吸引大量研究的注意。麩胺酸鹽是一種興奮性神經傳導物質，廣布於大腦中，它的傳導功能的失衡可能涉及思覺失調症。雖然還在起步階段，但初期的發現似乎頗具展望。

六、心理與文化的起因

（一）不良的親子互動

　　早期研究把箭頭指向父母身上，「精神分裂原發的母親」（schizophrenogenic mother）觀念指出，母親疏遠而冷淡的行為是精神分裂症的基礎起因。稍後，「雙重困境假說」（double-bind，或雙重束縛）被提出，它是指父母提供給子女的一些觀念、情感及要求是相互矛盾而不相容的；例如，母親可能抱怨兒子缺乏感情，但是當兒子深情地接近她時，她卻又退避或處罰他。然而，這些觀念都禁不起時間考驗，或甚至有倒果為因之嫌，它們已不再被採信。

（二）情緒表露

　　許多研究人員注意到，當思覺失調症病人離院返家後，他們生活處境的性質預測他們的臨床進展。這導致情緒表露（expressed emotion, EE）的概念被提出，它是一種家庭環境的測量數值，具有三個主要成分：批評、敵意及情緒過度涉入。研究已顯示，當生活在高EE家庭環境中，罹病病人的復發風險是一般情況的2倍高；當家庭中的EE水平降低時，病人的復發率也減低了。

　　但是，EE如何引起疾病的復發？許多研究指出，思覺失調症病人對壓力是很敏感的。就如素質－壓力模式所指出的，環境壓力與先天的生理脆弱性產生交互作用，因而提高了復發的機率。此外，人類壓力反應的主要徵狀之一是，腎上腺皮質之可體松的分泌。可體松被稱為壓力激素，它的分泌引發了多巴胺活動，也影響麩胺酸鹽的釋放——這兩種物質已知都牽連思覺失調症。

（三）都會生活

　　都會生活似乎增加了個人發展出思覺失調症的風險。一項大規模的調查顯示，相較於在鄉下地方度過童年，那些在都市環境長大（生命的前15年）的兒童，當抵達成年期後，有2.75倍的機率發展出思覺失調症。再者，據估計，如果這項風險因素可被移除的話（也就是所有人都過著鄉村生活），思覺失調症的個案數將會減少大約30%。

思覺失調症的素質—壓力模式。這個圖表提供了一個總括，關於在思覺失調症的發展上，各種遺傳因素、產前事件、腦部成熟歷程及壓力之間如何交互作用。

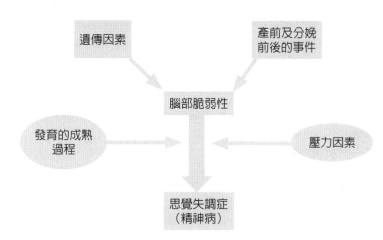

13-6　思覺失調症的治療

在1950年代之前，思覺失調症的預後相當黯淡。治療選項極為有限。躁動病人可能被穿上約束衣，或接受電休克治療（electroshock therapy）。大部分病人生活在偏遠及隔絕的機構中，不被期待有離開的一天。但是，隨著抗精神病藥物（antipsychotic drugs）在1950年代問世，這一切都改觀了。病人開始平靜下來，不再胡言亂語，危險而失控的行為也消除了。

但這並不表示病人已恢復他們發病前的狀況。它只是說，在治療和藥物的協助下，病人能有良好的生活功能。大約12%病人需要被長期收容在療養院中；大約1/3病人持續出現症狀，通常是負性症狀。因此，儘管這50、60年來的進展，思覺失調症的「痊癒」仍未能實現。

一、藥物治療

藥物被廣泛使用來處理思覺失調症，超過60種抗精神病藥物已被開發出來。它們共通的特性是，阻斷腦部的多巴胺D_2受納器。

（一）第一代抗精神病藥物

這些藥物（如chlorpromazine和haloperidol）在1950年代被引進，它們改革了思覺失調症的治療。大量臨床試驗已證實這些藥物的效能。它們實際上是多巴胺拮抗劑，這表示它們具有阻斷多巴胺的作用，主要是經由占據D_2多巴胺受納器。

第一代藥物對於正性症狀最具效果，特別是消除聽幻覺和減少妄想信念。但它們常見的副作用包括昏昏欲睡、口乾舌燥及體重增加。此外，許多病人也會出現「錐體束外副作用」（extrapyramidal side effects），包括震顫、肌肉強直及拖曳的步態，即類似巴金森氏症的症狀。更長期的服藥後，有些病人會出現遲發性自主運動障礙（tardive dyskinesia），即病人舌頭、嘴唇及下顎發生不自主的震動。

（二）第二代抗精神病藥物

1980年代，新式抗精神病藥物開始問世，諸如clozapine和risperidone。它們之所以稱為「第二代」，乃是因為它們引起較少的錐體束外症狀。這些藥物能夠有效減緩正性和負性兩者症狀。然而，它們也不能豁免於一些副作用，常見的是昏昏欲睡和體重增加，糖尿病也需要考慮。在少數個案上，藥物會造成白血球的驟降（使得免疫力受損），可能危及性命。因此，病人服藥後必須定期接受血液檢測。

二、心理社會的途徑

藥物在思覺失調症的治療上扮演核心角色，但心理社會的途徑也具有價值，通常是結合藥物一起實施。

（一）家庭治療

如前所述，病人的復發與高EE家庭環境有關。因此，在這種治療方案上，治療師首先取得病人及其家人的合作，然後教導他們關於疾病的知識，協助他們改良因應技巧和問題解決技巧，以及增進溝通技巧，特別是家庭溝通的清晰度。

（二）認知技巧訓練

即使病人的症狀已受到藥物控制，但他們通常不易於建立友誼、找到工作、維持工作或獨立生活。這通常是因為他們的人際技巧極為拙劣。社交技巧訓練就是在協助病人獲得良好生活運作所需的技巧，包括就業、人際關係、自我照顧，以及管理藥物方面的技巧。

（三）認知─行為治療

CBT的目標是減低正性症狀的強度、減少復發，以及降低社交失能。治療師協助病人探索他的妄想和幻覺的主觀本質、檢視各種支持或反對的證據，然後把妄想信念交付現實驗證。

思覺失調症病人的內心世界通常是混亂的，不時插入一些外來的聲音、偏執的信念及不合邏輯的思想。

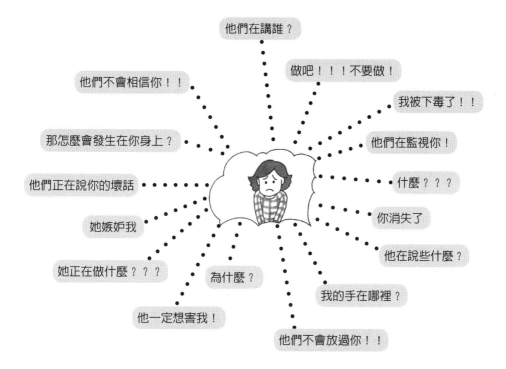

➕ 知識補充站

思覺失調症的預防

思覺失調症是一種極具破壞性且成本很高的疾病，如果能夠成功地加以預防，這在人道和財政上將會獲益匪淺。但這真的可行嗎？

第一級預防（primary prevention）的目標是防止新病例再發展出來，它涉及增進對思覺失調症婦女（及其一等親）的分娩照護。良好的產前照護有助於減少分娩併發症和低體重嬰兒。

第二級預防（secondary prevention）是鑑定高風險兒童，然後實施早期的介入。但這裡有兩個疑難，首先，篩選測驗不是很具鑑別性，許多被認定的高風險兒童，後來事實上沒有發展出思覺失調症。再者，即使我們有能力鑑定真正的風險，但對於還沒有出現精神病症狀的兒童，我們應該開以抗精神病藥物（即使是低劑量）嗎？較不具爭議的措施是，只施加認知治療法。

第三級預防（tertiary prevntion）是對疾病已成形的病人施加及早和密集的治療，這可能包括短期的入院照護、藥物治療、職能復健、家庭支持及認知治療法。

第十四章
神經認知障礙症

14-1　認知類障礙症—譫妄

　　大腦是一個令人驚異的器官，重量不過3磅左右，卻是在已知宇宙中最為複雜的構造。大腦涉及我們生活的每一個層面，從飲食和睡眠以迄於戀愛。大腦從事決定，它也藏有使我們成為今天這個模樣的所有記憶。不論我們身體不適或心理失常，大腦都牽涉其中。

　　但是，大腦也易於受到許多來源的傷害。當大腦受到損傷時，最明顯的徵狀是認知功能的變動。這樣的損傷可能是內部變化所引起（如巴金森氏症和阿茲海默症），導致腦組織的破壞；但也可能是源自外界作用力，諸如意外事件或重複重擊引起的外傷性腦傷。

一、DSM-5的診斷分類

　　在DSM-IV中，這類障礙症原本被稱為「譫妄、癡呆、失憶及其他認知疾患」，但它們現在在DSM-5中組成一個新式診斷分類，稱為「認知類障礙症」（neurocognitive disorders），這個用語較為直截了當，也較為概念上連貫。這個分類的障礙症涉及認知能力的減損，被認為是腦傷或疾病所引起。它的分支包括譫妄、認知障礙症（原癡呆症）及輕型認知障礙症，後兩者是依據「嚴重程度」加以區分。在每個廣義的診斷分類下，臨床人員需要註明該困擾被認定的起因，例如，「阿茲海默症引起的認知障礙症或輕型認知障礙症」。以這種方式，診斷提供了兩種訊息，一是關於認知障礙症的起因，另一是它的嚴重程度。

（一）腦傷的臨床徵狀

　　除了少數例外，腦部的細胞體和神經通路似乎不具有再生能力，這表示它們的破壞是永久的。當腦傷發生在成年人身上，這將會造成既定功能的喪失。至於心智損害的程度通常與腦傷的程度有關。然而，這不是一成不變的，大致上取決於腦傷的性質和位置，也取決於個人發病前的能力和性格。有些個案涉及相當嚴重的腦傷，心智變化卻極輕微；在另一些個案中，似乎輕微而有限的傷害卻造成心智功能的重大減損。

二、譫妄（delirium）

（一）譫妄的臨床描述

　　譫妄是一種急性腦部失能的狀態，介於正常清醒與僵呆（stupor）或昏迷（coma）之間。它的特色是混淆、不良注意力及認知功能障礙。譫妄在DSM-5中被視為個別的障礙症（而不是認知障礙症中的一類），乃是因為它的嚴重程度可能迅速波動，也可能與其他認知障礙症共存。

　　除了低迷的察覺力（awareness），譫妄也涉及記憶和注意力的缺損、混亂的思考，以及偶見的幻覺和妄想。處於這樣狀況下，病人基本上無法執行任何有目的的心智活動。

　　譫妄可能發生在任何年齡，但老年人有特別高的風險，或許是因為正常老化引起的大腦變化。在年齡頻譜的另一端，兒童也有譫妄的高風險，或許是因為他們的腦部尚未完全發育。譫妄可能起因於頭傷和感染，但最普遍的起因是藥物中毒或藥物戒斷。

（二）譫妄的治療

　　譫妄是真正的醫療緊急狀況，需要檢定出它的基礎原因。大部分病例是可回復的，除非譫妄是末期疾病或重度腦外傷所引起。治療牽涉到藥物、環境安排及家庭支持。大部分病例是使用抗精神病藥物；對於酒精或藥物戒斷引起的譫妄，則通常採用抗焦慮藥物。環境安排是在協助病人保持定向感，諸如良好的照明、清楚的標誌，以及顯眼的日曆和時鐘。

一、血液供應的中斷（中風）將會造成腦損傷（brain lesions）。大部分中風的原因是腦部動脈受到凝塊（clot）的堵塞。其他個案（大約13%的中風）則是因為腦動脈爆裂。

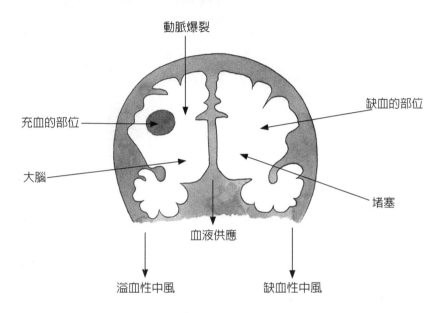

二、許多腦疾病或腦損傷是全面性的，它們的破壞效果是擴散性的，引起多重及廣泛之腦部迴路的中斷。

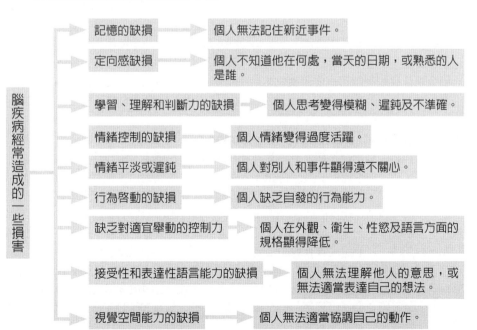

14-2　認知障礙症

　　在DSM-5中，廣義的診斷分類癡呆症（dementia，或失智症）已被捨棄，它現在被稱為「認知障礙症」（major neurocognitive disorder），主要原因是為了避免汙名化。認知障礙症涉及認知能力的顯著缺損，見於許多領域，包括注意力、執行功能、學習和記憶、語言、知覺動作及社會認知。但最為關鍵的是，當事人從先前達成的功能水準上減退下來。

一、認知障礙症的一些特性

　　在老年人身上，認知缺損的初始發作通常是漸進的。在早期階段，個人對環境事件還能有適當良好的應對。但隨著時間的進展，病人在許多方面出現逐漸顯著的缺損，包括抽象思考、新知識或新技巧的獲得、動作控制、問題解決、情緒控制及個人衛生等。這樣的缺損可能是進行性或靜止不動的，但前者的情況遠為居多。有時候，認知障礙症是可以逆轉的，如果它的基礎起因可被排除或矯治的話，諸如維生素缺乏、慢性酒精中毒、血塊壓迫腦組織，或代謝失衡等。

　　認知障礙症的各種認知缺損，也可能是一些退化性疾病所引起，諸如巴金森氏症和亨丁頓病。

二、巴金森氏症（Parkinson's disease）

　　巴金森氏症是一種神經退化疾病，較常見於男性。在65到69歲的年齡組中，它的發生率是0.5～1%；當超過80歲後，它的發生率是1～3%。

　　巴金森氏症的特徵是動作症狀，諸如靜止震顫或僵硬動作。它的基礎原因是黑質（基底神經節的一部分）部位的多巴胺神經元流失。多巴胺是一種神經傳導物質，涉及動作的控制。隨著多巴胺神經元流失，個人無法以一種受控而流暢的方式展現動作。此外，巴金森氏症也涉及一些心理症狀，諸如憂鬱、焦慮、冷淡、認知困擾，甚至幻覺和妄想。隨著時間演進，25～40%的病人將會顯現認知缺損的徵狀。在早發型巴金森氏症上，遺傳因素似乎較為重要，至於環境因素則與晚發型較具關聯。

　　巴金森氏症的症狀可以使用藥物暫時降低下來，如pramipexole，它增加多巴胺的供應。然而，一旦藥效過去，症狀又重返。另一種正被嘗試的方法是「深層腦部刺激」。最後，幹細胞研究也在上路中，似乎頗具展望。

三、亨丁頓病（Huntington's disease）

　　亨丁頓病是一種中樞神經系統的退化疾病，侵犯每一萬人中的大約1人。該疾病起始於中年，初發的平均年齡是大約40歲，男女的發生率大致相等。它的特徵是慢性、進行性的舞蹈症，即不自主和不規律的肢體抽動，從身體某一部位任意地遊走到另一部位。然而，通常在動作症狀初發的好多年前，就已出現微妙的認知困擾。這些困擾無疑是腦組織漸進的流失所致。病人最終會進入癡呆（失智）狀態，通常在病發的10到20年內死亡。目前還沒有有效的治療能夠恢復病人的功能或減緩疾病的進程。

　　亨丁頓病是第4染色體上的單一顯性基因所引起，這表示任何人只要雙親之一有這種疾病，就有50%的機率自己也會發展出疾病。目前的基因檢測已能決定高風險人們中，何者最後將會發展出疾病。但根據美國的資料，只有10%的人選擇知道自己的遺傳命運，且大部分是女性。

一、認知障礙症涉及各種認知缺損，這樣的缺損有多方面起因。

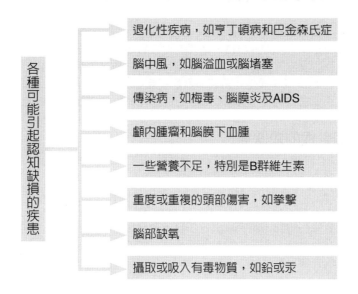

各種可能引起認知缺損的疾患

- 退化性疾病，如亨丁頓病和巴金森氏症
- 腦中風，如腦溢血或腦堵塞
- 傳染病，如梅毒、腦膜炎及AIDS
- 顱內腫瘤和腦膜下血腫
- 一些營養不足，特別是B群維生素
- 重度或重複的頭部傷害，如拳擊
- 腦部缺氧
- 攝取或吸入有毒物質，如鉛或汞

二、認知障礙症常見的一些起因，阿茲海默症負責了半數以上的病例。

在所有病例所占百分比

認知障礙症的起因

阿茲海默症	56.6%
腦中風	14.5%
多重起因	12.2%
巴金森氏症	7.7%
腦損傷	4.4%
其他原因	5.5%

三、有一些認知障礙症是可逆轉的，如果它們是起因於：

1.藥物
2.情緒憂鬱
3.維生素B$_{12}$缺乏
4.慢性酒精中毒
5.腦部的一些腫瘤或感染
6.血液凝塊壓迫腦組織
7.代謝失衡（包括甲狀腺、腎臟或肝臟的疾病）

14-3　阿茲海默症（一）

　　阿茲海默症（Alzheimer's disease, AD）是一種進行性的神經退化疾病，它是以其發現者Alois Alzheimer（1864～1915，德國的神經病理學家，在1907年首度描述這種疾病）為名。阿茲海默症原先被稱為「老年癡呆症」（後來改稱「老年失智症」）。但在DSM-5中，它的正式名稱是「阿茲海默症引起的認知障礙症」。AD的特徵是呈現一些失智的症狀，它的初發不容易察覺，它的惡化過程通常緩慢而漸進，最後以譫妄和死亡告終。

一、阿茲海默症的症狀描述

　　AD的診斷需要對病人施行詳細的臨床衡鑑，這可能包括醫療史、家庭史、身體檢查及實驗室檢測，直待失智的所有其他原因都被排除後，才能做成AD的診斷。

　　AD通常在45歲後才會開始發作，它表現多重的認知缺損，不僅是記憶的困擾。在最早期階段，AD只涉及輕微的認知缺損，像是難以記取近期事件、在工作上犯下較多失誤，或需要較長時間才能完成例行任務。在更後階段，失智趨於明顯，缺損更為嚴重，涵蓋多方面領域，造成生活功能的失控。例如，當事人可能失去定向感、判斷力不良，以及疏失個人衛生。

　　在AD病人身上，大腦顳葉是最先受損的部位，因為海馬迴位於此處，記憶缺損是AD的早期症狀。顳葉之腦組織的流失也可以解釋為什麼有些病人被發現有妄想。AD病人最普遍發生的是被害妄想，次之則是嫉妒妄想。例如，病人持續指控他的伴侶不貞，或指控家人在食物中下毒。

　　在適當的治療下，許多AD病人顯現症狀的一些緩解。但一般而言，在幾個月或幾年期間中，病情將會繼續惡化及走下坡。最終，病人完全忘卻他的周遭世界，鎮日躺在病床上，成為植物人般的狀態。由於對疾病的抵抗力大為降低，病人往往因肺炎或另一些呼吸或心臟系統的疾病而死亡。從首次臨床接觸的時刻算起，病人死亡的中數（median）時間是5.7年。

二、阿茲海默症的盛行率

　　AD正快速成為重大的公共健康問題，為社會和家庭資源帶來龐大負荷。它在所有失智病例中占最大比例。然而，AD不是老化（aging）必然的結果，年齡只是重大風險因素。

　　據估計，在個人達到40歲後，AD的發生率每5年就上升2倍。在60到64歲時，只有不到1%的人有AD，但超過85歲後，這個數值上升到40%。以全世界來說，目前超過三千五百萬人罹患AD；到了2030年，預計這個數值將上升到驚人的六千六百萬人，需要付出的成本極為令人憂心。

　　女性在AD上有稍微偏高的風險（相較於男性）。當然，女性傾向於較為長命，但這不能完全解釋她們較高的盛行率——雖然我們仍不清楚真正的原因。除了高齡和身為女性外，AD的另一些風險因素，包括身為現行的吸菸者、較低的收入、較低的職業地位，以及接受較少的正規教育。

　　AD的盛行率在北美和西歐較為高些，但在非洲、印度及東南亞等地方較為低些。這導致研究學者推斷，生活風格因素可能涉入AD的發展，諸如高脂肪、高膽固醇的飲食。

一、阿茲海默症已知的一些風險因素

二、根據DSM-5，認知類障礙症是指腦傷或疾病引起之認知能力的減損，它可被劃分為幾個分類：

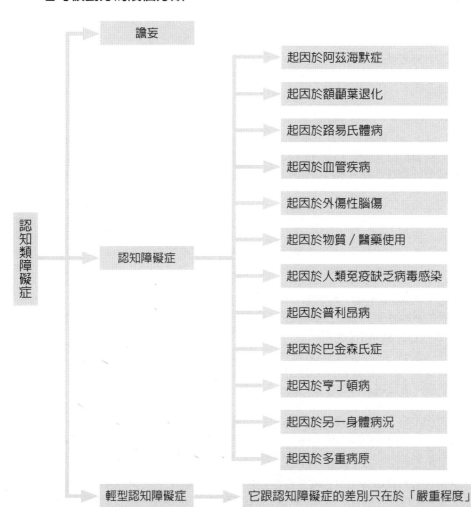

14-4　阿茲海默症（二）

三、阿茲海默症的起因

（一）遺傳與環境

研究學者經常把AD分為早發型（early-onset）和晚發型（late-onset）。早發型病人往往在他們40或50多歲時就已受到影響。在這種個案上，認知衰退通常相當迅速，遺傳成分占很大角色。但即使在晚發型AD上，基因也扮演一定角色。

在早發型AD的起因上，三種突變的基因已被鑑定出來，它們是APP、PS1和PS2，但它們加總起來只占不到5%的AD病例。至於在晚發型AD上，第19對染色體上的APOE基因扮演重要角色。

當前的看法是，我們的遺傳傾向（易罹性）與其他遺傳因素交互作用，以及與環境因素交互作用之下，決定我們是否將會屈服於AD。在環境方面，前面已提過，飲食（diet）可能是重要的中介環境變項。此外，個人過胖、罹患第二型糖尿病，或不能保持身體活躍也都涉及風險因素。另一些環境因素包括暴露於金屬元素（鋁）和發生外傷性腦傷。最後，憂鬱的病史也提高了日後發生AD的風險。

（二）神經病理

當Alois Alzheimer對他的病人施行屍體解剖時，他發現腦部的一些異常現象：(1)類澱粉質斑點；(2)神經原纖維糾結；及(3)腦部的萎縮。雖然斑點和糾結也可見於正常腦部，但它們以絕大數量出現在AD病人，特別是顳葉。

當前的見解是，在阿茲海默症上，腦部的神經元分泌一種黏性的蛋白物質，稱為β類澱粉蛋白，這種蛋白的分泌速度遠快於它被分解和消除的速度。β類澱粉蛋白然後累積成為類澱粉質斑點（amyloid plaques）。它們被認為妨礙突觸功能；此外，它們也具有神經毒性，導致腦細胞的死亡。因此，β類澱粉蛋白的累積被認為在AD發展上扮演重要角色。

神經原纖維糾結（neurofibrillary tangles）是神經細胞內異常單纖維的網狀物。這些單纖維由另一種稱為tau的蛋白質所組成。在正常的腦部，tau的作用就像鷹架，支撐神經元內部的小管，以便傳導神經衝動。在AD上，tau發生變形而糾纏，引致神經元小管的崩潰。研究已顯示，tau蛋白質的集結會因腦部類澱粉蛋白漸增的負荷而加速進行。假使如此，AD之最有前景的治療，應該是能夠矯治（及預防）類澱粉蛋白積累的藥物。

最後，神經傳導物質乙醯膽鹼（ACh）也涉及AD的發展，即製造ACh的一群細胞受到破壞。因為ACh在記憶上如此重要，它的枯竭促成了AD的認知缺損和行為缺損。

四、阿茲海默症的治療

儘管大量努力，至今針對AD尚無有效療法能夠恢復病人的功能。當前只有一些緩和性的措施，對準於減輕病人的躁動不安和攻擊行為，以及舒緩照護者的苦惱。

失智經常導致病人四處遊蕩、大小便失禁、不當的性行為，以及不適切的自我照顧技巧，這些多少可以經由行為治療加以控制。

在藥物治療方面，研究重心放在如何增進腦部ACh的供應上，以便改善病人的認知功能。根據這個理念，像是tacrine和donepezil等藥物已被推出，似乎比起安慰劑有適度良好成效。此外，另一種被核准的藥物是memantine，它的作用是調解麩胺酸鹽（glutamate）的活動，似乎帶來一些認知效益。

最後，我們只能說，對大部分類型的神經細胞來說，一旦死亡了，它們就永久喪失。這表示即使一些新式治療能夠遏止腦組織進行性的流失，病人仍會留下嚴重的損害。這是不能逆轉的，也就是命運。

一、一些腦部疾病（如AD）只有在大體解剖後才能確診。AD的生理跡象是類澱粉質斑點、神經原纖維糾結及腦部萎縮。上圖是AD腦部，下圖是正常腦部。

二、從AD病人所取得腦組織樣本的顯微圖，圖形呈現AD特有的深色斑點和神經原纖維糾結（絞狀纖維的不規則型態）。

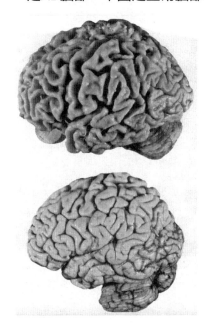

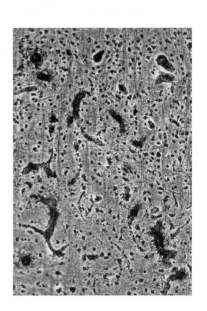

✚ 知識補充站

AD病人的照護者

　　根據估計，老人療養院的住民中，大約30～40%是AD病人。另有一些AD病人住在精神醫院或其他收容單位中。但直到病人進入嚴重受損階段之前，大部分人是住在家裡，受到家人的照護，這經常帶來莫大壓力，特別是如果重擔只落在一個人身上。

　　隨著疾病的進展，照護者不僅要面對許多管理的困擾，他們也會直擊病人的「社交死亡」和自己「預期的哀悼」。因此，照護者有格外高的風險發展出憂鬱症，特別是丈夫照顧罹病妻子的情況。例如，研究已發現，這些照護者的可體松（cortisol，壓力激素）濃度，基本上已接近重度憂鬱的病人。此外，他們也傾向於自己服用高劑量的精神促動藥物，而且報告許多壓力症狀。

　　因此，在AD的治療上，任何廣博的方案也應該考慮照護者的處境，提供必要的諮商和支持性治療。

14-5　頭部傷害引起的障礙症

外傷性腦傷（traumatic brain injury, TBI）經常發生，它最常見的起因是從高處跌落、重大車禍、暴力攻擊及運動傷害。最可能發生TBI的年齡組是：(1)0～4歲的幼童；(2)15～19歲的青少年；及(3)65歲以上的老年人。在每個年齡組中，男性的發生率都高於女性。在DSM-5中，「外傷性腦傷引起的認知障礙症」就是用來指稱頭部傷害引起的認知損害。

一、臨床的症狀

臨床人員把腦傷的起因劃分為兩種，一是閉合性頭部傷害，即病人的顱骨仍維持完整；另一是穿透性頭部傷害，即尖銳物件（如子彈）進入腦部。

如果頭部傷害嚴重到使個人失去意識，個人通常會發生倒行性失憶（retrograde amnesia），即無法記得正好在傷害前所發生事件。顯然地，這種創傷妨礙了大腦把當時仍在處理的事件凝固為長期儲存的能力。至於前行性失憶（anterograde）則是個人無法把創傷後一定期間內所發生事件儲存在記憶中。這種失憶也經常看到，它被視為是不良預後的徵兆。

當個人因為頭部傷害而失去意識後，他通常會一路通過僵呆（stupor）和混淆（confusion）的階段，才逐漸恢復清楚的意識。這種意識的恢復可能在幾分鐘內就完成，也可能花費好幾小時或好幾天。在重度腦傷而失去意識後，個人的脈搏、體溫、血壓及大腦代謝等都會受到影響。在較少見的個案上，個人進入長期的昏迷（coma）狀態，延續期間則與腦傷的嚴重程度有關。如果病人存活下來，昏迷之後會發生譫妄，也就是出現強烈的激動不安、失去定向感及產生幻覺。漸進地，意識混淆會澄清下來，個人重獲跟現實的接觸。

但在日常生活中，更常發生的是，一些相對上輕微的閉合性腦震盪和腦挫傷，通常起因於車禍、運動傷害、跌落及另一些小事故。甚至搭雲霄飛車（產生高度重力）也可能引起腦傷，每年有好幾起死亡可歸因於它所引起的腦出血。大多數腦震盪不涉及失去意識，但是在腦震盪後，大腦有4或5倍的可能性易受第二次撞擊的傷害，這種脆弱性可能延續好幾個星期。

二、TBI的治療

腦傷需要接受立即的醫療，像是移除顱內鬱積的血塊，以免壓迫到大腦組織。但除此之外，通常還需輔佐長期的再教育和復健方案，牽涉到許多專業人員。

中度的腦傷常會留下一些症狀，包括頭痛、記憶困擾、對光線和聲音敏感、暈眩、焦慮、易怒、疲倦及不良專注力。當腦傷更為廣泛時，病人一般的智力水準大為降低，特別是如果顳葉或頂葉受到損傷。在少數腦傷個案上，當事人發生顯著的人格變化，像是變得消極被動、失去動機和自發性、激動不安及妄想性多疑。當然，這大致上也是取決於損傷的部位及範圍。

在單純的醫療階段後，TBI的治療通常極為長久，艱辛而昂貴。它需要對神經心理功能施行仔細而持續的衡鑑，然後設計適當的措施，以便克服仍存留的缺損。這將是一個龐大的工程，牽涉到許多專業領域，像是職能治療、物理治療、言語／語言治療、認知治療、行為治療、社交技巧訓練、職業輔導及休閒治療等。不論如何，治療的目標通常是在提供病人新的技巧，以便彌補可能已永久流失的一些功能。

一、意識水平的連續頻譜

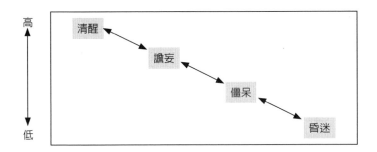

二、當在一些主題樂園搭乘高重力的設施時，有些人可能產生神經方面的傷害，經由在腦部的纖細血管上製造小型的撕裂傷。

三、腦震盪的一些徵兆

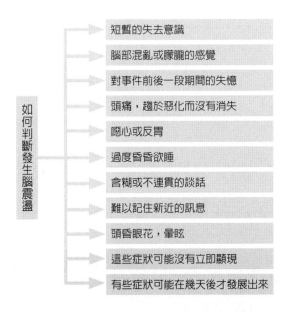

第十五章
兒童期和青少年期的障礙症

15-1　注意力不足／過動症

DSM-5提供了許多診斷，關於兒童期和青少年期的障礙症（或神經發展障礙症）。此外，智力不足（或智能發展障礙症）也被容納在這個分類中。

一、注意力不足／過動症（attention-deficit/hyperactivity disorder）

ADHD在定義上包含兩組症狀。首先，兒童必須出現一定程度的「不專注」（inattention），而且不相稱於他們的發展水平。例如，他們無法在學業、工作或另一些活動上集中及維持注意力，容易因為外界刺激而分心，或經常丟失一些物件。其次，兒童必須出現「過動和衝動」（hyperactivity and impulsivity）的症狀。過動像是心神不寧、四處跑動、過度攀爬及不停說話等。衝動則像是搶先作答、打斷他人說話及不肯排隊等。這些行為模式持續至少6個月。

二、ADHD的一些特性

因為過動和衝動，ADHD兒童通常有許多社交困擾。他們無法服從規定，引致父母的莫大苦惱；他們在遊戲中也不受到同伴的歡迎。他們通常智力較低，IQ大約低於平均值7到15分。他們通常在學校表現不佳，顯現多方面的學習障礙。

ADHD的發病高峰期在8歲之前，較少在8歲之後才初發。它是最常被轉介到心理健康中心和小兒科診所的精神疾病。它在學齡兒童身上的盛行率是3～7%之間。過動症最常見發生在青少年期前的男孩，男孩的盛行率約為女孩的6倍到9倍高。

三、ADHD的起因

ADHD的起因一直存在大量爭議。雙胞胎和領養研究已提供強烈證據，指出ADHD的可遺傳性。許多人相信，生物因素（如基因傳承）將會被證實是ADHD的重要先驅物——經由影響腦部的發育和神經傳導物質的功能。有些研究指出，腦部的一些運轉歷程使得過動症兒童的行為去抑制化；因此，他們呈現不一樣的腦波組型。

在心理起因方面，氣質和學習顯然具有重要作用。此外，家庭病態（特別是父母的人格）似乎可被傳遞給兒童；兒童在產前暴露於酒精似乎也提高了罹病的風險。總之，ADHD目前被認為具有多重的起因和效應。

四、ADHD的治療

在藥物治療方面，Ritalin（methylphenidate）被發現有助於減低過動症兒童的過度活動和容易分心，以及降低攻擊行為，使得他們在學校中有遠為良好的進展。事實上，Ritalin是一種安非他命，但是它在兒童身上卻具有鎮靜的效果，完全相反於它在成年人身上的效應。然而，這類藥物有不良副作用，像是造成思考及記憶能力的損害、成長激素的破壞及失眠等。另三種不同化學成分的藥物（Pemoline、Strattera及Adderall）也已開發出來，它們有助於減輕ADHD的症狀，但也帶來各自的副作用。

研究已顯示，採取行為治療和藥物治療雙管齊下的方式，顯現良好成效。行為技術包括教室中的選擇性強化、學習材料的結構化及擴大立即的回饋等。最後，家庭治療法是值得考慮的一個選項。

為了達成注意力不足／過動症的診斷，個人需要在(1)「不專注」和(2)「過動和衝動」所列症狀中各自符合至少6項以上。

經常在學校作業或工作上粗心犯錯

無法專心聆聽他人正對他所說的話

難以維持注意力

無法遵照指示完成課業或家事

(1)不專注

難以規劃工作及活動

容易因為外界刺激而分心

經常逃避需要專注力的工作

經常丟失一些重要物件

經常忘記一些應做的事情

經常心神不寧或坐立不安

經常無緣無故離開座位

經常搶先作答，不能輪流說話

無法耐心排隊

(2)過動和衝動

經常四處跑動或攀爬

無法安靜地從事活動

經常打斷或侵入他人的活動

處於「停不下來」的狀態

不停的說話

＋知識補充站

過動症在青少年期之後的演進

　DSM-5的診斷準則已稍做修正，以用來描述青少年後期和成年早期的ADHD症狀。研究已報告，許多過動兒童保持症狀和行為到進入成年早期，他們繼續有其他心理問題，諸如過度攻擊或物質濫用。在一項針對過動兼有品行問題之男孩的追蹤研究中，發現這種男孩有成年犯罪的極高風險。在過動女孩方面，追蹤研究也發現她們在一些障礙症上有偏高風險，包括反社會、成癮、情緒、焦慮及飲食等方面的障礙症。然而，不同研究所報告的估計值有很大變異，在我們能夠認定「過動兒童在成年期將會繼續發生類似或其他問題」之前，我們還需要更多縱貫研究。

15-2　自閉症

兒童期最令人困惑及失能的障礙症之一是自閉症（autism），它在DSM-5中被稱爲「自閉症類群障礙症」（autism spectrum disorder）。

一、自閉症的症狀描述

（一）社交缺失（social deficit）

自閉症的典型徵狀是疏離於他人。即使在生命的最早期階段，這種嬰兒從不會挨靠在母親身旁，不喜歡被撫摸，不會伸出雙手要求擁抱；當被逗笑或餵食時，嬰兒不會發笑或注視對方。自閉症兒童甚至似乎不認識或不在乎自己的父母是誰。他們缺乏社會理解力，也沒有能力採取他人的態度，無法如他人那般「看待」事情。往往被稱爲是「心理失明」（mind blindness）。

（二）言語缺乏（absence of speech）

自閉症兒童模仿（擬聲）能力有所缺損，無法有效地透過模仿進行學習。他們經常會鸚鵡似地複述一些語句，持續不斷，卻未必了解其意義。

（三）自我刺激（self-stimulation）

自閉症兒童經常展現重複的動作，像是猛撞頭部、旋轉及搖晃等，可能持續幾個小時。他們經常顯現對聽覺刺激的嫌惡反應，即使是聽到父母的聲音，也可能放聲大哭。

（四）維持同一性（maintaining sameness）

自閉症兒童似乎會從自己角度主動地鋪排環境，致力於簡化多樣化的刺激，以便排除他人的干涉。當環境中任何熟悉的事物被更動時，他們將會發脾氣，直到熟悉的情境再度恢復爲止。他們也會從事反覆及儀式化行爲，像是把物件擺成直線或對稱的型態。

二、自閉症的一些特性

各種社經階層的兒童都會受擾於自閉症，其發生率是每一萬名兒童中的30名到60名之間，而且似乎正在增加中。自閉症通常在幼兒30個月大之前就可鑑定出來，甚至在生命的前幾個星期就可約略猜測到。男女的比例約爲3：1或4：1。

自閉症兒童在認知或智力作業上的表現有明顯的缺損，可能有多達半數是屬於智能不足。但是，他們在一些領域中卻展現驚人的能力。正如達斯汀・霍夫曼（Dustin Hoffman）在電影《雨人》（Rain Man）中所演出的，該個案例在年幼時即展現不尋常的「日曆推算」的能力，他能說出大部分國家的首都，也擁有驚人的記憶力，使得他在拉斯維加斯賭場贏得一大筆錢，這種情形被稱爲自閉天才（autistic savant）。

三、自閉症的起因

雙胞胎研究指出，同卵雙胞胎在自閉症上有較高的一致率。事實上，自閉症的風險中，有80%到90%的變異數可歸因於遺傳。因此，它可能是最具遺傳成分的一種精神疾病。

研究學者普遍同意，自閉症涉及中樞神經系統的基礎障礙，即一些先天缺陷，這損害了嬰兒的知覺、認知功能、處理輸入刺激，以及建立跟外界關係的能力。MRI研究顯示，腦部構造的異常，可能促成自閉症的大腦代謝差異和行爲表現。此外，大腦麩胺酸鹽神經傳導系統的一些成分也牽涉自閉症成因，使得早期腦部神經發育發生差錯。但不論涉及怎樣的生理機制或腦部構造，缺陷的基因、輻射能的傷害、或胎兒期發育的其他狀況，均可能在自閉症的病原上扮演重大角色。

原先在DSM-IV中被確診的自閉症、亞斯伯格症（Asperger's disorder）或其他未註明的廣泛性發展障礙症，現在在DSM-5中，都應被診斷為「自閉症類群障礙症」。

自閉症類群障礙症的診斷

A.持續地在社交溝通和社交互動上有所缺損，發生於多種情境中
- 社會—情緒相互性的缺損
- 非言語溝通行為的缺損
- 發展關係、維持關係及理解關係的缺損

B.窄狹而反覆的行為模式、興趣模式或活動模式
- 刻板或重複的動作、使用物件或談話
- 堅持同一性，不知變通地依循一些常規，或展現儀式化的行為
- 極為窄狹而執著的興趣，在強度或焦點上都不尋常
- 對感官輸入過高或過低的反應

✚ 知識補充站

自閉症的治療

　　自閉症的藥物治療從未被證實有良好效果。因此，除非兒童的行為已達束手無策的階段，藥物才會被考慮使用。最常被使用的藥物是抗鬱劑（21.7%）、抗精神病藥物（16.8%）及興奮劑（13.9%），它們有助於降低症狀的嚴重程度。

　　在住院期間，行為治療可被使用來消除自閉症兒童的自我傷害行為，協助他們掌握社交行為的基本原則，以及發展一些語言技能。

　　另外有些方案是在兒童的家庭中密集地施行（每星期至少40個小時，長達2年期間），除了安排一對一的教導情境，也需要徵召父母的協助。雖然效果不錯，但成本相當重大。

　　自閉症兒童的預後通常不佳，特別是在2歲前就出現症狀的兒童。主要是因為它們難以把學得的行為及技巧類化到治療情境之外。一般而言，如果兒童的智能在70以上，具有5至7歲的溝通能力，他們才能獲致最大改善。但整體來說，只有不到1/4的兒童在後來生活中只達到「邊緣適應」的水準。

　　最後，當家庭中有一位自閉症兒童時，經常為父母和其他子女帶來莫大考驗和壓力——他們往往也是心理治療所訴諸的對象。

15-3　侵擾行為、衝動控制及行為規範障礙症

　　這類障礙症牽涉兒童或青少年與社會規範之間的關係，它們的焦點是攻擊行為或反社會行為。但需要注意的是，它們在持續期間和嚴重程度上都不同於正常兒童和青少年經常會做的惡作劇（pranks）。

一、對立反抗症（oppositional Defiant Disorder, ODD）的症狀描述

　　ODD的基本特徵是重複出現對於權威人士之違拗、反抗、不服從及敵視的行為，持續至少6個月。在DSM-5中，這樣的行為模式被組成三個亞型：(1)生氣／易怒情緒；(2)好爭辯／反抗行為；及(3)心存報復心。ODD通常初發於8歲前，它的一生流行率相對上偏高，男孩是11.2%，女孩是9.2%。研究已發現，從ODD到「行為規範障礙症」的依序進展，即幾乎所有行為規範障礙症的個案先前都發生過ODD，但不是所有ODD兒童都會在3年內繼續發展出行為規範障礙症（通常起始於兒童中期到青少年期）。它們兩者的風險因素包括家庭不睦、社經劣勢，以及父母的反社會行為。

二、行為規範障礙症（conduct disorder）的症狀描述

　　行為規範障礙症的基本特徵是持續而反覆地違反規則，無視於他人的權益。一般而言，他們顯現敵意、不順從、身體和語言攻擊、愛爭吵，以及報復心很重。說謊、偷竊和亂發脾氣更是家常便飯。有些兒童可能從事對動物的殘忍行為、欺凌弱小、縱火、破壞財物及搶劫等舉動。這樣的兒童和青少年經常也有物質濫用的問題。早發型的行為規範障礙症與日後發展出反社會型人格障礙症有高度關聯。

三、對立反抗症和行為規範障礙症的起因

（一）遺傳素質

　　研究證據顯示，遺傳素質導致這些兒童偏低的語文智力、輕度的神經心理困擾，以及彆扭（不易相處）的氣質，這可能為早發型行為規範障礙症鋪設了道路。這些先天傾向再跟不順遂的家庭和學校環境交互作用下，就可能使得障礙症充分成形。

（二）連鎖關係

　　「對立反抗症—行為規範障礙症—反社會型人格障礙症」似乎形成一種連鎖關係。研究已顯示，相較於在青少年期突然發作，當兒童是在較早年齡就發展出行為規範障礙症時，他們遠為可能在成年時繼續發展出反社會型人格。

（三）心理社會因素

　　研究學者普遍同意，當兒童發展出行為規範障礙症時，他們的家庭環境典型地具備一些特性，包括失效的父母管教、拒絕、嚴厲而不一致的紀律，以及父母的疏失。隨著父母不能提供前後一貫的輔導、接納或感情，這些兒童感到孤立而疏離，經常就轉向偏差的同儕團體（以便相濡以沫），使得他們有進一步學習反社會行為的機會。

四、對立反抗症和行為規範障礙症的治療

　　大致上，我們社會對於反社會的少年採取懲罰的態度。然而，這樣的措施似乎增強了行為，而不是矯治行為。因此，在這兩種障礙症的治療上，重心應該放在功能不良的家庭型態上，以及找到方法以改變兒童的不適應行為（如攻擊行為）。

　　近期研究採用抗鬱劑（Prozac）和CBT雙管齊下的方式，發現大為降低兒童的對立反抗行為。在行為治療方面，特別重要的是教導父母一些控制技術，以便他們能充當治療師，除了設法強化兒童的適宜行為，也在於改善不良的環境條件。

一、DSM-5列有一類診斷，稱之為「侵擾行為、衝動控制及行為規範障礙
症」（disruptive, impulse-control, and conduct disorders）。這些
障礙症中，許多不當行為已違反了法律。

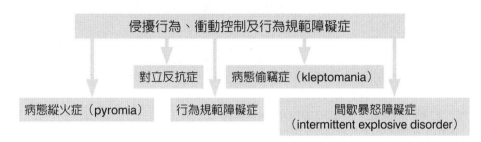

二、對立反抗症的診斷準則

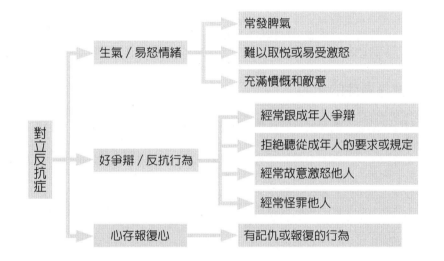

三、行為規範障礙症的診斷準則

15-4　兒童期和青少年期的焦慮症

大部分兒童容易感到恐懼及焦慮，這是成長正常的過程。但對焦慮症的兒童來說，他們的行為比起「正常」焦慮更為極端。這些兒童似乎具有一些共同特徵：過度敏感、不切實際的恐懼、害羞和膽怯、無力感、睡眠障礙及害怕上學。這經常使得他們過度依賴他人。

在DSM-5中，兒童期和青少年期之焦慮症（anxiety disorders）的分類方式，大致上類似成年人的焦慮症。在一項針對兒童的流行病學研究中，任何焦慮症的盛行率是大約5～10%，女孩的發生率高於男孩。

一、分離焦慮症（separation anxiety disorder）的症狀描述

分離焦慮症是兒童期最常見的焦慮症，發生在2%到4%的兒童身上。分離焦慮症的兒童展現不符實情的恐懼、過度敏感、不自在、惡夢及長期焦慮。他們缺乏自信心，在新奇情境中憂心忡忡。父母往往描述這種兒童為害羞、神經質、柔順、憂慮、容易氣餒及經常落淚。

這種兒童通常過度依賴父母，當被帶離他們主要的依附對象，或被帶離熟悉的居家環境時，他們顯得過度焦慮。有時候，他們專注於病態的恐懼，像是害怕父母可能會生病或死亡。這使得他們無助地挨靠成年人，變得極為苛求和蠻橫。分離焦慮症較常見於女孩。

二、兒童焦慮症的起因

在兒童期的焦慮症上，研究學者已鑑定出一些起因。雖然遺傳因素被認為促成焦慮症（特別是強迫症）的發展，但社會和文化的因素也頗具影響力，像是父母的行為和家庭壓力。

焦慮兒童似乎有一種不尋常的「體質敏感性」（constitutional sensitivity），使得他們易受厭惡刺激的制約。例如，即使只是輕度的不順心事件（如丟失玩具），他們也很容易心神不寧，再也難以平靜下來，造成不必要恐懼反應的累積及類化。

早期生活的一些事件，可能使得兒童感到不安全和不勝任，諸如生病住院、意外事故及失去親人等，它們會帶來創傷效應。搬家而離開朋友也經常帶來不良效應。

最後，過度焦慮的兒童經常模仿他們父母的行為，即他們父母原本就過度的焦慮和保護，擔心子女暴露於外界的危險和威脅。這樣的態度，傳達了一種訊息，即他們對子女的應付能力缺乏信心，進一步強化兒童的不勝任感。

三、兒童焦慮症的治療

（一）藥物治療

今日，心理藥物已逐漸普遍被用來治療兒童和青少年的焦慮症。例如，使用fluoxetine（百憂解）以治療各種焦慮症，已被發現有良好成效。

（二）心理治療

行為治療通常有良好效果，這種程序包括果斷訓練（assertiveness training，或信心訓練）和脫敏感法（desensitization），前者在於協助兒童掌握基本技能，後者則在降低焦慮行為。在脫敏感法中，真實情境（in vivo）的方式傾向於較為有效——相較於要求兒童「想像」那些引發焦慮的情境。

最後，認知行為治療法也被顯示在減輕兒童的焦慮症狀上頗具成效。

一、分離焦慮症的兒童通常過度依賴，特別是依賴他們的父母。當被實際
　　帶離時，他們的念頭不斷盤踞在一些病態恐懼上，像是擔憂父母即將
　　生病或死亡。

二、在DSM-5中，分離焦慮症被界定為：當離開居家或跟所依附對象分離
　　時，當事人出現不合宜和過度的焦慮，如下列一些症狀所表明。

分離焦慮症的診斷準則

- 當預期（或發生）將會離開居家或依附對象時，就感到重大苦惱
- 過度擔憂將會失去依附對象
- 過度擔憂一些不幸事件將會使得自己跟依附對象的分離
- 因為害怕分離而拒絕上學或離開家門等
- 過度害怕獨自一人而沒有依附對象的陪伴
- 不願意離家在外過夜
- 重複地做惡夢，內容跟離別有關
- 當跟依附對象分離時，當事人抱怨一些身體症狀

15-5　兒童期的憂鬱症

一、兒童期憂鬱症（depression）的症狀描述

　　兒童期的憂鬱症涉及一些行為，諸如退縮、哭泣、身體抱怨、食慾不振，以及攻擊行為和自殺行為。過去，兒童期憂鬱症是依據跟成年人基本上相同的DSM診斷準則而被分類。但是，近期研究探討兒童、青少年、成年人的神經生理成分和治療反應，發現在激素水平和治療反應上存在清楚的差異。此外，兒童期憂鬱症經常是以「急躁易怒」為主要症狀，取代了「低落心境」。

二、兒童期憂鬱症的一些特性

　　憂鬱症在兒童期和青少年期有很高的發生率。當低於13歲時，整體的盛行率是2.8%；當介於13歲到18歲時，盛行率是5.6%。這些盛行率在過去30年來普遍保持一致。基本上，在青少年期之前，憂鬱症的發生率在男孩身上稍微高些；但進入青少年期後，女孩憂鬱症的發生率約為男孩的2倍高。另一項研究指出，7.1%的青少年報告在過去曾經試圖自殺，而1.7%的青少年曾經自殺未遂。

三、兒童期憂鬱症的起因

（一）生物因素

　　父母的憂鬱與子女的情緒困擾之間似乎存在關聯。研究已發現，兒童出生於情緒障礙的家庭時，他們有顯著較高的憂鬱症發生率，自殺企圖的發生率也較高。此外，胎兒期暴露於酒精，則已被發現與兒童期的憂鬱有關。當前的證據已指出，「母親（懷孕期）的飲酒－嬰兒期的負面情感－兒童早期的憂鬱症狀」之間的連貫性。

（二）環境因素

　　許多研究已指出，兒童暴露於早期創傷事件，將會增加他們發展出憂鬱症的風險。此外，隨著兒童長期暴露於父母的負面行為或負面情緒狀態，他們可能自己也發展出消沉的感受。例如，兒童期憂鬱症已被發現較常見於離婚家庭。這表示憂鬱的父母可能經由互動，而把他們的低落心境傳遞給子女。

　　另一些研究則探討歸因風格，它們發現憂鬱症狀與兒童的兩種傾向存在正相關，一是傾向於把正面事件歸之於外在、特定及不穩定的原因，另一是把負面事件歸之於內在、全面及穩定的原因。最後，憂鬱狀態也與宿命論的思維，以及與無助的感受有關。

四、兒童期憂鬱症的治療

　　對成年人有效的藥物，已被使用來治療兒童期和青少年期的憂鬱症，特別是被認為有自殺風險的青少年。有些研究已發現，抗鬱劑（如Prozac）只具有適度效益，但仍然優於安慰劑效應。另有些研究則發現，當作為認知－行為治療法的一部分施行時，Prozac能夠有效減緩青少年的憂鬱症狀。但需要注意，抗鬱劑可能有一些不良的副作用，如噁心、頭痛、神經質、失眠及痙攣。

　　在心理治療方面，很重要的是提供兒童支持性的情緒環境，以便他們能學習更為適應的因應策略和更有效的情緒表達。年長的兒童和青少年通常能夠從良性的治療關係中獲益，公開而坦率地談論他們的感受。年幼的兒童（以及言語技巧欠佳的兒童）則需要遊戲治療（play therapy）。無論如何，在過去幾年中，最受到推崇的，還是結合藥物治療和心理治療的方式。

睡醒障礙症（sleep-wake disorders）在DSM-5中被列為22大診斷分類之一，這個分類包括下列一些障礙症：

睡醒障礙症

- 失眠症（insomnia disorder）
- 嗜睡症（hypersomnolence disorder）
- 猝睡症（narcolepsy）
- 阻塞性睡眠呼吸中止呼吸不足（obstructive sleep apnea hypopnea）
- 中樞性睡眠呼吸中止（central sleep apnea）
- 與睡眠有關的肺泡通氣低下（sleep-related hypoventilation）
- 日夜節律睡醒障礙症（circadian rhythm sleep-wake disorders）
- 非快速動眼睡醒障礙症（NREM sleep arousal disorders）
- 夢魘症（nightmare disorder）
- 快速動眼睡眠行為障礙症（REM sleep behavior disorder）
- 腿部不寧症候群（restless legs syndrome）

✚ 知識補充站

夢遊症（sleepwalking disorder）

夢遊症通常好發於6歲到12歲之間，它在DSM-5中被歸類為類睡症（parasomnias）之一，主要症狀是反覆發作地在睡眠中從床上起來四處走動，但個人沒有意識到這種經驗，清醒後也不復記憶。

根據DSM的估計值，10～30%的兒童報告至少發生過一次夢遊經驗，女孩的發生率較為高些。但重複發作的發生率就低得多，只從1%到5%。這種兒童通常以正常方式入睡，但在入睡後的第2或第3個小時起床。他們可能走到屋內的另一個房間或甚至外出，他們還會從事一些複雜的活動。最後，他們回到床上，早晨起床後，不記得任何發生過的事情。當四處走動時，夢遊者的眼睛是部分打開或完全打開的；他們避開障礙物；當對他們說話時，他們也能聽見，而且通常對命令有所反應，像是回到床上。這時候如果搖晃他們，他們通常會醒過來，但是對於發現自己處於不預期的地方，他們感到驚訝而困惑。夢遊發生在NREM睡眠階段，這樣的發作通常只持續幾分鐘。至於夢遊的原因，我們至今尚未完全理解。

15-6　智能不足

在DSM-5中，原先的「mental retardation」已被捨棄不用，為了把個人的適應功能也考慮進來，「intellectual disability」成為較適宜的用語。當然，我們在中文中還是稱為「智能不足」。

智能不足的特徵是綜合心理能力的缺損，諸如推理、問題解決、計劃、抽象思考、判斷，學業學習及經驗學習等。此外，當事人的這些困擾必須起始於18歲之前。因此，除了智力水準外，智能不足也是依據個人的表現水準加以界定。

一、智能不足的程度

（一）輕度（mild）智能不足

在被診斷為智能不足的人們中，絕大部分是屬於輕度智能不足。在教育背景中，這組人們被認為是「可教育的」（educable），他們長大成年後的智能水準可比擬於一般8到11歲的兒童。一般來說，他們沒有腦部病變或其他生理異常的徵狀。但因為他們預知自己行動後果的能力有限，他們通常需要一定程度的監督。

（二）中度（moderate）智能不足

這組人們在教育範疇上屬於「可訓練的」（trainable）。在成人生活中，他們的智能水準類似於一般4到7歲的兒童。他們通常顯得笨拙而不靈巧。雖然有些人帶有敵意和攻擊性，但他們更典型的情況是良善而不具威脅的。在專門指導下，他們能掌握一些日常技能，進而獲致部分獨立，包括自我照顧和生計維持。

（三）重度（severe）智能不足

這組人們的動作和言語的發展嚴重地遲緩，常見有感官缺損和運動障礙。他們能發展出有限的個人衛生和自助技能，多少減低對他人的依賴，但他們始終需要他人的照顧。

（四）極重度（profound）智能不足

這組人們的適應行為嚴重缺失，他們不能掌握任何最簡單的作業。如果有發展出任何實用言語，那也是最基本的。他們通常有嚴重身體畸形、中樞神經系統病變及一些生理異常。這些人終其一生需要他人的看管及照顧。

二、智能不足的起因

（一）基因─染色體因素

在一些嚴重的智能不足個案上，基因扮演很清楚的角色。例如，唐氏症（Down syndrome）是一種先天性智能不足的綜合症狀，它的特徵是染色體異常，即第21對染色體有3個。

（二）疾病感染和有毒物質

懷孕母親感染像是德國麻疹和梅毒的話，他們子女有智能不足的偏高風險。另一些有毒物質（如一氧化碳和鉛），也可能在胎兒發育期或出生後造成腦部傷害。

（三）物理傷害

生產過程中的物理傷害可能造成智能不足，例如，胎位不正或另一些併發症可能不可逆轉地傷害嬰兒的腦部，像是引起顱內出血或腦部缺氧。

（四）離子化輻射能

輻射能可能直接作用於受精卵，或引起父母生殖細胞的基因突變，進而導致有缺陷的下一代。至於輻射能的來源包括X射線、核子武器試爆及核能廠外洩等。

（五）營養不良和其他生理因素

研究學者長期以來就認為，在胎兒發育的早期，如果飲食中缺乏蛋白質和其他基本營養素，可能造成不可逆轉的生理和心理傷害。

一、智能不足也稱為智能發展障礙症（intellectual developmental disorder）。這個表格指出智能不足程度、對應的智商範圍與所需支援強度之間關係。

- 輕度智能不足：IQ從50～55至70～75。
  需要間歇（**intermittent**）的支援：尚稱良好的社交和溝通技能；在特殊教育下，個人在十幾歲後期可達到6年級的學業水準；在特殊訓練和監督下，可達成社會和職業的適任；在生活起居的安排上局部地獨立自主。

- 中度智能不足：IQ從35～40至50～55。
  需要有限（**limited**）的支援：適度的社交和溝通技能，但幾乎不自覺；在長期的特殊教育下，可達到4年級的學業水準，可在庇護的場所中擔任工作，但在起居安排上需要監督。

- 重度智能不足：IQ從20～25至35～40。
  需要廣泛（**extensive**）的支援：很少或沒有溝通技能；感官和運動缺損；不能從學業訓練中獲益；可接受基本衛生習慣的訓練。

- 極重度智能不足：IQ低於20～25。
  需要全面（**pervasive**）的支援：只有最起碼的生活功能；沒有能力自我維生；需要持續不斷的看護和監督。

二、智能不足的定義（美國智能不足協會，AAMR，2002）。

智能不足的界定

條件1

↓

顯著低於平均數的智力運作

條件2：在下列10項適應技巧的領域中，至少有2項發生重大失能情形

↓

〈溝通〉、〈自我照顧〉、〈居家生活〉、〈社交技能〉、〈社區使用〉、〈自我指導〉、〈衛生與安全〉、〈功能性知識〉、〈休閒〉、〈工作〉

條件3

↓

初發於18歲之前

第十六章
精神疾病的治療

16-1　心理治療的基本概念

　　當我們心理苦惱時，我們通常會跟親人或朋友傾吐自己的困境。宣洩過後，我們發現自己心情大有改善。大部分心理治療師所依賴的也是這種接納、溫暖及同理心（empathy）的態度，而且對於案主呈現的問題不加批判。

　　但是，心理治療還需要引進一些專業的措施。這種措施經過審慎規劃而有系統地建立在一些理論概念上，以便促進案主新的理解，或改變案主不適應的行為。在這個層面上，專業的治療才有別於非正式的協助關係。

一、心理治療的定義

　　多年來，心理治療的許多定義已被提出，最普遍接受的一個綜合定義是：「心理治療是針對情緒本質問題的一種處置方式，受過訓練的人員有意地建立起跟病人的一種專業關係，它的目標在於消除、矯正或緩解現存的症狀，調解紊亂的行為模式，以及促進正面的人格成長和開發。」

二、什麼人提供心理治療？

　　當病人被轉介後，通常是由臨床心理師、精神科醫師及臨床社工師接手處理。這些專業人員在心理衛生單位中施行心理治療。精神科醫師的醫學訓練使得他們能夠開立精神促動藥物的處方，以及實行另一些型式的醫療處置，如電痙攣治療法。至於臨床心理師在處理精神疾病上，主要是著手檢視和改變病人的行為模式及思考模式。

三、治療的目標

　　治療過程包括四個主要任務。首先是診斷（diagnosis）病人發生什麼差錯，決定適切的精神疾病（DSM-5）名稱。其次是指出可能的病原（etiology），檢定該疾病可能的起源。第三是從事預後（prognosis）的判斷，評估該疾病會呈現怎樣的進程。第四是開出處方，施行適當的治療（therapy），以便減輕或消除令人苦惱的症狀。

　　達成這些任務後，治療師就能據以跟案主進行協議，雙方實際上訂定契約。這樣的契約通常包括像是預定矯治的行為或習慣、治療期間、會見頻率、所需費用、綜合處置形式，以及案主的責任等事項。

四、實徵支持的治療

　　在臨床實施上，手冊化治療（manualized therapy，或稱指南式治療）近年來受到大力提倡。它是指以標準化、手冊的格式呈現及描述心理治療的施行，具體指定每個治療階段所對應的原理、目標及技術。當治療法符合這個標準，而且在處理特定精神疾病（符合SDM-5的診斷準則）上具有效能時，就被稱為實徵支持的治療（empirically supported therapy）。現今，各種關於這種治療法的名單會被例行地發表及更新（「美國心理學會臨床心理學分會」）。

　　但是，有些學者反對這種做法。他們認為這些規格化的「實徵支持的治療」忽視了治療師變項和案主變項兩者在治療結果上的重要性。

　　本章我們將檢視幾種主要的治療方式，它們目前仍被健康醫療人員普遍採用，包括精神分析、行為矯正術、認知治療、人本—存在治療及藥物治療。

心理治療無法妥善處理所有的苦惱、焦慮、問題行為及精神病理症狀。案主的一些狀況是難以矯治的,雖然另一些狀況則易於矯治。

困擾／狀況	可矯治程度
恐慌症	可被治癒
特定畏懼症	幾乎可治癒
性功能障礙	有顯著緩解的可能
社交焦慮症	有中度緩解的可能
特定場所畏懼症	有中度緩解的可能
憂鬱症	有中度緩解的可能
強迫症	有中度／輕度緩解的可能
憤怒	有中度／輕度緩解的可能
日常焦慮	有中度／輕度緩解的可能
酒精中毒	有輕度緩解的可能
過胖	只能暫時地矯治
創傷後壓力症	只能有最起碼的緩解

✚ 知識補充站

行為改變的階段

　　心理治療的結果受到一些變項的影響,包括案主的特性、治療師的素質和技巧、尋求緩解的問題,以及所使用的治療程序等。

　　但不論實施怎樣的治療,案主的行為改變被視為一種過程,依序通過一系列階段:

1. 前立意期(precontemplation):案主沒有存心做任何改變,他們尋求診療是因為外界壓力,如法院命令或家人要求。
2. 立意期(contemplation):案主察覺問題的存在,但尚未投身於做出改變。
3. 準備期(preparation):案主採取少許改變。
4. 行動期(action):案主積極改變自己不適應的行為、情緒或所處環境。
5. 維持期(maintenance):案主著手於預防故態復萌,保持已獲致的效益。
6. 終止期(termination):案主已達成轉變,不再受到復發的威脅。

　　在治療實施期間(如戒菸、減少飲酒、健身運動及癌症檢查行為等),治療師有必要辨識案主處於行為改變的哪個階段,然後採取針對性的措施,以促使案主逐步通過先前階段,順利進展到行動階段。

16-2　心理動力的治療

一、精神分析治療（psychoanalytic therapy）

精神分析治療是佛洛依德發展出來的，它是一種密集而長期的分析技術，主要任務是理解病人如何使用壓抑作用（repression）以處理衝突。精神官能症狀被認為是在傳達潛意識的訊息。因此，精神分析師的工作是協助病人把被壓抑的思想帶到意識層面上，以讓病人獲致關於當前症狀與被壓抑衝突之間關係的洞察力。

（一）自由聯想（free association）

當施行這項治療程式時，病人舒適地坐在椅子或躺在長椅上，讓自己的思緒任意流動，說出湧上心頭的任何事情，不再稽查或過濾自己的思想，即使那些意念、情感或願望顯得多麼荒唐可笑、大膽冒犯、令人窘迫或與性題材有關。自由聯想是用來探索病人的潛意識，以釋放被壓抑的資料。此外，它也具有情緒解放的「宣洩作用」（catharsis）。

（二）夢之解析（analysis of dreams）

佛洛依德主張，夢境是關於病人潛意識動機的一種重要信息來源。在睡眠期間，個人的防衛會放鬆下來，象徵性的題材就得以浮現。夢的顯性內容（manifest content）是指睡醒後所能記得及陳述的情節。夢的潛性內容（latent content）則是尋求表達的真正動機，但因不被接受而以偽裝的方式展現。精神分析師的任務就是檢視夢境的內容，找出病人潛伏或偽裝的動機，揭示夢的象徵意識。

（三）抗拒（resistance）

在治療期間，病人有時候會出現抗拒現象，他們不願意談論一些想法、慾望或經驗。病人的抗拒是在防止痛苦的潛意識素材被帶到意識層面上。這些素材可能是關於個人的性經歷，或是他針對父母親的一些違逆、憤恨的感受。

精神分析師應該重視病人所不願意談論的題材，因為這種抗拒（有時候是經由反覆遲到、取消約見及身體不適等方式展現）是通往潛意識的一道關卡。精神分析的工作就是在打破抗拒，使得病人能夠面對那些痛苦的思想、慾望及經驗。

（四）移情作用（transference）

在精神分析的治療過程中，病人往往會對治療師發展出一些情感反應，他們對待治療師就彷彿對方代表自己童年時期的一些重要人物，這稱為移情。在這種情況下，病人童年時期的衝突和困擾在治療房間中重現，這提供了關於病人問題本質的重要線索。

二、對於心理動力治療法的評價

因為著眼於人格的重建，精神分析是一種冗長而昂貴的治療方案。這種治療需要花費很長時間（至少好幾年，每星期1次到5次的晤談），也需要病人擁有適度的內省能力、受過教育、言語表達流暢、高度動機維持治療，以及有能力支付可觀的費用，也難怪它被譏為只適合有錢又有閒的階級。

針對這些批評，新式心理動力治療法正嘗試使整個療程簡短些，也設法結合治療手冊的使用。「人際關係心理治療」（IPT）就是建立在這種觀念上，它已被援引為實徵支持治療法的實例之一。

一、精神分析治療的四種基本技術

四種基本技術		
自由聯想	→	隨著思緒所致，自由自在地說出自己的想法、願望或情感
夢之解析	→	顯性夢境和潛性夢境
抗拒的分析	→	案主為避免潛意識素材浮升到意識層面所採取的任何作為
移情的剖析	→	病人把自己隱藏在心中對別人的情感轉移到分析師身上

二、在自由聯想中，案主說出所有想到的事情，無論合理或不合理，道德或不道德。

＋知識補充站

人際關係心理治療法（interpersonal psychotherapy, IPT）

　　IPT是一種短期、洞察力取向的治療法，它強調臨床狀況的發作與當前人際關係障礙（與朋友、伴侶或親人）之間的關係。它針對現今的社交困擾採取對策（here and now），而不把重點放在持久的人格特質上。

　　IPT典型是12到16個星期的療程。治療師是積極主動、非中立及支持性的，他們採取現實主義和樂觀主義的態度，以對抗病人典型之負面和悲觀的態度。治療師強調改變的可能性，凸顯可能引起正面變化的選項。

　　IPT主要被使用在憂鬱症上，雖然它也被修正以處理其他心理疾病，如物質濫用和暴食症。它已顯示在處理急性憂鬱發作和預防憂鬱症狀的復發上，具有良好效果。

16-3　人本治療法（一）

　　人本治療法（humanistic therapy）是在二戰後興起的一種重要治療取向。它主張許多心理病態是源於人際疏離、自我感喪失及孤寂等問題，使得個人無法在生活中找到有意義而真實的存在；這類有關存在的問題，不是經由「打撈深埋的記憶」或「矯正不適應行為」所能解決。

　　人本治療法的基本假設是：個人擁有自由和責任兩者，以支配自己的行為，個人能夠省思自己的問題、從事抉擇及採取積極的行動。因此，案主應該為治療的方向和成果承擔起大部分責任，至於治療師只是充當諮商、引領及催促的角色。

一、案主中心治療法（client-centered therapy）

　　羅傑斯（Carl, Rogers, 1902～1987）認為，人性的基本動力在於自我實現。人類生來被賦予許多潛能，這些能力在適宜環境中自然能夠充分發展，但如果環境不良或沒有得到適當引導，就會造成偏差行為。治療師的三種特性被認為最具關鍵作用：

（一）準確的同理心

　　治療師竭盡所能地設想案主的內在參考架構，從案主的視野觀看世界，設身處地的體驗案主感受，然後反映給案主知道，以讓案主更了解自己和接納自己。

（二）真誠一致

　　在治療關係中，治療師必須真誠相待、不虛掩，也不戴假面具。長久下來，案主將會對治療師這種誠實、不矯揉造作且表裡合一的態度有善意回應。這能令案主安心，也能激勵一種個人價值感，從而開始面對自己的潛力。

（三）無條件的積極關懷

　　治療師必須不預設接納的條件，而是以案主現在的樣子接他及理解他。但接納並不意味贊同案主，而只是關心他，視他為一個獨立個體。此外，治療師不對案主的正面或負面特性做任何評價。隨著案主重視治療師的積極關注，案主自身之內的積極關注將會被提升。

　　最後，案主中心治療法是一種非指導性的治療，治療師只是身為一位支持性的聆聽者，當案主傾訴時，治療師試著反映（有時候是重述）案主談話的內容或情緒，以之促進案主的自我覺知和自我接納。

　　隨著體驗到來自治療師的真誠、接納及同理心，這將導致案主在建立與他人關係上的變化，案主變得更為自動自發，也對於跟他人的互動更有信心。這將有助於他們信任自己的經驗，感受他們的生活豐盈感，變得生理上更為放鬆，也更充分地體驗生活。

二、存在治療法（existential therapy）

　　存在治療法是源於哲學上的存在主義和存在心理學，它處理的是一些重要生活主題，如生存與死亡、自由、責任與抉擇、孤立與關愛，以及意義與虛無等。存在治療法不在於施行一些技術和方法；反而它是對於生存問題的一種態度抉擇。

　　存在治療法是源於歐洲哲學家的早期工作，像是祁克果（Sören Kierkegaard, 1813～1855）論述了生活的焦慮和不確定性。尼采促進了存在思想在19世紀歐洲的普遍化，他強調的是主觀性和權力意志。胡賽爾（Edmund Husserl, 1859～1938）提出現象學，主張以事物在人們的意識中被體驗的方式來探討事物。海德格（Martin Heidegger, 1889～1976）指出，當人們發覺自己的存在並不是抉擇的結果，只是別人丟擲給他們時，他們可能感到憂懼而苦惱。

在某種形式上，人本主義在表達上是作為對科學之實證主義決定論的一種對抗，也是對於身為人類本質所在的人性之一種主動擁抱。根據這種理念，人格的一個關鍵層面是抉擇，它涉及事實的世界和可能的世界。因此，人格不僅是個人是什麼，人格也是個人可以成為什麼。

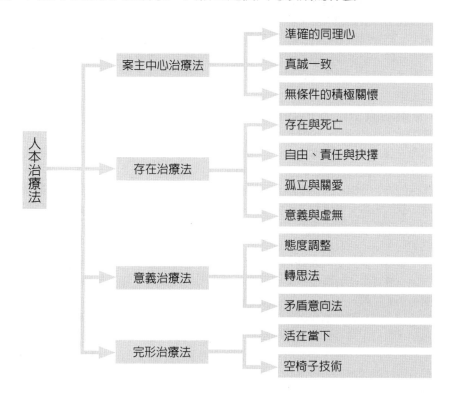

存在主義的基本信條

存在治療法是一種對待生命的態度、一種存有的方式，以及一種與自己、他人及環境互動的方式。存在主義有幾個基本信條：

1. 存在與本質：我們的存在是被授予的，但我們以其塑造些什麼（即我們的本質（essence）），卻是由我們所決定。我們的抉擇就塑成了我們的本質。如同沙特（Sartre, 1905～1980，法國哲學家及小說家）所說的，「我就是我的抉擇」。

2. 意義與價值：意義意志（will-to-meaning）是人類的基本傾向，個體會致力於找到滿意的價值觀，然後以其引導自己的生活。

3. 存在焦慮及對抗虛無：不存在（nonbeing）或虛無（nothingness）的最終形式是死亡，它是所有人類無法逃避的命運。當意識到我們必然的死亡和它對我們生存的意涵時，這可能導致存在焦慮——對於自己是否正過著有意義而充實之生活的一種深刻關切。

16-4　人本治療法（二）

　　最後，在像是杜斯妥也夫斯基、卡繆、沙特及卡夫卡等著名作家關於存在題材的論述下，存在主義的哲學觀念一時蔚為風潮。

　　因為存在治療法處理的是生活的主題及態度，所以它的目標是放在發現生命的目的和意義上，充分體驗自己的存在，且能夠真誠而踏實地關愛他人。存在諮商是一種生活藝術的訓練，隨著案主帶著興致、想像力、創造力、希望及愉悅來看待生活（而不是帶著憂懼、厭倦、憎怨及頑固的態度），治療便是發揮了功效，使得案主在生活中活潑而生動。

三、意義治療法（logotherapy）

　　佛蘭克（Victor Frankl, 1905～1997）生於維也納，他經歷過納粹集中營的浩劫。根據對自己在集中營所受折磨及痛苦的沉思，他發現人們乃是無時不在尋求意義的存在，生命的價值就在於意義的抉擇和體現。

　　在生活的許多時候，人們都應該被生命意義的問題困惑過。為什麼我在這裡？我來自何處？我的生命有何意義？我生活中有什麼事物賦予我價值感？為什麼我存在？佛蘭克指出，人類在生活中需要一種意義感。意義感也是價值觀賴以發展的媒介──關於人們如何生活，以及希望如何生活。

　　但是，相當弔詭的是，如果一個人致力於尋找生命意義，他反而尋找不到。意義是隨著一個人真實生活並關懷他人而浮現。當人們過度聚焦於自己身上時，他們也將失去了對生活的視野。

　　意義治療法是試圖作為傳統心理治療的幫手，而不是要取代它們。然而，當個人情緒困擾的本質似乎涉及對於生命的無意義或虛無感到苦悶時，意義治療法是值得推薦的特定程序。最後，許多意義治療師也使用蘇格拉底式的對話法（假裝向對方討教而暴露對方說法的謬誤），以協助案主發現他們生活的意義。

四、完形治療法（Gestalt therapy）

　　波爾斯（Fritz Perls, 1893～1970）是完形治療法的創始人。「完形」（gestalt）在德語中是指「整體」（whole）的意思。完形治療法強調心靈與身體的合一，它把重心放在個人整合自己的思想、感受及行動的需求上。

　　完形治療的基本目標是經由覺知（awareness）以獲致個人的成長和統合。它特別適用於壓抑的人們，像是過度社會化或有完美主義傾向的人們。治療師經常採用「自我對話」（self-dialogues）的方式，也就是「空椅子」（empty chair）技術。它是讓案主在一張椅子上採取某一角色（如優勢者），然後移到另一張椅子上扮演另一個角色（如劣勢者），隨著角色變換，他在兩張椅子間移動。治療師需要注意案主在這兩個角色中說些什麼，或如何說出，進而反映給案主。這項技術是在協助案主接觸他可能一直否認的某些情感。最後，在完形治療法中，最重要的是，使得案主接受對於自己行動和情感的責任。這些是屬於案主的工作，案主不能加以否決，不能加以規避，也不能歸咎及推諉於另一些人或事。

一、意義治療師採用三種特定技術來協助人們超越自身，從一種有建設性
　　的角度看待自己的困擾。

```
                    意義治療法的三項技術
```

1.態度調整 （attitude modulation）	2.轉思法 （de-reflection）	3.矛盾意向法 （paradoxical intention）
這是以較健全的動機來取代神經質的動機，即所謂「一個人的態度決定他的高度」。	案主對自己困擾的關注及憂慮被轉向其他有建設性的層面。	這是在培養一種對自己的幽默感，從而發展出一種抽離於自己困擾的能力。

二、在空椅子技術中，案主面對一張空椅子，假裝他在生活中發生衝突的
　　對象（如父母之一）就坐在那張椅子上，他對其說出隱藏在內心的思
　　想及情感，隨後互換角色。

➕ 知識補充站

對於人本治療法的評價

　　人本治療法的許多概念為當代思潮帶來了重大衝擊，特別是關於人類本質和心理治療的走向。例如，它促成了「人類潛能運動」的興趣，使得心理治療不再只針對心理失常的人們，更被擴展到心理健全的人們，以開發他們的潛能。

　　然而，人本治療法也招致一些批評，特別是它們缺乏一致同意的治療程序，對於案主與治療師之間互動情形的界定也很模糊。但是，這種治療取向的擁護者表示，他們反對把人們化約為一些抽象觀念，這不但減損案主的自覺價值，也否認了案主的獨特性。他們指出，人們如此不一樣，我們應該期待會有不同的技術適合於不同的個案。

16-5　行為治療法（一）

　　行為治療法（behavior therapy）濫觴於1950年代，它是建立在科學的行為原則上，主要以三方面的研究為依據：(1)巴卜洛夫的經典制約；(2)史基納的操作制約；及(3)班都拉的社會學習論。行為治療學家主張，就如正常行為一樣，偏常（病態）行為也是以相同方式獲得，即透過學習歷程。因此，行為治療就是指有系統地運用學習原理以提高良好行為出現的頻率，以及減低不良（不適宜）行為出現的頻率。

一、敏感遞減法（systematic desensitization）

　　敏感遞減法（也稱系統脫敏法）是由沃爾夫（Joseph Wolpe）發展出來的，它是運用反制約作用（counterconditioning）的原理，而讓案主以放鬆的狀態來取代焦慮的情緒。它包括三個步驟，首先是建立「焦慮階層表」，案主檢定可能引起焦慮的各種刺激情境，然後按照焦慮強度，從弱的刺激到強的刺激依序排列。

　　第二個步驟是放鬆訓練，案主學習以漸進方式讓肌肉深沉地放鬆下來。

　　第三個步驟是減除敏感。當處於放鬆狀態下，案主鮮明而生動地想像階層表上的刺激情境，從弱到強，直至想像最苦惱的刺激也不會感到不舒適時，治療才算成功。

　　敏感遞減法已被成功施行於多方面的困擾，特別是特定畏懼症、社交焦慮症、公開演說焦慮及廣泛性焦慮症。

二、暴露治療法（exposure therapy）

（一）氾濫法（flooding，或稱洪水法）

　　不採取逐步的程序，氾濫法以一步到位的方式，讓案主暴露於他所害怕事物的心像（mental image），延續地體驗該事物的意象，直到焦慮逐漸減除。

（二）內爆法（implosion）

　　在內爆治療法中，所想像的畫面或情景被誇大，而且是不符合實際的，但是案主處身於安全環境中。隨著恐慌的內在爆發一再發生，卻沒有造成任何個人傷害，該情景不久就會失去引起焦慮的力量。

　　氾濫法和內爆法顯然都是運用經典制約學習中的消退（extinction）原理。

三、真實情境的暴露（in vivo exposure）

　　不論是敏感遞減法、氾濫法或內爆法，它們都是以想像的方式呈現那些引發焦慮的事件。但有些時候，行為治療師偏好使用真實情境。

　　「真實情境」治療是指暴露程序是在案主所害怕的實際環境中施行，它也包括「逐步接近所害怕的刺激」和「直接面對所害怕的情境」兩種方式。這表示在取得案主的同意下，當案主有幽閉畏懼症時，他將實際上被關進黑暗的衣櫥中，當兒童不敢近水時，他將被丟進游泳池中──當然是在治療師陪伴身旁和擔保療效的情況下。

　　關於行為治療師在施行程序上，究竟採用想像或真實情的方式，究竟採用漸進或強烈的方式，這不但取決於治療師對畏懼反應的評估，也取決於病人的偏好。通常，真實情境的方式要比想像的方式提供較快速的緩解，治療效果也可長久維持。

　　近年來，臨床人員已採用虛擬實境（virtual reality）的方式來提供暴露治療。研究已顯示，虛擬實境的效果完全不遜於實際暴露，反而在時間和經費上更為節約。

行為治療法也被稱為行為矯正術（behavior modification），它被使用來處理廣泛的偏差行為和個人困擾，包括恐懼、強迫行為、憂鬱、成癮、攻擊及違法行為。

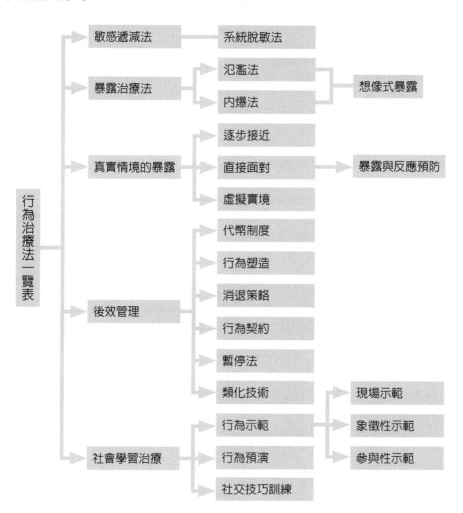

16-6　行為治療法（二）

四、後效管理（contingency management）

後效管理是指運用操作制約的原理，經由強化以消除不合宜行為，或經由強化以引發及維持良好行為。

（一）代幣制度（token economy）

這是精神療養院中經常採取的一套制度，當病人展現被清楚界定的良好行為時，行為技師就給予代幣。這些代幣稍後可用來交換一些獎賞或特權。經由這種「正強化策略」，病人各種有建設性的行為都可被有效建立起來，如幫忙端菜、拖地板、整理床鋪及良性社交行為等。

（二）行為塑造（shaping）

這也是採用正強化程序，以連續漸進法建立案主的新行為。這項技術已被使用來處理兒童的行為問題。

（三）消退策略（extinction strategy）

為什麼有些兒童的不當舉動（如教室中的破壞行為）再三受到處罰，卻似乎變本加厲呢？很可能是因為處罰是他們能夠贏得別人注意力的唯一方式。在這種情況下，老師可以要求同學們對該學童的適宜行為提供注意力，同時對於破壞行為置之不顧，以便消除不當的行為模式。

五、社會學習治療（social-learning therapy）

社會學習治療是安排一些情況，讓案主觀察楷模（models）因為展現良好的行為而受到獎賞，以便矯正案主的問題行為，這也稱為「替代學習」（vicarious learning）。

（一）行為示範（modeling）

這具有兩個重要成分，其一是學得楷模如何執行某種行為，其二是學得楷模執行該行為後發生什麼後果。至於示範技術則包括現場示範、象徵性示範、角色扮演及參與性示範等。示範與模仿（imitation）是許多行為治療法的重要幫手，它們在消除案主的蛇類畏懼症上特別具有成效。

（二）行為預演（behavior rehearsal）

有些人的生活困擾是源於他們社交壓抑或缺乏果斷，他們需要接受社交技巧的訓練，以使他們的生活更具效能。許多人無法以清楚、直接而不具侵略性的方式敘述自己的想法或意願，為了協助案主克服這種困擾，「行為預演」可被派上用場。這種方法是在角色扮演的情況下，訓練案主有效地表達自己的意見，或以預先寫好的劇本，讓案主扮演一種他在實際生活中畏縮不前的角色。除了果斷性外，行為示範和行為預演的技術也可用來建立及增強其他互動技巧，諸如競賽、協議及約會等。

六、行為醫學（behavior medicine）

許多行為技術已被用來協助醫學疾病的處理和預防，以及幫助人們遵從醫療囑咐。例如，肌肉放鬆和生理回饋兩者有助於降低高血壓。另幾項技術也被用來教導及鼓勵人們從事有益健康的行為，以便預防像是心臟病、壓力及AIDS等。

最後，行為治療師採用各式各樣特定的技術，不僅是針對不同的病人，而且也是針對同一個病人（在整個治療過程的不同階段中）。因此，治療師在特定個案上，往往採取好幾種處置方式（一種治療套裝），而不只是運用一種方法。

精神分析治療法與行為治療法在理論和實務上的差異

議題	精神分析治療	行為治療
基本人性	生物本能,主要是性本能和攻擊本能,要求立即的滿足,因此帶來個人與現實間的衝突。	就如同其他動物,個人生來具有學習能力,所有物種都是遵循相似的原理。
正常的發展	經由解決各個連續階段的衝突而獲致成長。	適應行為是經由強化和模仿而學得。
心理病態的原因	反映個人不當的衝突解決,固著於較先前的發展。症狀是個人對於焦慮的防衛反應。	問題行為是源於不當的學習方式,或學到不適應的行為。症狀本身就是問題所在,沒有所謂內在的起因。
治療的目標	獲致性心理的成熟,化解被壓抑的衝動。	消除不良、病態的行為,以適應的行為加以取代。
潛意識的角色	這是傳統精神分析論的焦點所在。	從不論及潛意識歷程。
洞察力的角色	這是治療發生作用的核心成分。	洞察力是不必要的。
治療師的角色	像是一位偵探,發覺衝突的根源和抗拒現象。	像是一位教練,協助病人消除不良行為,學習新的行為。

✚ 知識補充站

嫌惡治療法

　　所有治療法中最具爭議的是嫌惡治療法(aversion therapy)。它不是單一的治療法,而是採用許多不同的程序以矯正所謂的不良(不合宜)行為。人類有一些偏差行為是被誘惑性刺激所引發,嫌惡治療法就是採用反制約程序,使得這些刺激(如香菸、酒精、迷幻藥等)與另一些極度厭惡的刺激(如電擊、催吐劑等)配對呈現。不用多久,制約作用使得誘惑性刺激也會引起同樣的負面反應(如疼痛、嘔吐),當事人就發展出嫌惡以取代原先的慾望。

　　嫌惡治療法最常被用來協助病人發展良好的自我控制,像是對付酗酒、吸菸、過度飲食、病態賭博、藥物成癮及性倒錯等問題。但是,有些嫌惡技術較像是一種折磨,而不能被授予治療的尊稱。因此,最好是在其他治療法都已失敗後,才考慮施行嫌惡技術。

16-7　認知治療法

認知治療法（cognitive therapy）試圖改變案主對重要生活經驗的思考方式，以其改變案主有問題的情緒和行為。我們通常認為，不愉快（壓力）事件直接引致情緒和行為問題，但認知理論指出，所有行為（不論是不適應行為或其他行為）不是取決於事件本身，而是取決於當事人對那些事件的解讀（即佛家所謂的「一念天堂，一念地獄」）。這表示偏差行為和情緒困擾是源於當事人的認知內容（他思考些什麼）和認知歷程（他如何思考）發生了問題。

一、理情治療法（rational-emotive therapy, RET）

理情治療法是由艾利斯（Albert Ellis）所發展出來，他認為許多人已學得一些不切實際的信念和完美主義的價值觀，這造成他們對自己抱持過多期待，進而導致他們不合理性的舉動。這些核心的信念和價值可能是「要求」自己在每件事情上都能充分勝任；「必須」贏得每個人的關愛及讚許；「堅持」自己應該被公平對待；以及「一定」要為事情找到正確解答，否則無法容忍等。

理情治療師的任務是重建當事人的信念系統和自我評價，特別是關於不合理的「應該」、「必須」及「一定」，因為就是這樣的指令，使當事人無法擁有較為正面的自我價值感，也無法享有情緒滿足的生活。

為了突破案主封閉的心態和僵化的思考，治療師採取的技術是進行理性對質（rational confrontation），也就是偵查及反駁當事人不合理的信念。在對質之後，治療師設法引進另一些措施（如幽默感的培養或角色扮演等），以便合情合理的觀念能夠取代先前教條式的思考。

二、貝克的認知治療法

貝克（Aaron Beck）的認知治療法基本上是關於心理病態的一種訊息處理模式，它認為個人的困擾起源於以扭曲或偏差的方式處理外在事件或內在刺激。

為了矯正負面的認知基模，在治療的初始階段，案主被教導如何檢視自己的自動化思想，而且把思想內容和情緒反應記錄下來。然後，在治療師的協助之下，案主鑑定自己思想中的邏輯謬誤，且學習挑戰這些自動化思想的正當性。案主思想背後的認知偏誤可能包括：(1)二分法的思考；(2)選擇性摘錄；(3)武斷的推論；(4)過度論斷及概判；(5)擴大或貶低（magnification or minimization）；(6)錯誤標示（mislabeling）；及(7)擬人化（personalization）等。

案主被鼓勵探索及矯正他們不實的信念或功能不良的基模，因為就是它們導致了案主的問題行為和自我挫敗的傾向。認知治療法的重點是放在案主處理訊息的方式上，因為它們可能維持了不適應的情感和行為。案主的認知扭曲受到質疑、檢驗及討論，以便帶來較為正面的情感、思考及行為。

認知治療法已被證實是在處理憂鬱症上現行最有效的技術之一。它也已稍作修改而被運用於治療焦慮症、飲食障礙症（肥胖）、人格障礙症及物質濫用的病人。

認知治療法致力於矯正人們的認知扭曲和不實的信念。在飲食障礙症的處理上，認知治療法把焦點放在案主過度重視體重及體型的觀念上，這通常是起因於案主偏低的自尊和擔憂自己不具吸引力。

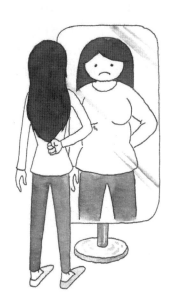

＋ 知識補充站

兩性平權治療法

　　當女性出現在神話學中，她們通常被描述為邪惡或不正當的。例如，在《聖經》中，亞當和夏娃必須離開伊甸園是因為夏娃吃了智慧樹上的蘋果，這使她成為原罪（original sin）的來源。在中國神話學中，陰（yin）和陽（yang）是指女性特質和男性特質。「陰」被描述為是自然界黑暗或邪惡的一面。

　　兩性平權治療法（feminist therapy）認識到男性和女性在整個生涯中以不同方式發展，也了解社會中的性別角色和權力不均所造成的衝擊。它視一些心理病態為個人發展和社會歧視的結果。

　　兩性平權治療法採取一些技術，包括：(1)性別角色分析；(2)性別角色介入；(3)權力分析；(4)權力介入；(5)果斷訓練；(6)閱讀治療（bibliotherapy，閱讀跟所涉議題有關的文章及書籍）；(7)重新建構；及(8)平等的治療關係（兩性平權治療師試著與其案主維持公開而明朗的關係，以便社會中權力不平等的現象不至於在治療關係中重現）。

　　雖然兩性平權治療師側重於女性議題，但較近期以來，他們也應用這種取向（再結合其他理論透視）於男性和兒童身上。

16-8　認知─行為治療法

認知─行為治療法（cognitive-behavioral therapy, CBT）結合認知和行為兩者的觀點，前者強調的是改變不切實際的信念，後者強調的是後效強化在矯正行為上的角色。這種治療途徑有兩個重要主題：(1)「認知歷程影響情緒、動機及行為」的基本理念；及(2)以實證主義（假設─檢驗）的態度運用認知與行為改變的技術。

一、壓力免疫訓練（stress inoculation training）

壓力免疫訓練（SIT）是由麥西保（Donald Meichenbaum）所發展出來。就像接受麻疹接種一樣，注射少許病毒到一個人的生理系統中，可以預防麻疹發作；因此，如果讓人們有機會成功地應付相對較為輕微的壓力刺激，這將可使他們忍受更為強烈的恐懼或焦慮。麥西保劃分SIT為三個階段：

（一）概念形成期

案主被教導，認知和情緒如何製造、維持及增添壓力，而不是事件本身引起壓力。因此，案主應該把注意力放在觀察他對壓力情境的自我陳述上（self-statements）。案主也被教導如何鑑定及應付潛在的威脅或壓力源。

（二）技巧獲得及預演期

案主被教導各種認知和行為的技巧，包括放鬆技術、認知重建（改變案主負面的自我陳述，代之以有建設性的內在對話）、心理預演及運用支援系統等。

（三）應用期

在真實情境中，從簡單趨於困難，實際應用所獲得的技巧。此外，復發的預防也是SIT的一部分。

雖然SIT可以針對一些特定的不適應行為，但它設計的原意是要類化到案主的其他行為上。以這種方式，隨著案主更能應付所發生之各類壓力事件時，他也可培養出一種自我效能感（self-efficacy）。SIT已被使用來處理幾種臨床問題，包括強暴和性侵害創傷、傷創後壓力症及憤怒失控等。

二、辯證行為治療法（dialectical behavior therapy, DBT）

辯證行為治療法是一種相對上新式的認知─行為治療法，特別針對邊緣型人格障礙症（BPD），或牽涉情緒障礙和衝動性的另一些臨床疾病。Linehan（1993）根據她的臨床經驗而發展出DBT，特別是處理被診斷為BPD而有自殺企圖的女性病人。

有些人生來就容易神經質，再與「失去效能」（invalidating）的家庭環境交互作用之下，就導致了情緒障礙和自我傷害的行為，失效的環境是指那些當事人的需求和情感被忽視或不受尊重的環境，也是當事人溝通的努力被置於不顧或處罰的環境。案主在DBT中接受四種技巧訓練：(1)全神貫注（專注於當下，不使注意力失焦，也不做評斷）；(2)情緒管理（檢視情緒、理解所涉情緒對自己及他人的效應，學會消除負面情緒狀態，以及從事能夠促進正面情緒的行為）；(3)苦惱容忍力（學會應付壓力情境及自我安撫）；(4)人際效能（學會有效處理人際衝突、讓個人的慾望和需求獲得合宜的滿足，以及對他人的不合理要求適切地拒絕）。

DBT已顯示比起「常規治療」更為有效，包括在減低自我傷害行為、物質濫用及失控的性行為上。

認知—行為治療法試圖矯正或改變思考模式（信念系統），因為它們被認為促成了案主的問題行為。

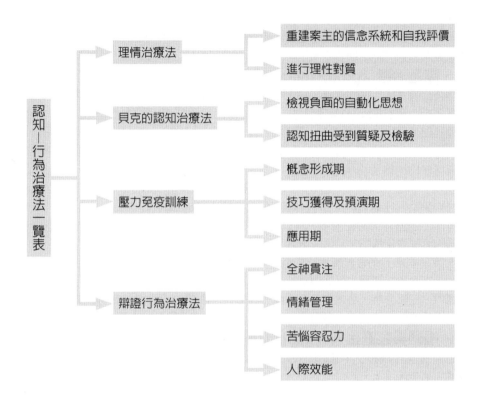

16-9　團體心理治療

　　除了一位病人（或案主）跟一位治療師之間「一對一」的關係外，許多人現在是在團體背景中接受治療。團體治療的主要優點是它較具效率和較爲經濟，容許少數心理健康專業人員同時協助多數案主。

一、團體治療（group therapy）

　　團體治療之所以逐漸興盛，除了有些人不易跟權威人士單獨相處，這與它特有的一些團體動力學有關：(1)傳達訊息：個人接受建議和指導，不僅來自治療師，也來自其他團體成員；(2)灌輸希望：觀察別人已順利解決問題，有助於個人燃起希望；(3)打破多數人無知狀態（pluralistic ignorance）：個人從團體的經驗分享中，發現別人也有同樣的困擾及症狀，當知道自己並不孤單時，這具有重要價值；(4)人際學習：從團體互動中，個人學得社交技巧、人際關係及衝突解決等；(5)利他行爲：當個人有能力協助其他成員時，這將會湧起一種自我價值感和勝任感；(6)原生家庭矯正性的重演：團體背景有助於案主理解及解決跟家人有關的問題；(7)宣洩：學習如何以開放的態度表達情感；及(8)團體凝聚力：經由團體接納而提升自尊。

　　團體在本質上充當眞實世界的社會縮影。幾乎任何學派或每種個別心理治療的途徑，現在都有它團體方面的對應部分，包括精神分析團體、完形團體、行爲團體、認知團體、交流分析、心理劇及會心團體等形式。團體治療已被證實在處理恐慌症、社交畏懼症或飮食障礙症上具有良好效果。

二、婚姻與家庭治療（marital and family therapy）

　　婚姻治療試圖解決伴侶之間的問題，治療焦點是放在改善溝通技巧和開發較具適應性的衝突解決上。經由同時接見伴侶雙方（經常會也會拍攝及重播他們互動情形的影片），治療師協助伴侶了解他們相互以怎樣的手法來支配、控制及混淆對方，包括以言語和非言語的方式。然後，每一方被教導如何強化對方的良好表現，以及撤除對不合意行爲的強化。他們也被教導非指導性的傾聽技巧，以便協助對方澄清及表達自身的感受和想法。婚姻治療已被顯示有助於降低婚姻危機和維持婚姻完整。

　　許多治療師發現，儘管案主在個別治療中有顯著改善，但是重返家庭後卻又復發，這就是家庭治療的濫觴。它視家庭爲一個整體單位，治療師的任務首先是理解典型的家庭互動模式和在家庭內產生作用的各種影響力，如經濟狀況、權力階層、溝通管道及責任分配等。然後，治療師發揮觸媒的作用，以矯正家庭成員之間的互動——原先的互動可能具有相互牽絆、過當保護及不良的衝突解決等特性。此外，後效契約（contingency contract）的技術可能被引進。

　　今日，臨床實施的特色是，各種「學派」已不再存有很深的門戶之見，治療師通常願意探索以不同方式處理臨床問題，這稱爲多重樣式的治療（multimodal therapy）。現今大部分心理治療師會回答他們的治療方式爲「折衷取向」（eclectic），這表示他們嘗試借用及結合各種學派的概念及技術，取決於何者對於個別案主似乎最具效果。這種兼容並蓄的手法，已成爲現今心理治療的主流。

一、大多數心理治療團體是由5位到10位案主所組成，他們至少每星期一
次跟治療師會面，每次療程從90分鐘到2個鐘頭。

二、團體治療在形式和內容上有很大變動，但它們還是有共通的脈絡作為
基礎。Yalom（2001）列舉它們起治療作用的一組因素：

1.傳達訊息	←→	團體治療的優點	←→	6.有效行為的模仿
2.灌輸希望	←→		←→	7.情緒的宣洩
3.普同性	←→		←→	8.原生家庭矯正性的重演
4.利他行為的展現	←→		←→	9.團體凝聚力
5.人際學習	←→		←→	10.培養社會技巧

＋知識補充站

社區支持性團體

　　近年來，美國團體治療的一個特色是相互支援團體（mutual support groups）和自助團體（self-help groups）的風起雲湧。不論是酒精中毒者、吸毒者或有犯罪前科者，這些有共同問題的人們定期聚會，分享彼此的忠告及資訊，通常未接受專家的指導，由已度過危機的成員協助新成員，相互支持以克服他們的困擾。

　　「匿名戒酒協會」（Alcoholics Anonymous, AA）就是經典案例之一，它成立於1935年，首創把自助概念運用於社區團體背景中。但直到1960年代婦女意識提升團體（consciousness-raising groups）的興起，這種同舟共濟的精神才被帶到新的場域。今日，支持性團體處理四種基本的生活困擾：(1)成癮行為；(2)身體疾病和心理疾患；(3)生活變遷或其他危機；及(4)當事人因為親人或朋友的意外事故而深受打擊。近年來，電腦網絡已成為自助團體的另一種途徑。

16-10　生物醫學治療（一）

　　如果我們把大腦比作為一部電腦，當個人發生精神疾病時，這可能是大腦的軟體（編排行為的程式）發生差錯，也可能是大腦的硬體發生差錯。前面單元所提的「心理治療」側重於改變軟體，即改變人們所學得的不當行為——引領當事人生活策略的那些對話、思想、解讀及回饋。至於這裡所討論的「生物醫學的治療」（biomedical therapy）則側重於改變硬體，即採取化學或物理的介入，以之改變大腦的運作功能。

一、藥物治療

　　心理藥物學（psychopharmacology）是一門快速成長的領域，它專門探討藥物對個人心理功能及行為的影響。許多精神疾病原本被認為束手無策，但是推陳出新的藥物似乎帶來了一些曙光。

（一）抗精神病藥物（antipsychotic drugs）

　　這類藥物是用來治療思覺失調症，它們發生療效是經由緩解或降低妄想和幻覺的強度——透過阻斷多巴胺受納器。研究已顯示，當接受傳統的抗精神病藥物治療後，大約60%的思覺失調症病人之正性症狀在6個星期內消退下來，至於服用安慰劑的病人則只有20%發生緩解。除了思覺失調類群的精神疾病外，抗精神病藥物有時候也被用來治療伴隨阿茲海默症產生的妄想、幻覺、偏執狂及躁動不安。但是，它們在處理失智病人上有較大風險，因為有偏高的死亡率。

　　服用傳統抗精神病藥物（如chlorpromazine），可能引起的一種副作用是「遲發性自主運動障礙」。基於這個原因，在思覺失調症的臨床管理上，第二代藥物（如clozapine和olanzapine）現在較常被使用，特別是針對有高自殺風險的病人。

　　第二代（或非典型）藥物除了直接降低多巴胺的活動外，它們也有助於提升血清素的活動水平。它們能夠有效緩解思覺失調症的正性和負性兩者症狀。但是，這類藥物也避免不了一些副作用，臨床上的主要考量是體重增加、糖尿病及粒狀白血球缺乏病（agranulocytosis）。

（二）抗鬱劑

　　抗鬱劑是最常被開立的精神醫療藥物，在憂鬱症的治療上，超過90%的病人被給予這些藥物。

　　最先被發現的抗鬱劑是單胺氧化酶抑制劑（MAOIs）和三環類藥物（tricyclics），它們的作用是提高正腎上腺素和血清素的活動水平。但是在臨床實施上，它們現在也已被「第二代」藥物所取代，諸如選擇性血清素回收抑制劑（SSRIs）。fluoxetine（Prozac，百憂解）是SSRI的一種，它於1988年在美國首度推出，現在是最廣泛被指定為處方的抗鬱症。SSRIs的作用是僅「選擇性地」抑制血清素的再回收（在血清素被釋放到突觸中後），但不會抑制正腎上腺素的再回收，這是它不同於三環類藥物之處。此外，SSRIs的副作用也較少，高劑量服用時不具致命性，所以較易被病人所接受。

　　SSRIs的副作用包括噁心、腹瀉、神經質、失眠及性功能障礙（如性興趣減退和高潮困難），許多人因而過早退出治療。抗鬱劑通常需要至少3至5個星期才能產生效果。此外，因為憂鬱症往往是一種重複發作的疾病，醫師建議病人最好是長期持續服藥，以預防再發。

一、生物醫學治療的特色是，當一般心理治療方法不能奏效時，它改變治療取向，轉而從當事人生理方面尋找治療的可能性。

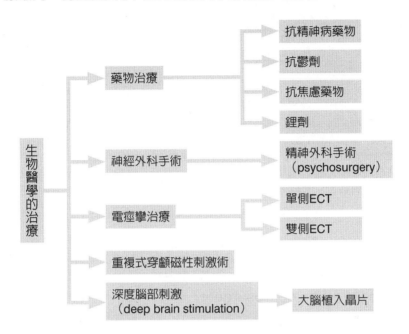

二、三環類抗鬱劑的腦部機制。三環類藥物阻擋正腎上腺素和血清素再回收，使得神經傳導物質仍留存在突觸裂中。

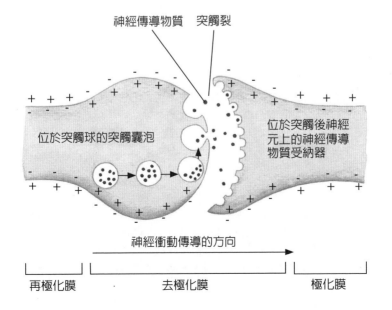

16-11　生物醫學治療（二）

今日，許多個案沒有臨床憂鬱狀態，但仍被開立百憂解的藥方，只因為當事人想要「改變性格」或「提升生活」（這種藥物會使人感到有活力、好交際及更具有生產力），這已招致一些倫理上的爭議。

（三）抗焦慮藥物

這類藥物是在減除焦慮、不安及緊張等症狀。一般人常服用的鎮定劑或安眠藥便屬於這類藥物。它們產生效果也是經由調整腦部神經傳導物質的活動水平。例如，廣泛性焦慮症以benzodiazepines（BZD）處理最具療效，這類藥物（如Valium或Xanax）的作用是提升GABA的活動。

BZD很容易被消化道所吸收，因此很快就發生作用，它們是處理急性焦慮和激動不安之首選的藥物。當高劑量服用時，它們還能用來治療失眠。但是，病人長期服藥可能產生心理依賴和生理依賴，也經常會發生耐藥性。最後，病人停藥後可能導致戒斷症狀。

（四）鋰鹽

鋰鹽被發現在處理雙相情緒障礙症上頗具效果。這可能是因為它影響電解質平衡，進而改變腦部許多神經傳導物質系統的活動。無論如何，高達70～80%處於躁狂狀態的病人在服用鋰劑2到3個星期後，即有顯著改善。

二、神經外科手術（neurosurgery）

這是指對腦組織施加外科手術以緩解精神疾病，包括損毀或阻斷大腦不同部位之間連繫，或者切除一小部分的腦組織。

最為所知的一種是額葉前部切除術（prefrontal lobotomy），它是切斷額葉與間腦互連的神經纖維。這項手術原本是針對躁動的思覺失調病人，也針對受擾於嚴重強迫症和焦慮症的病人。病人在手術後，不再有強烈的情緒，也就是不再感受到焦慮、罪疚或憤怒等。但是，病人的「人性」似乎被摧毀了，他們顯現一種不自然的「安靜」，像是情緒平淡、表情木然、舉動幼稚及對別人漠不關心等。

隨著抗精神病藥物的引進，神經外科手術在今日已很少被採用，只被作為最後訴諸的手段——當病人在5年期間對所有其他型式的治療都沒有良好反應時。此外，現今外科技術通常只是選擇性地破壞腦部很微小的部位。

三、電痙攣治療（electroconvulsive therapy, ECT）

ETC也就是一般所謂的電擊治療，它是指施加電擊於病人腦部以減輕精神疾病的病情，諸如思覺失調症、躁狂發作及最常見的重度憂鬱。治療師通常在電擊前會為病人施行麻醉或給予肌肉鬆弛劑，以預防過度強烈的肌肉收縮，也使得病人意識不到該事件。雖然在社會上引起許多人的不安，但ETC是一種安全的治療法，它已被證實對於緩解重度憂鬱相當有效，療效也很快速。此外，許多治療師已開始採用單側ETC，也就是讓電流只通過非優勢性的大腦半球（對大多數人而言是右半球），這種方式可以減輕ETC的不良副作用（如記憶和言語能力的受損），同時不至於降低其抗鬱的療效。

近年來，一種稱為「重複式穿顱磁性刺激術」（rTMS）的療法開始引進，它是在病人頭部放置一個金屬線圈，所發出的磁脈衝穿透頭皮和頭顱，有助於刺激腦細胞活化。研究已顯示，重度憂鬱病人在接受rTMS治療幾個星期後，病情明顯好轉，而又沒有ETC的不良副作用。

一、因為重大的不良副作用，諸如記憶和言語能力的受損，ECT通常是作為緊急的措施，只施加於有自殺傾向、嚴重營養不良，以及對藥物沒有反應的憂鬱症病人。

單側ECT　　　　　　　　　　雙側ECT

二、控制腦波進行醫療，特別是針對巴金森氏症、慢性疼痛、思覺失調症、重度憂鬱及癲癇等。

大腦　　　　　　　　　　TMS
植入晶片　　　　　　　　穿顱磁刺激

✚知識補充站

聯合的治療

　　以往年代，藥物治療和心理治療被認為是不相容的途徑，它們不應該被一同實施。但是，對許多心理疾患而言，藥物治療與心理治療的聯合使用，現在在臨床實施上已是常態。

　　根據一項調查，55%的病人就他們的困擾接受藥物和心理兩者治療。這種聯合途徑反映了當今關於心理疾患的思潮，即抱持生物心理社會的觀點（biopsychosocial perspective）。

　　藥物可以結合廣泛的一些心理程序而被使用。例如，藥物可以協助病人從心理治療中更充分受益，或被用來降低病人的不順從行為。這方面研究的結論是，藥物治療提供案主從急劇苦楚中獲得快速而可靠的緩解，至於心理治療則是提供廣延而持久的行為變化。聯合治療保有它們各自的益處。

第十七章
精神疾病的預防與法律議題

17-1　精神疾病的預防（一）

一、傳統的預防模式

　　預防總是勝於治療。作為公共衛生計畫的核心，它的指導原則是預防（prevention）。這個原則主張，預防性的活動長期下來將是更具效率和更為有效的措施——相較於在疾病或問題發作後才施行個別治療。預防精神疾病的目標可以在幾個不同水平上達成。

（一）初級預防（primary prevention）

　　初級預防強調的是「抗衡有傷害性的環境，在它們有機會引致疾病之前」，也就是事先加以防範。這方面的一些實例包括減少工作歧視、改進學校課程、改善收容和留置、教導父母管教技巧，以及協助單親家庭的兒童等方案。另外，像是遺傳諮商、貧困婦女的產前照顧、上門送餐服務，以及學校營養午餐等均屬之。

（二）次級預防（secondary prevention）

　　這涉及心理問題的早期鑑定，趁早發現及著手處理問題，以避免精神疾病的發展及成形。這樣的措施涉及對一大群人進行篩選，即使這些人並未尋求援助，或甚至尚未顯現有任何風險及危機。初步篩選可能由各種社區專員所執行，包括醫師、教師、牧師、警察、法院從業人員及社工師等，再經由轉介以施行早期衡鑑。

（三）三級預防（tertiary prevention）

　　三級預防是在精神疾病一旦發生之後，減少它們的存續期間和負面效應。因此，它的目標不是放在降低精神疾病新病例的發生率上，而是在於減輕精神疾病一旦被診斷出來後的不良效應。許多三級預防方案的主要重點是復健（rehabilitation），包括從提升案主的職業勝任能力，以迄加強案主的自我概念，所採取的方法可能是諮商、輔導及工作訓練這一類事物，藉以預防額外問題的滋生。

二、從醫學模式到公共衛生模式

　　這三種預防的實施，說明了心理健康管理的基本範式發生了重大轉變，最重要的幾項是：(1)以預防輔佐治療的不足；(2)跨越醫學疾病模式，邁向公共衛生模式；(3)強調情境和生態置人們於風險，較不強調「高危險群人們」的觀念；及(4)從生活環境中尋找誘發的因素，而不是在人們身上尋找素質的因素。

　　顯然，醫學模式注重的是治療已發生問題的人們，公共衛生模式則涉及鑑定及消除現存於環境中的各種病原。臨床生態學（clinical ecology）領域擴展了生物醫學的邊界，它試圖建立起各種疾病（如恐慌症及憂鬱症）與環境刺激物（如細懸浮微粒、化學溶劑、噪音污染、天然災難、季節變遷及輻射能等）之間的關聯。

一、預防的觀念是社區心理學（community psychology）的核心
　概念之一。社區心理學強調環境力量在製造及緩解心理問題上
　的角色，著手於環境與當事人之間的配合。它的基本原理是個
　體與社會是互相依賴的，為了理解及改善他人的生活，我們有
　必要考慮各種系統或分析層次。

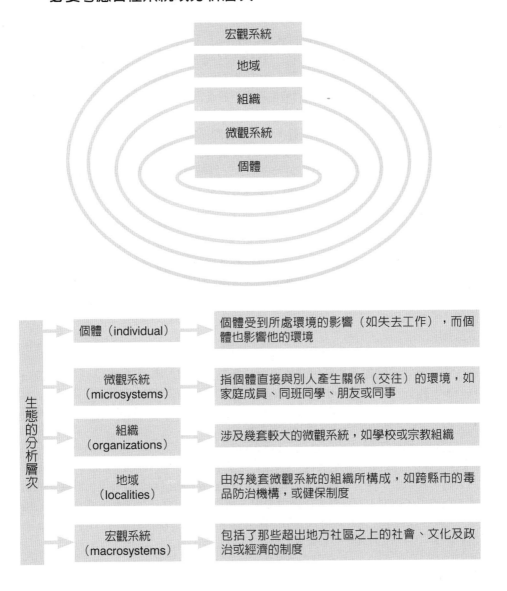

17-2　精神疾病的預防（二）

二、IOM的預防模式

　　1994年，美國國會指示「國家心理衛生機構」（NIMH）和「醫學研究協會」（IOM）共同合作，為預防精神疾病提出新的架構。這個模式把預防上的干預措施劃分為三個類型：

（一）一般性干預（universal interventions）

　　這些措施是針對於影響一般大眾，執行兩項重要的任務：(1)改變那些可能引起或促成精神疾病的境況（風險因素）；及(2)建立那些促進良好心理健康的境況（防護因素）。流行病學研究已協助我們取得各種不適應行為的發生率及分布的資料，這些發現然後可被用來建議怎樣的預防措施可能最為適宜。例如，這方面研究告訴我們，某些群體屬於精神疾病的高風險群，像是新近離婚的人們、身體殘疾人士、獨居老人、身體受虐人們，及重大創傷的受害人。這使我們能夠集中力氣在正確的方向。

　　近些年來，行為醫學（behavioral medicine）領域發揮了實質的影響，它致力於改變潛藏於不健康生活習慣下（如吸菸、過量飲酒及不良飲食習慣）的心理因素。這些不當習慣可能促成生理和心理問題的發展。

　　實際上，任何針對於改善人類處境的努力，將被視為是精神疾病之一般性預防的一部分。

（二）選擇性干預（selective interventions）

　　當一般性干預較是以整個人口為對象時，選擇性干預則是以個體或次團體的人口為對象，這些人有高於平均的可能性發展出特定疾病（不論是在不久或更遠的未來），他們之所以被鎖定，主要是被鑑定已出現一些生理、心理或社會風險因素，而這些因素已發現跟特定疾病的進展有關。

　　例如，酒精是在青少年中最普遍使用的藥物，青少年的酒精使用牽涉到許多社交、情緒及行為問題（如使用非法藥物、打鬥、偷竊、喝酒開車及非計畫的性行為）。事實上，早期酒精使用是終生酒精濫用或酒精依賴的強力預測因子。因此，預防專家近來已採取較為超前（proactive）的立場，他們建立許多預防方案，試圖在年輕人尚未沉溺於藥物或酒精之前就加以阻斷。

（三）指標性干預（indicated interventions）

　　這些措施針對的是在特定疾病上已表明「次門檻症狀」（subthreshold symptoms）的人們，或經由一些生物標記（biological markers）指出他們有發展出該疾病的素質。它強調在當事人的家庭和社區環境中，為不適應行為提供早期偵測和即時的處置。例如，在危機中或在災難後，指標性干預涉及立即性及相對簡短的介入措施，以預防創傷事件的任何長期不良後果。

一、在精神疾病的預防上，所提供之連續光譜的服務措施，包括預防、治療及維持三個階段。

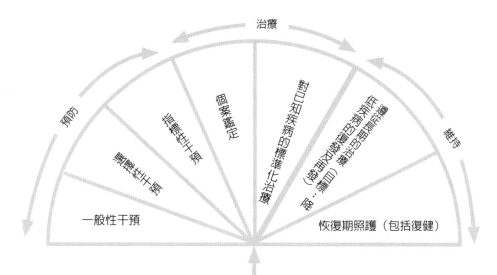

這個模式的價值在於它把預防措施、精神疾病的治療，以及維持措施放在連續光譜（continuum）上，代表對精神疾病全範圍的干預。預防措施出現在疾病成形之前；實施治療以針對那些符合（或幾近符合）特定疾病之診斷準則的人們；維持措施則是針對那些有過精神疾病診斷，而病情有必要繼續關照的人們。

二、如何降低精神疾病的風險？

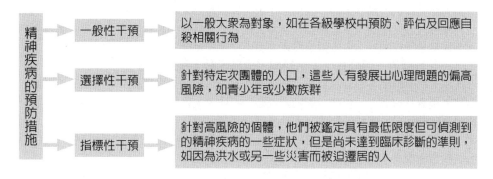

17-3　精神病患危險性的評鑑與預測

一、危險性的評鑑

　　雖然大部分精神病患不具危險性，有些病患則會展現暴力，需要嚴密的監視——或許加以監禁，直到他們不再具有危險性。

（一）暴力史與精神疾病的類別

　　精神病患暴力行為的病史顯然是預測暴力的強力指標，但是90%的精神病患並沒有暴力的往事。此外，對於正在經歷精神病症狀的病人而言，他們有暴力舉動的增高風險。

　　另一些精神障礙症在暴力行為上有偏高風險，包括：(1)思覺失調症；(2)躁狂症；(3)人格障礙症；(4)物質濫用；及(5)較少見的器質性腦傷和亨丁頓病的病情。

　　芬蘭的一項研究指出，在原先的精神病患中，殺人行為顯著較常見之於思覺失調症的病人，甚至更常見之於反社會型人格或酒精成癮的病人。在另一項研究中，精神病患而又濫用酒精的話，特別具有暴力傾向。

（二）專業人員的評估

　　精神病患的暴力舉動經常被過度預測，很高比例被預測將會有暴力行為的人們實際上從未展現暴力。這說明只為了提防有漏網之魚，許多人的福祉被犧牲了（病患被剝奪部分的公民權）。為什麼在沒有實質證據之下，我們傾向於看見危險的存在呢？這無疑有許多原因。我們或許都看過大眾媒體如何報導精神病患在被釋放後，卻無差別殺害他人、性侵害幼童或另一些殘忍舉止。這已導致一般大眾懷疑那些參與於「釋放判決」的專家們（如精神科醫師，或法律與心理學的執業人員）的判斷能力。這些案例使我們不得不承認，預測危險性是極為困難的事情。

二、潛在危險性的評估方法

　　暴力舉動特別不易於預測，因為除了取決於個體的人格特質或暴力素質，它們顯然也同樣取決於情境的因素（例如，當事人是否受到酒精的影響）。一項明顯而重要的預測因素是過往的暴力史，但是臨床人員不一定總是能夠挖掘到這類的背景資料。

（一）早期的一項公式：人格傾向＋環境煽動＝暴力行為。

　　人格方面有兩個主要資訊來源，即人格測驗資料和過往史資料。人格測驗可以揭示當事人是否具有敵意、攻擊、衝動及判斷力不佳等人格特質。過往史包括當事人是否出現過攻擊行為、言語威脅或隨手拿起武器施行暴力行為等——這些是有效的預測因素。但因為專業人員通常無從獲知當事人將會遇到的環境和所承受的情境壓力，這項公式的預測效果不是很彰顯。

（二）臨床預測VS.保險精算的預測

　　研究學者指出，在對危險性的預測上，我們應該以保險精算的方法（actuarial methods）來取代臨床的預測（依據臨床印象所作的預測）。但有鑑於這項預測對公共政策的重大含意，以及對於人類的長遠價值，我們在司法心理學的這個領域上還需要更多研究。

一、雖然大部分精神病患實際上從未展現暴力，但一些條件或病症使得當事人有暴力舉動的偏高風險。

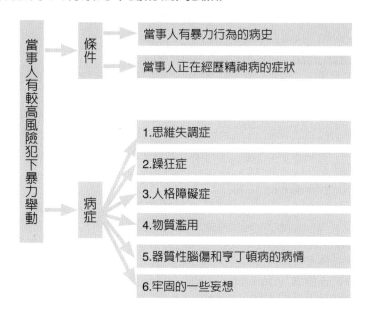

當事人有較高風險犯下暴力舉動

條件
- 當事人有暴力行為的病史
- 當事人正在經歷精神病的症狀

病症
1. 思維失調症
2. 躁狂症
3. 人格障礙症
4. 物質濫用
5. 器質性腦傷和亨丁頓病的病情
6. 牢固的一些妄想

✚ 知識補充站

精神病患的強制收容

在大部分情形下，精神病患是自願接受住院治療。因此，只要他們願意，在充分的告知後，他們就可以離開醫院。但是在當事人被認為可能具有危險性、或無法為自己提供照護的情況下，可能就需要強制收容。

單只是罹患精神疾病，不足以構成把當事人（在違背他的意志下）安置在精神機構的理由。除了精神疾病外，另幾個條件通常也必須符合，才能作出強制收容的判決。簡言之，當事人必須被判定：

1. 會危害他人或自己，及／或
2. 無法供應自己的基本生理需求，及／或
3. 無法對於住院作出負責的決策，及
4. 需要醫院的治療或照護。

17-4　精神錯亂的司法審判

我們社會如何對待犯下罪行的人，一般是監禁、罰款或緩刑。但如果被告在涉嫌犯罪的時候是處於精神失常的狀態呢？

一、精神錯亂抗辯（insanity defense）

這表示如果當事人在涉嫌犯罪當時是精神錯亂的話，一旦被定罪，他將被認為不用為自己行為負責，從而將是強制接受治療，而不是施加刑罰。

每次，在刑事審判中採用NGRI抗辯（not guilty by reason of insanity，即NGRI plea），均會引發甚多爭論，特別是犯罪的被告可能偽裝精神病患，藉以逃避應負的刑責。那麼，如何決定被告是精神錯亂（insanity）呢？通常盛行的是三種標準之一：

（一）M'Naghten條例（1843）

英國在1843年所頒布，它假定所有人都是神志清楚的，除非能夠證明在犯案的當時，當事人受擾於失去理性（主要是肇因於精神方面的疾病），以至於他們不知道自己正從事之舉動的本質和特性；或者，假使他們知道自己正在做什麼的話，他們並不知道自己正在做的事情是錯誤的。

（二）Durham標準（Durham v. United States, 1954）

1954年，在美國上訴法庭的一項判決中，David Bazelon法官進一步拓寬精神亂錯抗辯的準則。他認為過往的判例沒有充分應用對於精神疾病的科學知識，提議應該根據這方面知識施行測驗。因此，「假使被告的違法行為是精神疾病或心理缺陷所造成的話，他不用為自己的犯罪行為負責。」然而，許多法官和律師對這個新標準表示不滿意，他們認為心理專業人員的專家證詞在該判決上被授予太大的重要性。

（三）美國法學會標準（American Law Institute standard, ALI, 1962）

這項標準主張，假使被告的犯罪行為是精神疾病或心理缺陷所造成，以至於他缺乏實際能力（substantial capacity）而無法理解該舉動的犯罪性質，或無法使自己行為順從法律要求的話，他不需要為該行為承擔法律責任。ALI標準被視為是最自由或寬闊的，因為犯罪責任可以被免除——假使心理疾病造成當事人缺乏實質能力以理解自己正在做什麼（認知的缺損），或是沒有能力控制自己的行為（意志的缺損）。

二、有罪但是心理失常（guilty but mentally ill, GBMI）

著名的Hinckley案例（Hinckley於1981年企圖行刺美國總統雷根）改變了美國的司法審判情況。他於1982年被判定「因為精神錯亂而宣判無罪」（NGRI），這項判決惹惱了許多人，引起社會的動盪。美國國會於是在1984年通過IDRA法案，它帶來的衝擊有三：(1)這類判決應該側重的是認知因素，而不是意志因素；(2)精神錯亂抗辯所涉心理失常必須是重大的精神疾病，而且把被告精神錯亂的舉證責任放在辯方，而不是要求控方（原告及其律師）證明被告的精神正常；及(3)目前在許多州中，除了有罪、無罪及NGRI的判決外，「有罪但是心理失常」的判決也是陪審員的可能選項之一。在GMBI的判決下，被宣判的當事人將被送往精神機構接受治療，假使最後被鑑定已恢復精神正常，當事人將被送往監獄以服完剩下的刑期。

一、儘管新聞媒體的大量報導，但有悖於一般人的印象，精神錯亂抗辯事實上很少成功。當執行這方面的衡鑑時，精神科醫師或心理學家需要評估許多因素：

執行精神錯亂評鑑需要考慮的因素

- 當事人是否有精神疾病或心理缺陷
- 當事人涉嫌犯罪當下的心理狀況
- 被告的生活史
- 被告的家庭史
- 被告的智能狀況
- 神經心理因素
- 受審的行為能力
- 被告的閱讀技巧
- 被告的性格
- 作偽或詐病的測量

➕ 知識補充站

保護的義務

　　臨床人員承受清楚的倫理責任，需要尊重及保護案主資料的機密。保密（confidentiality）是案主─臨床人員關係上的核心成分，當資料在沒有案主的同意下被公開出去，雙方的信任關係勢必會破壞殆盡。但是在現今的思潮中，不是所有資料都被視為「擁有特權」。越來越常發生的情況是，臨床人員無法承諾絕對的保密。

　　在1976年的Tarasoff判例中，一位案主在大學的諮商中心告訴他的治療師，他打算殺掉他的前任女朋友。治療師通知校警關於該案主的意圖。校警立即逮捕案主，但因為那位女朋友正在外度假，他們決定釋放他。大約兩個月之後，案主真的殺害了他的女朋友。後來，這位女性的父母控告治療師、校警及大學當局，因為它們怠忽職守而沒有通知Tarasoff這項攸關生命的威脅。加州最高法院最終裁決該治療師疏忽「警告義務」（duty-to-warn），這令臨床人員感到承受不起這樣的責任。

　　後來，加州立法當局頒布新的法規，其中提及，對於懸而未決的威脅，治療師只要盡了「合理的努力」，通知了可能的受害人及專責的執法機構，就算是盡了「保護的義務」（duty to protect）。

參考文獻

- 《Abnormal psychology》16 eds Butcher, Hooley & Mineka（PEARSON）
- 《Psychology and life》20 eds Richard J. Gerrig（PEARSON）
- 《Clinical psychology》7 eds Timothy J. Trull（THOMSON/WADSWORTH）
- 《Psychological testing》5 eds Robert J. Gregory（PEARSON）
- 《精神疾病診斷手冊》DSM-5台灣精神醫學會（合記圖書出版社）
- 《心理學》鄭麗玉、陳秀蓉、危芷芬、留佳莉合著（五南圖書出版社）
- 《心理學導論》姜定宇、留佳莉、危芷芬、余振民合著（五南圖書出版社）
- 《張氏心理學辭典》張春興（東華書局）
- 《心理治療與諮商理論》Richard S. Sharf著，游恒山譯（五南圖書出版社）
- 《健康心理學》Anthony J. Cutis著，游恒山譯（五南圖書出版社）
- 《壓力與創傷》Patricia A. Resick著，游恒山譯（五南圖書出版社）
- 《發展心理學》Sigelman & Shaffer著，游恒山譯（五南圖書出版社）
- 《人格心理學》陳仲庚、張雨新編著（五南圖書出版社）

國家圖書館出版品預行編目資料

圖解變態心理學／游恒山著. -- 三版. --
臺北市：五南圖書出版股份有限公司，
2022.08
　　面；　公分
　ISBN 978-986-522-329-8（平裝）

1.CST: 變態心理學

175　　　　　　　　　　109016530

1BZV

圖解變態心理學

作　　者 — 游恒山(337.2)

發 行 人 — 楊榮川

總 經 理 — 楊士清

總 編 輯 — 楊秀麗

副總編輯 — 王俐文

責任編輯 — 金明芬

封面設計 — 王麗娟

出 版 者 — 五南圖書出版股份有限公司

地　　址：106台北市大安區和平東路二段339號4樓

電　　話：(02)2705-5066　　傳　真：(02)2706-6100

網　　址：https://www.wunan.com.tw

電子郵件：wunan@wunan.com.tw

劃撥帳號：01068953

戶　　名：五南圖書出版股份有限公司

法律顧問　林勝安律師

出版日期　2015年11月初版一刷
　　　　　2019年12月二版一刷
　　　　　2022年 8 月三版一刷
　　　　　2023年 9 月三版二刷

定　　價　新臺幣380元

經典永恆・名著常在

五十週年的獻禮 —— 經典名著文庫

五南，五十年了，半個世紀，人生旅程的一大半，走過來了。

思索著，邁向百年的未來歷程，能為知識界、文化學術界作些什麼？

在速食文化的生態下，有什麼值得讓人雋永品味的？

歷代經典・當今名著，經過時間的洗禮，千錘百鍊，流傳至今，光芒耀人；

不僅使我們能領悟前人的智慧，同時也增深加廣我們思考的深度與視野。

我們決心投入巨資，有計畫的系統梳選，成立「經典名著文庫」，

希望收入古今中外思想性的、充滿睿智與獨見的經典、名著。

這是一項理想性的、永續性的巨大出版工程。

不在意讀者的眾寡，只考慮它的學術價值，力求完整展現先哲思想的軌跡；

為知識界開啟一片智慧之窗，營造一座百花綻放的世界文明公園，

任君遨遊、取菁吸蜜、嘉惠學子！